Michael-Sebastian Honig, Hans Rudolf Leu,
Ursula Nissen (Hrsg.)
Kinder und Kindheit

Kindheiten

Herausgegeben von Imbke Behnken
und Jürgen Zinnecker

Band 7

Die Herausgeber der Reihe "Kindheiten" wollen der Kindheitsforschung mit verlegerischen Mitteln einen Ort wiedergewinnen, an dem sie sich sammeln und von dem aus sie in die aktuellen Diskurse eingreifen kann. Es gilt, in lesbarer Form eine Summe der gegenwärtigen Schwerpunkte von Kindheitsforschung zu geben. Dabei sollen die Erkenntnismittel und das Ethos zur Geltung gebracht werden, die den Sozial- und Kulturwissenschaften zur Verfügung stehen. Bloßes Meinen, wertbeladenes Urteilen und mythologisches Reden werden mit kritischer Analyse, empirisch hermeneutischen Verfahren und einer Haltung engagierter Distanz konfrontiert.
Der Titel "Kindheiten" verweist darauf, daß es um die wissenschaftliche Erschließung von kindlichen Lebenswelten an unterschiedlichen Orten und in verschiedenen Zeiträumen geht. Der Wandel von Kindheit in Lang- und Kurzzeitperspektive interessiert hier ebenso wie der Vergleich soziokultureller Umwelten von Kindern in der Gegenwart. Der Plural bezieht sich auch auf Untersuchungsverfahren, Wissenschaftsdisziplinen und Fragestellungen. Kindheit erscheint in einem anderen Licht, wenn der Darstellung eine Fallstudie oder ein Kindersurvey, eine psychologische oder eine kulturwissenschaftliche Fragestellung zugrundeliegen.
Ungeachtet dieser pluralen Perspektiven möchten die Herausgeber ein Gemeinsames der hier vertretenen Kindheitsforschung herausstellen. Kindheit wird als wechselseitige Beziehung zwischen heranwachsenden Personen und ihren sich wandelnden soziokulturellen Umwelten aufgefaßt. Das heißt, Kindheit als gesellschaftliche Institution und Kindheit als Teil des Lebenslaufes - als Entwicklung, Lernerfahrung und Biografie - sind gleichberechtigte Themen der Forschung. Wichtiger noch und zugleich schwieriger in die Praxis umzusetzen: Kinder nicht nur als Opfer gesellschaftlicher Umstände, sondern auch als Handelnde und Mitgestaltende soziokultureller Umwelten sichtbar werden zu lassen.
Die Herausgeber hoffen, daß die Reihe dazu beiträgt, unser Wissen um und unser Verständnis für Kindheit zu einem ernstzunehmenden Bestandteil des Diskurses um die risikovolle Zukunft der Moderne werden zu lassen.

Michael-Sebastian Honig, Hans Rudolf Leu,
Ursula Nissen (Hrsg.)

Kinder und Kindheit

Soziokulturelle Muster -
sozialisationstheoretische Perspektiven

Juventa Verlag Weinheim und München 1996

Diese Publikation ist aus einer Vortragsreihe am Deutschen Jugendinstitut München hervorgegangen.

Das Deutsche Jugendinstitut e.V. (DJI) ist ein zentrales sozialwissenschaftliches Forschungsinstitut auf Bundesebene mit den Abteilungen Jugend und Jugendhilfe, Jugend und Arbeit, Jugend und Politik, Mädchen- und Frauenforschung, Familie/ Familienpolitik, Kinder und Kinderbetreuung, Medien und Kultur sowie Sozialberichterstattung. Es führt sowohl eigene Forschungsvorhaben als auch Auftragsforschung durch. Die Finanzierung erfolgt überwiegend aus Mitteln des Bundesministeriums für Familie, Senioren, Frauen und Jugend und im Rahmen von Projektförderung aus Mitteln des Bundesministeriums für Bildung, Wissenschaft, Forschung und Technologie. Weitere Zuwendungen erhält das DJI von den Bundesländern und Institutionen der Wissenschaftsförderung.

Die Deutsche Bibliothek - CIP-Einheitsaufnahme

Kinder und Kindheit : soziokulturelle Muster - sozialisationstheoretische Perspektiven / Michael-Sebastian Honig ... (Hrsg.). - Weinheim ; München : Juventa-Verl., 1996
  (Kindheiten ; Bd. 7)
  ISBN 3-7799-0195-1
NE: Honig, Michael-Sebastian [Hrsg.]; GT

Das Werk einschließlich aller seiner Teile ist urheberrechtlich geschützt. Jede Verwertung außerhalb der engen Grenzen des Urheberrechtsgesetzes ist ohne Zustimmung des Verlags unzulässig und strafbar. Das gilt insbesondere für Vervielfältigungen, Übersetzungen, Mikroverfilmungen und die Einspeicherung und Verarbeitung in elektronischen Systemen.

© 1996 Juventa Verlag Weinheim und München
Umschlaggestaltung: Atelier Warminski, 63654 Büdingen
Umschlagabbildung: Lindenholzrelief "Das verlorene Paradies", Passau um 1520
Printed in Germany

ISBN 3-7799-0195 1

Vorwort

Wir erleben heute in der Bundesrepublik Deutschland eine lebhafte Debatte um die Rechte und die Lebensverhältnisse von Kindern. Dabei spielt die UN-Konvention über die Rechte von Kindern aus dem Jahr 1989 eine große Rolle. Das Kinder- und Jugendhilfegesetz von 1990 und die gegenwärtig diskutierten Vorschläge zu einer Reform des Kindschaftsrechts sind weitere wichtige Stationen dieser Diskussion. Kürzlich setzte die Bundesregierung die Sachverständigenkommission zum 10. Jugendbericht ein, die noch in dieser Legislaturperiode einen Bericht über die Lage der Kinder vorlegen soll.

Auch die alte Bundesrepublik kannte politische und wissenschaftliche Auseinandersetzungen über das Aufwachsen von Kindern in unserer Gesellschaft. Ich denke an die bildungspolitischen Auseinandersetzungen der 50er und 60er Jahre (Konfessionsschule vs. Gemeinschaftsschule, Gesamtschule vs. dreigliedriges Schulsystem), an die demographischen Ängste der 70er Jahre im Zusammenhang mit dem Rückgang der Geburtenzahlen („Sterben die Deutschen aus?") und an die Fragen nach den Lebensbedingungen von Kindern in der Arbeits- und Freizeitgesellschaft der Erwachsenen in den 80er Jahren (Vereinbarkeit von Beruf und Familie, „kinderfeindliche Gesellschaft"). Diese Auseinandersetzungen sind keineswegs beendet, sie flackern vielmehr in unterschiedlichen Zusammenhängen wieder auf; ich denke an die Kontroversen um die Reform des § 218 StGB, um die Geburtenzahlen in den neuen Bundesländern, um den Rechtsanspruch auf einen Kindergartenplatz, um das Kruzifix im Klassenzimmer und anderes mehr. „Alles schon einmal dagewesen" oder gibt es in der aktuellen Debatte um die Kindheit in Deutschland etwas Neues, vielleicht sogar etwas grundsätzlich Neues?

Ich glaube, daß trotz aller Auseinandersetzungen in der Vergangenheit eins sicher war: Wir meinten zu wissen, was Kinder sind, nämlich unfertige menschliche Wesen, deren Lebensbedingungen möglichst förderlich sein sollten, weil sie als die jeweils nächste Generation die Gesellschaft der Zukunft gestalten. Das Interesse an den Kindern bestimmte sich durch das individuelle und gesellschaftliche Interesse am Erwachsenwerden und an der Entwicklung der Persönlichkeit. Unterschiedliche Auffassungen bestanden hinsichtlich der Gestaltung einer zukünftigen Gesellschaft und hinsichtlich ihrer Verwirklichung im Wege von Erziehung und Bildung. Das Einschmelzen gesellschaftspolitischer Ziele und das Schwinden des pädagogischen Gestaltungsglaubens eröffnen jedoch einen neuen Blick auf die Wesen, denen so viel Gutes zugedacht war und von denen so viele Leistungen erwartet wurden, auf die Kinder und ihren Lebenszusammenhang, die Kindheit. Viele fragen nun: Was ist das eigentlich, Kindheit? Was wissen wir eigentlich von den Kindern? An die Stelle einer vermeintlichen Sicherheit über das Wesen von Kindern und Kindheit tritt nun eine gewisse

Verunsicherung, die einerseits auf der Einsicht beruht, daß „Kindheit" eine historisch bedingte und wandelbare Vorstellung der Erwachsenengesellschaft von der Lebenslage einer mehr oder weniger klar bestimmten Altersgruppe ist, und die andererseits in der Forderung nach einer Erforschung und Berücksichtigung der wirklichen subjektiven Sichtweisen und Interessen der Kinder gipfelt: „Laßt uns doch die Kinder selber fragen!"

Das Deutsche Jugendinstitut (DJI) kann auf eine lange Tradition von Arbeiten zur Betreuung und Erziehung von Kindern zurückblicken und wird seine Aufgaben in diesem Bereich auch in Zukunft erfüllen. In jüngster Zeit hat das Institut die Ergebnisse der wissenschaftlichen Begleitung eines breit angelegten Modellprogramms zur Kinderbetreuung zusammengefaßt („Orte für Kinder. Auf der Suche nach neuen Wegen in der Kinderbetreuung", DJI-Verlag 1994). Das DJI untersucht aber auch seit mehreren Jahren den Alltag und die Lebensbedingungen von Kindern in Deutschland. Dazu hat es u. a. ein umfassendes, für ein breites Publikum bestimmtes Handbuch zur Kindheit vorgelegt („Was für Kinder. Aufwachsen in Deutschland", Kösel Verlag 1993).

Schließlich beteiligt sich das Deutsche Jugendinstitut auch an den theoretischen Debatten der Kindheitsforschung. Zu den Fragen, die für ihre Entwicklungsperspektiven maßgeblich sind, gehört das Verhältnis der Kindheitsforschung zur Sozialisationsforschung. Dazu hat das Institut im Jahre 1995 eine Vortrags- und Diskussionsreihe veranstaltet. Der vorliegende Sammelband enthält die Beiträge dieser Reihe in einer überarbeiteten und erweiterten Form. Ich danke der Herausgeberin und den Herausgebern sowie den Autorinnen und Autoren dieses Bandes und hoffe, daß er die weitere Diskussion über „Kinder und Kindheit" anregen wird.

München, September 1995
Prof. Dr. Ingo Richter
Direktor und Vorstand des
Deutschen Jugendinstituts e. V.

Inhalt

Michael-Sebastian Honig, Hans Rudolf Leu, Ursula Nissen
Kindheit als Sozialisationsphase und als kulturelles Muster.
Zur Strukturierung eines Forschungsfeldes 9

Jürgen Zinnecker
Soziologie der Kindheit oder Sozialisation des Kindes?
Überlegungen zu einem aktuellen Paradigmenstreit 31

Liselotte Wilk
Die Studie „Kindsein in Österreich".
Kinder und ihre Lebenswelten als Gegenstand empirischer
Sozialforschung - Chancen und Grenzen einer Surveyerhebung 55

Andreas Lange
Kinderalltag in einer modernisierten Landgemeinde.
Befunde und weiterführende Überlegungen zur Untersuchung der
Lebensführung von Kindern 77

Lothar Krappmann
Streit, Aushandlungen und Freundschaften unter Kindern.
Überlegungen zum Verhältnis von universellen und soziokulturellen
Bedingungen des Aufwachsens in der Kinderwelt 99

Jutta Kienbaum
Kindliche Sozialisation in unterschiedlichen Kulturen.
Eine Vergleichsstudie an deutschen und sowjetischen Kindern 117

Gertrud Nunner-Winkler
Moralisches Wissen - moralische Motivation - moralisches Handeln.
Entwicklungen in der Kindheit 129

Hartmut J. Zeiher
Konkretes Leben, Raum-Zeit und Gesellschaft.
Ein handlungsorientierter Ansatz zur Kindheitsforschung 157

Hans Rudolf Leu
Selbständige Kinder -
Ein schwieriges Thema für die Sozialisationsforschung 174

Die Autorinnen und Autoren 199

Michael-Sebastian Honig, Hans Rudolf Leu, Ursula Nissen

Kindheit als Sozialisationsphase und als kulturelles Muster

Zur Strukturierung eines Forschungsfeldes

Kinder als „Menschen in Entwicklung" zu verstehen, ist heute eine Selbstverständlichkeit; es ist aber auch eine historisch-spezifische Art, Kinder zu sehen und Kindheit zu begreifen. Dieses Verständnis ist im „Jahrhundert des Kindes" nicht nur als Anspruch formuliert, sondern in beträchtlichem Umfang auch durchgesetzt worden. Die Kindheit wurde als Lebensphase der Erwerbsfreiheit und des Lernens, als ein geschützter und von den Rechten und Pflichten der Erwachsenen ausgenommener Status institutionalisiert. Seit dem Zweiten Weltkrieg hat sich das hierarchische Gefälle zwischen Eltern und Kindern in einer vorher nicht vorstellbaren Weise abgebaut. Es ist zur kulturellen Selbstverständlichkeit geworden, daß Kinder in ihrer Persönlichkeitsentwicklung Unterstützung erfahren. Monetäre und infrastrukturelle Leistungen für die nachwachsende Generation gehören zum Kernbereich sozialstaatlicher Aufgaben. Die Rechte von Kindern auf Schutz, Erziehung und Entfaltung der Persönlichkeit sind stetig gestärkt worden. Es gibt wenige Bereiche, in denen sich das 20. Jahrhundert so sehr als eine Epoche der Humanisierung begreift wie in seinen Leistungen für Kinder und in der Klage über sein Versagen gegenüber Kindern.

Den Hintergrund für die Erfolgsgeschichte der „Kindgerechtheit" im Jahrhundert des Kindes bildet die Sensibilität für „Kinderfeindlichkeit"; es sind zwei Seiten derselben Medaille eines advokatorischen Verständnisses von der Position der Kinder in der Gesellschaft. Das gilt etwa für die vehemente Schulkritik, die seit dem ausgehenden 19. Jahrhundert von der internationalen reformpädagogischen Bewegung formuliert wurde; das gilt ebenso für den Kampf, den die Kinderschutzbewegungen seit etwa der gleichen Zeit gegen die physische, vor allem aber die sittliche Gefährdung von Kindern und Jugendlichen durch Lohnarbeit und städtische Lebensbedingungen führten und der zu einer wesentlichen Wurzel für die Entstehung der Sozialarbeit wurde. „Anwalt des Kindes" ist heute ein Begriff des zivilrechtlichen Kinderschutzes, eine sozialadministrative Maxime und eine Metapher des politischen Lobbyismus; der reformpädagogische „Mythos des leidenden Kindes" (Oelkers 1992, S. 76) setzt sich derweil in einem verbreiteten antipädagogischen Ressentiment fort, das die „Pädagogisierung" der Kindheit als Form der Gewalt an Kindern denunziert. Im 1994 veröffentlichten Fünften Familienbericht, den eine unabhängige Expertenkommission für die Bundesregierung erstellt hat, wird der moralisierende Begriff der „Kinderfeindlichkeit" durch das soziologische Konstrukt von der „strukturellen Rücksichtslosigkeit" der Gesellschaft gegenüber den Bedürfnissen von Familien und Kindern ersetzt und die Überwindung von deren gesellschaftlicher Randstellung gefordert.

Perspektivenwechsel in den Sozialwissenschaften

Diese ambivalente advokatorische Tradition bildet den Hintergrund, vor dem seit den frühen 80er Jahren die Sozialwissenschaften in der Bundesrepublik Kinder und Kindheit mit anderen Augen zu sehen beginnen. Kinder ziehen nun nicht mehr nur als „Menschen in Entwicklung" die Aufmerksamkeit auf sich, sondern auch als „Personen aus eigenem Recht". In der Soziologie und der Erziehungswissenschaft rücken die alltägliche Lebensführung, die sozialen Beziehungen und die Auseinandersetzung von Kindern mit ihren Lebensbedingungen in den Vordergrund, und dies möglichst aus der Perspektive der Kinder selbst. Zugleich verändert sich in der Soziologie das Verständnis der Kindheit. Die vertraute Vorstellung von Kindheit als Vorbereitungsphase auf das Leben als Erwachsener, als Sozialisationsphase also, wird erweitert und überlagert von einem Verständnis der Kindheit als kulturellem Muster und als einer gesellschaftlichen Lebensform im historischen Wandel; neuerdings rückt „die Eigenständigkeit der Kindheit im Verhältnis der Generationen" (Zeiher 1995, S. 6f.) in den Blick. Mit diesem Perspektivenwechsel läßt sich die Herausbildung einer sozialwissenschaftlichen Kindheitsforschung - nicht nur in der Bundesrepublik, viel pointierter noch in Skandinavien, Großbritannien und den USA - markieren[1].

Das „Handbuch der Kindheitsforschung", das 1993 erschienen ist (Markefka/ Nauck 1993), bilanziert erstmals die Entstehung des neuen Forschungsfeldes. Die Beiträge des Handbuchs präsentieren eine Kindheitsforschung, in der eine große Breite von Themen und Problemstellungen von einer Vielzahl von Disziplinen bearbeitet wird; sie erscheint auch institutionell stabil verankert. Für einen neuen Forschungszweig ist das ganz erstaunlich. Allerdings macht die Vielfalt der Ansätze, die oft unverbunden nebeneinander stehen, deutlich, daß eine diese Vielfalt strukturierende und zusammenführende Konzeption noch aussteht. Es ist offenkundig, daß elementare Fragen der theoretischen und methodischen Spezifität dieser neuen Perspektive auf Kindheit - nicht nur im Ver-

---

[1] Einen Überblick über den bundesdeutschen Diskussionsstand geben u.a. Chisholm 1992, Honig 1988, 1996 und i.Dr., Lange 1995a, 1995b, Wilk 1994, Zeiher 1995, Zinnecker 1990. Charakteristische, von der feministischen Sozialwissenschaft beeinflußte Positionen der skandinavischen, britischen und US-amerikanischen Diskussion vertreten u.a. Alanen 1994, Leonard 1990 und Thorne 1987.

hältnis zur Entwicklungspsychologie, ebenso zur Sozialisations-, Jugend- und Familien-, aber auch zur Lebenslaufforschung - gegenwärtig noch ungeklärt sind. Bislang hat sich der Perspektivenwechsel in der Forschung zu Kindern und Kindheit überwiegend in problemorientierten und deskriptiv auf die Lebenssituation von Kindern bezogenen Studien niedergeschlagen. Aber es ist zu fragen, ob diese Forschungspraxis zu einer Integration oder doch nicht eher zu einer Zersplitterung führt.

Die vorliegende Publikation möchte einen Beitrag zur konzeptionellen Integration leisten. Dazu gehört nicht nur ein Blick auf die Herkunft verschiedener Überlegungen, Thesen und Konzepte, die für diesen neuen Forschungszweig wichtig sind, sondern auch ein Versuch zur Klärung des Verhältnisses von „Kindheitsforschung" zu sozialisations- und entwicklungstheoretischen Ansätzen. Zu beidem sollen sowohl diese Einleitung als auch die verschiedenen Beiträge in diesem Band beitragen.

Kritik am Entwicklungsparadigma

Die Genealogie des neuen sozialwissenschaftlichen Blicks auf Kinder und Kindheit kann hier nicht im einzelnen erörtert werden. Aber die wesentlich durch den Erfolg von Ariès' „Geschichte der Kindheit" popularisierte Einsicht in die historische und kulturelle Variabilität dieser scheinbar von Reifungs- und Wachstumsprozessen dominierten Lebensphase hat ebensosehr dazu beigetragen wie die eingangs skizzierte, sich ihrerseits aus verschiedenen Quellen speisende advokatorische Tradition. Während jedoch das Plädoyer für die Eigenwelt des Kindes um die Jahrhundertwende - ganz in der Tradition Rousseaus - die Anerkennung seiner Besonderheit als eines „Menschen in Entwicklung" verlangte, wird heute das Entwicklungskonzept als Metapher der Bevormundung zurückgewiesen. Ein Blick etwa in das Kursbuch „Kinder" von 1973 oder in das Themenheft „Kinderalltag" der Zeitschrift „Ästhetik & Kommunikation" von 1979, die beide als frühe Dokumente des neuen Interesses an der Kindheit gelten können, macht offenkundig, daß die Befreiung vom „Mythos Kindheit" (Firestone 1973) bzw. ein Interesse am Kinderalltag als „herrschaftsverdünnter Zone" mächtige Motive dafür waren, Kinder pointiert als Produzenten ihres Lebenszusammenhangs statt als Rezipienten der Erwachsenenkultur zu betrachten. Diese Parteilichkeit für Kinder geht mit der Distanzierung von einer sozialisationstheoretischen Perspektive einher. Dieser Zusammenhang ist jedoch kaum je theoretisch expliziert worden, obwohl er für das Selbstverständnis der neuen Kindheitsforschung maßgeblich ist.

Besser als die bundesdeutsche Szenerie erscheint die angelsächsische Diskussion geeignet, die theoretische Pointe dieser Distanz zur Sozialisationsforschung zu verdeutlichen. Diese Diskussion knüpft an einer phänomenologischen Kritik der funktionalistischen Sozialisationsforschung an. Sie gibt es auch in Deutschland; aber der britische Soziologe Chris Jenks hat sie radikalisiert und schon

1982 in der Einleitung zu seinem Sammelband mit Quellentexten zu einer Soziologie der Kindheit als eine epistemologische Kritik des Konzepts „Entwicklung" formuliert (Jenks 1992/1982).

Jenks identifiziert „Entwicklung" als elementaren Bestandteil sozialisationstheoretischer Konstrukte. „Entwicklung" sei ein Konzept, das eine Frage beantwortet, um sie zu vergessen, nämlich die Frage: „Was ist ein Kind?" Anders gesagt: „Entwicklung" setzt eine Differenz von „Kindsein" und „Erwachsensein" voraus, geht ihr aber nicht nach, sondern verzeitlicht sie und hebt sie in einem imaginären, normativen Typus von „Erwachsenheit" auf; diese kognitive Operation wird als „Entwicklung" bzw. „Sozialisation" zum Merkmal des Objektbereichs, zur Eigenschaft von Kindern erklärt. In diesem Sinne faßt „Entwicklung", so Jenks, Kindsein als Erwachsenwerden. Jenks problematisiert also die Selbstverständlichkeit, mit der die psychophysische Besonderheit von Kindern zur Ontologisierung einer historisch und kulturell bestimmten Differenz zwischen Erwachsenen und Kindern verwendet wird. Für Jenks ist „Entwicklung" also nicht lediglich ein wissenschaftliches, sondern ein soziales Konstrukt, das sich im „Jahrhundert des Kindes" kulturell generalisiert hat[2]. Er begreift „Entwicklung" in der Tradition der Foucaultschen Kritik des Wissens als ein Dispositiv, das Maßstäbe für Rationalität und Normalität gewissermaßen in den Körper einschreibt und damit eine über Kinder weit hinausweisende soziokulturelle Bedeutung hat. Eine konstruktivistische Kindheitsforschung wendet die Erkenntniskritik des phänomenologischen Arguments in eine De-Konstruktion generationaler Machtverhältnisse (Alanen 1992, 1994). Darin machen sich die Frauen- und die Kinderrechtsbewegung als Quellen des neueren sozialwissenschaftlichen Interesses an Kindern und Kindheit bemerkbar (vgl. etwa Thorne 1987, Skolnick 1975). Die Forderung, daß in Soziologie und Gesellschaftspolitik auf die Emanzipation der Frauen jetzt die Emanzipation der Kinder zu folgen habe, bedeutet zunächst eine „konzeptuelle Emanzipation" von Kindern als ökonomisch, politisch und rechtlich eigenständiger Bevölkerungsgruppe aus ihrer Subsumtion unter die Familie.

Dieser Kritik am Entwicklungsparadigma läßt sich eine Argumentation aus den Reihen der deutschsprachigen Kindheitsforschung zuordnen, derzufolge die in der Sozialisationsforschung analysierten Vorgänge die Perspektive auf Kindheit einengten, da Kinder nur als etwas „Unfertiges" betrachtet würden. Nicht die aktuellen Lebenschancen des Kindes bestimmten die Problemsicht, sondern die Lebenschancen, die es als Erwachsener haben wird. Sozialisationsforschung lege ihren Schwerpunkt nur „auf die Erklärung der Bedingungen und Prozesse

---

[2] Jenks steht mit dieser Position nicht allein. Er kann sich beispielsweise auf William Kessen (1980/1979) berufen, der den Entwicklungsbegriff einer wissenschaftshistorischen Kritik unterworfen und damit eine Grundsatzdiskussion ausgelöst hat (vgl. Kessel/Siegel 1983). Auch die Kulturgeschichte der Kindheitskonstrukte (etwa Cleverley/Phillips 1986, in Deutschland etwa Gstettner 1981, Scholz 1994) läßt sich als Unterstützung anführen.

des Erwachsenwerdens. Hierdurch wird Kindheit nur als Übergangsstadium betrachtet. Alltagsaktivitäten erscheinen als konkrete und dauerhafte Einübung der von der Umwelt vorgegebenen Handlungs- und Denkmaximen für Erwachsene" (Engelbert 1986, S. 109). Über dem Interesse für die Folgen der Schicht- und Umweltbedingungen für die kindliche Persönlichkeitsentwicklung werde übersehen, daß kindliche Bedürfnisse bereits aktuell beeinträchtigt seien und auch Probleme des Jetztseins thematisiert werden müßten (vgl. Baacke 1988, S. 84). Das neue Paradigma des Studiums von Kindheit betrachte dagegen Kinder nicht als „Werdende", sondern als hier und jetzt so „Seiende", als Subjekte, als vollwertige Mitglieder einer Gesellschaft. Notwendig sei, die Perspektive der Kinder selbst stärker bzw. ausschließlich zu berücksichtigen und die Kultur der Kinder, das heißt: die alltagskulturelle Praxis der Kinder und ihre Interessen in den Mittelpunkt zu stellen. In Abgrenzung von der Sozialisationsforschung, der „Adultismus" (vgl. Speier 1976), das heißt: ein erwachsenenzentrierter Blickwinkel vorgeworfen wird, wird von einer soziologischen Analyse des Kind-Seins gesprochen (vgl. Wilk/Bacher 1994, S. 12).

Die Kritik am Adultismus erinnert an die Auseinandersetzung feministischer Wissenschaftlerinnen mit den traditionellen Wissenschaften und an die Entstehung der Frauenforschung: Da Frauen in wissenschaftlichen Konzepten vom Menschen immer nur „mitgedacht" und in ihrer Eigenständigkeit nicht wahrgenommen wurden, begannen Wissenschaftlerinnen, wissenschaftliche Konzepte kritisch auf ihren Androzentrismus zu hinterfragen und eigene Konzepte z.B. von weiblicher Sozialisation und Identität zu entwickeln. Deutliche Analogien gibt es auch bei der Frage nach der Bewertung des Status „Kind" in der Gesellschaft und den aus den historisch und gesellschaftlich unterschiedlichen Generationenverhältnissen resultierenden Zuschreibungen von Merkmalen dieses Status. In der feministischen Diskussion wird diese Frage nach „Gleichheit oder Differenz" immer häufiger beantwortet mit „Andersbleiben im Gleichwerden" (Tatschmurat 1988) und der Forderung nach Demokratisierung des Differenzbegriffs: „Differenz ohne Gleichheit bedeutet gesellschaftlich Hierarchie, kulturell Entwertung, ökonomisch Ausbeutung. Gleichheit ohne Differenz bedeutet Assimilation, Anpassung, Gleichschaltung, Ausgrenzung von 'Anderen'" (Prengel 1993, S. 182). Die Anwendung eines demokratischen Differenzbegriffs auf den Status von Kindern in der Gesellschaft würde bedeuten, ihre kulturellen Äußerungen als eigenständige ernst zu nehmen, ihnen eine adäquate materielle Basis zur Verfügung zu stellen, gleichzeitig aber ihre Rechte auf Schutz und Förderung anzuerkennen und auszubauen.

Das „Subjektproblem"

Die Sozialisationstheorie kann von dieser Kritik nicht unbeeindruckt bleiben. Zwar wurde die Forderung, den Blick zu erweitern und die aktuellen Probleme des Kindes, seine Bedürfnisse, Wünsche und Interessen zu berücksichtigen, „sein aktuelles Wohlbefinden und seine Möglichkeiten, als realitätsverarbeitendes Subjekt entsprechend seinen Bedürfnissen zu handeln und diese Realität zu verändern" (Wilk/Bacher 1994, S. 12), auch im Kontext sozialisationstheoretischer Diskussionen (u.a. Baacke 1988, Gukenbiehl 1990) erhoben. Aber die Erforschung der aktuellen Lebensbedingungen der Kinder, des handelnden Umgangs der Kinder mit diesen Bedingungen sowie ihrer subjektiven Sinngebung wurde zweifellos vernachlässigt. Zwar ist mittlerweile eine alltagsorientierte Kinderforschung entstanden, die u.a. an der sozialökologischen Sozialisationsforschung anknüpft und eine Reihe von Schilderungen der Lebensführung und Umweltaneignung von Kindern hervorgebracht hat (exemplarisch: Harms/Preissing/Richtermeier 1985, Berg-Laase et al. 1985, Deutsches Jugendinstitut 1992), aber ihre theoretische Fundierung und methodische Umsetzung sind noch nicht befriedigend gelungen. Was daher ansteht, ist eine Klärung des Begriffs vergesellschafteter Subjektivität, die in jeder Sozialisationstheorie stillschweigend vorausgesetzt, aber kaum je gehaltvoll expliziert wird. Eine solche Diskussion, die Dieter Geulen schon 1977 mit guten Argumenten und angereichert mit breitem Material gefordert und begonnen hatte, muß wieder aufgegriffen und weitergeführt werden, nachdem sie in den letzten Jahren durch die Konzentration auf empirische Studien in den Hintergrund gerückt war[3].

Die Unklarheit des Subjektbegriffs hängt eng zusammen mit der theoretischen Perspektive, unter der Sozialisationsprozesse in den Blick genommen werden. Ganz allgemein wird mit „Sozialisation" der Prozeß bezeichnet, durch den Menschen Voraussetzungen für die Bewältigung neuer oder veränderter Umweltanforderungen erwerben. Das damit angesprochene Verhältnis von Individuum und Umwelt wird in verschiedenen Sozialisationstheorien sehr unterschiedlich thematisiert, mit jeweils entscheidenden Konsequenzen für das Subjektverständnis: Dieser Prozeß kann akzentuiert werden sowohl als Anpassungsprozeß des Individuums an die Umwelt als auch als Prozeß, der zur Befähigung des Subjekts zu einer eigenaktiven Umweltgestaltung führen soll. Dabei gibt es für die Akzentuierung des Anpassungsaspekts sowohl affirmative als auch kritische sozialisationstheoretische Ansätze.

---

[3] Damit ist nicht gesagt, daß es zwischenzeitlich gar keine Publikationen zu diesem Thema gegeben hätte (vgl. etwa Busch 1985, Leu 1985, Helsper 1989 sowie diverse Beiträge im Neuen Handbuch der Sozialisationsforschung, herausgegeben 1991 von Hurrelmann/Ulich). Es fand aber schon seit längerer Zeit kaum mehr Beachtung in der Fachdiskussion. Eher diskutiert wurden noch unterschiedliche Begriffe von „Identität", mit der ein wesentlicher Aspekt des Subjekts erfaßt werden soll (vgl. z.B. das Schwerpunktheft der Zeitschrift „Soziale Welt" zum Thema „Bewußtsein und Identität" von 1985, Heft 4, oder den von Frey und Haußer 1987 herausgegebenen Sammelband). Die sehr unterschiedliche Verwendung des Begriffs „Identität" beispielsweise bei Nunner-Winkler (1985), Keupp (1995) oder Baumann (1995) weist jedoch darauf hin, daß dieses Konzept, das vor allem Bewußtseinsphänomene thematisiert, für eine grundlegende Klärung von Gegenstandsbereich und Subjektverständnis der Sozialisationstheorie kaum geeignet sein dürfte.

Eine pointiert affirmative, auf die Stabilisierung gegebener gesellschaftlicher Verhältnisse zielende Bestimmung finden wir etwa bei Brim/Wheeler (1974, S. 3), die die Aufgabe von Sozialisation definieren als „... Umwandlung des 'menschlichen Rohmaterials' einer Gesellschaft in fähige Mitglieder dieser Gesellschaft". Daneben gibt es aber auch eine „anpassungslastige" Sicht von Sozialisation mit einer gesellschaftskritischen Stoßrichtung, etwa in der Tradition der Frankfurter Schule, die Sozialisation vornehmlich als Triebrepression verstand, oder in vulgärmarxistischen Ansätzen, die damit lediglich die Zurichtung der Subjekte zur Ware Arbeitskraft bezeichneten. In diesen, die Seite der Anpassung betonenden Arbeiten werden Aspekte von Subjektivität, in denen die Fähigkeit zu selbständigem, selbstbewußtem Handeln thematisiert wird, ausgeblendet, sei es, weil Sozialisation von vornherein als Prägung des Individuums durch die Gesellschaft gesehen wird, sei es, weil die Möglichkeit individuell selbständigen Handelns angesichts der Übermacht der Verhältnisse bestritten wird.

Unter der Bezeichnung „schichtspezifische Sozialisationsforschung" stand zumindest im deutschsprachigen Raum in den 60er und frühen 70er Jahren eine andere Sicht von Sozialisation im Mittelpunkt. Sie war getragen „von einem dezidierten politischen Interesse, gesellschaftliche Herrschaftsstrukturen auch in der Dimension ihrer subjektiven Vermittlung durch Sozialisation und mit Belegen harter empirischer Forschung aufzudecken" (Geulen 1978, S. 279). In dieser Perspektive spielten Fragen von Leistungsmotivation, Wertorientierungen, Geschlechterrollen, vor allem aber das Thema „Sprache" eine große Rolle, weil in der Sprache eine zentrale Barriere für den Schulerfolg von Kindern aus dem bäuerlichen und dem Arbeitermilieu gesehen wurde. Als Sozialisationsziel galt die Befähigung, sachlich kompetente und sozial verantwortliche Entscheidungen zu fällen. Laut dem Zweiten Familienbericht von 1975, der eine ausführliche Darstellung dieser schichtspezifischen Sozialisationsforschung enthält, muß der einzelne „befähigt werden, sich in den Grenzen eines Allgemeininteresses, über dessen konkrete Inhalte er sich mit anderen verständigen muß, als letzte Entscheidungsinstanz über sich selber zu begreifen und zu verhalten" (BMJFG 1975, S. 14). Unter diesem Blickwinkel wurde die Suche nach Kompetenzen und individuellen Voraussetzungen von selbständigem Handeln (samt ihren gesellschaftlichen Bedingtheiten) ein zentrales Anliegen[4].

Die Frage, ob Sozialisation in diesem Sinne als Prozeß des Einfügens bzw. Einpassens von Individuen in gesellschaftliche Vorgegebenheiten oder als Befähigung zu deren Gestaltung und Veränderung verstanden wird, ist für das theoriespezifische Subjektverständnis von großer Bedeutung. Dementsprechend wich-

---

[4] Daß eine Tendenz zur Polarisierung zwischen Positionen, die von der Unmöglichkeit, und solchen, die von der Notwendigkeit einer individuellen Subjektivität ausgehen, auch später noch ein charakteristischer Grundzug in der Diskussion um den Subjektbegriff bleibt, macht Helsper in einem Überblick über subjekttheoretische Positionen in der Sozialisationsforschung deutlich (Helsper 1989, S. 17 ff.).

tig ist es, die Kritik an der Sozialisationstheorie diesbezüglich zu präzisieren. An einem Punkt trifft die Kritik der Kindheitsforschung allerdings für beide bisher genannten Richtungen der Sozialisationstheorie zu: Kindern bzw. der Lebensphase Kindheit wird keine eigenständige Bedeutung beigemessen[5]. Im Mittelpunkt des Interesses steht der Erwachsene, sei es als zugerichtete Arbeitskraft, sei es als politisch bewußter und mündiger Bürger, der seine Kompetenzen nutzt, um zugleich seine individuellen Interessen zu verwirklichen und die gesellschaftliche Entwicklung im Sinne einer Demokratisierung und eines Abbaus von Ungleichheiten zu stützen.

Man kann es durchaus als einen Fortschritt im Hinblick auf die Berücksichtigung von Kindern ansehen, daß im Zuge einer Kritik an wesentlichen Grundannahmen der schichtspezifischen Sozialisationsforschung und den von ihr verwendeten Indikatoren zur Charakterisierung von Sozialisationsmilieus Umweltbedingungen differenzierter erfaßt und vor allem entwicklungspsychologische Ansätze stärker berücksichtigt wurden. Die Vorstellung eines wissenschaftlich gebildeten und politisch bewußten Subjekts splittete sich auf in verschiedene theoretische Ansätze, unter denen man die Entwicklung von Kompetenzen und Fertigkeiten untersuchen konnte. Die für die Sozialisationsforschung der späten 60er und der frühen 70er Jahre typische Problematisierung äußerer Anforderungen in einer vor allem in ihren wirtschaftlichen Strukturen als reformbedürftig gesehenen Gesellschaft verlor dabei jedoch an Bedeutung. Die Vorstellung eines „gesellschaftlich handlungsfähigen und mündigen Subjekts" oder, wie es bei Hurrelmann (1983) heißt: eines „produktiv realitätsverarbeitenden Subjekts" wurde nicht mehr aus der Spannung zwischen gesellschaftlichen Anforderungen und deren kritischer Reflexion gespeist (vgl. dazu Leu, in diesem Band), sondern zunehmend an Entwicklungsprozessen einzelner Individuen festgemacht.

Diese stärkere Öffnung zu psychologischen Fragestellungen erlaubt einerseits, Entwicklungsprozesse vergleichsweise differenzierter und vielschichtiger zu sehen, als das in der schichtspezifischen Sozialisationsforschung der Fall war. Ganz im Sinne der Kindheitsforschung wird dabei das Kind in den in diesem Bereich besonders einflußreichen Theorien von Piaget und Kohlberg als aktiv lernende Persönlichkeit verstanden, die nicht einfach von der Umwelt geprägt oder von angeborenen Reifungsprozessen gesteuert wird, sondern ihre dingliche und soziale Welt gedanklich eigenaktiv konstruiert und sich dadurch entwickelt (vgl. Oser/Althof 1992, S. 41f.). Andererseits ist aber nicht zu verkennen, daß gerade auch im theoretischen Ansatz von Kohlberg die Perspektive der Kinder

---

[5] Dies gilt, zumindest auf den ersten Blick, so nicht für die Verwendung von psychoanalytischen Konzepten in Sozialisationstheorien, bei denen Kindheitserfahrungen im Mittelpunkt stehen. Dieser Unterschied verliert aber in dem Maße an Bedeutung, in dem Kindheitserfahrungen nur als Erfahrungen von Erwachsenen interessieren, die schon lange zurückliegen und deshalb zur Rekonstruktion von Erwachsenheit und nicht zur Entdeckung aktueller Kindheit beitragen.

in einer durch die Konzentration auf kognitive Entwicklungsaspekte bemerkenswert verkürzten Weise wahrgenommen wird (vgl. auch Trommsdorff 1993, S. 5). Ein Beispiel dafür ist die in diesem Ansatz unterstellte „kognitiv-affektive Parallelität", d.h. die Annahme, daß das moralische Wissen und das moralische Wollen von Individuen eng miteinander verknüpft sind und für beides die kognitive Entwicklung von entscheidender Bedeutung ist[6]. Damit wird nicht nur unterstellt, daß Menschen, die wissen, was eigentlich richtig, moralisch (gemessen an möglichst universellen Gesichtspunkten) geboten ist, auch (in überdurchschnittlichem Maße) bereit sind, einer solchen Einsicht zu folgen. Es bedeutet auch, daß die in ihrer kognitiven Entwicklung naturgemäß noch nicht so fortgeschrittenen Kinder einen analogen Entwicklungsrückstand in moralischer Hinsicht aufweisen. Das kommt etwa darin zum Ausdruck, daß sich die „soziale Perspektive" nach dieser Stufentheorie von einer egozentrischen Orientierung an situativen Gegebenheiten hin zu einer universellen, konkret-situationsbezogenen, eigene Interessen weitestgehend vernachlässigenden Sicht entwickelt.

Diese analytische Zuspitzung auf die kognitive Entwicklung wird inzwischen von zahlreichen Autoren kritisch gesehen. So ist es nach Noam äußerst wichtig, zwischen „psychischer Reife" und „psychischer Komplexität" zu unterscheiden. „Schreiten wir von Kognition zur sozialen Kognition fort und von dort hin zu Ich, Persönlichkeit und Vertrauen, werden kognitive Bedeutungen immer weniger als Formen logischen Denkens denn vielmehr als basale Formen des 'In-der-Welt-Seins' aufgefaßt. ... Der Mensch, die Lebensgeschichte oder die wichtigen Bedeutungen des Selbst werden nicht durch die Stufe repräsentiert, die das kognitive oder moralische Bewußtsein erreicht hat. Das Selbst ist in spezifische Erfahrungen eingebettet, wie sie das Leben eines Menschen formen" (Noam 1993, S. 181f.). Genau diese inhaltliche Seite der individuellbiographischen Entwicklung wird mit dem „strukturalen Imperialismus" (Noam, a.a.O.), der allein die Entwicklung kognitiver Strukturen in den Mittelpunkt stellt, ausgeblendet. Forschungspraktisch ergibt sich daraus die Forderung, daß die in der Tradition der kognitiv-moralischen Entwicklungsforschung bisher vernachlässigte Beschäftigung mit inhaltlich bestimmten und lebensweltlich verankerten Orientierungsmustern und Wertvorstellungen und die alltäglichen Bedingungen des Handelns viel stärker berücksichtigt werden müssen[7]. Sie erlauben erst jene Erfahrungen, die es Kindern (ebenso wie Erwachsenen) ermöglichen, in eine nächste Entwicklungsphase einzutreten. Daraus folgt übrigens im Umkehrschluß, daß Erwachsene keineswegs als Erwachsene, sondern allein nach Maßgabe der ihnen zugänglichen oder vorenthaltenen Erfah-

---

[6] Vgl. den Beitrag von Nunner-Winkler in diesem Band. Eine ausführlichere Darstellung dieser hier auf den Begriff „kognitiv-affektive Parallelität" zugespitzten Frage und ihrer Behandlung durch Kohlberg findet sich bei Oser/Althof 1992, S. 226 ff.

[7] In diesem Sinne äußern sich auch mehrere Autoren in dem von Edelstein u.a. (1993) herausgegebenen Sammelband.

rungen ihre Entwicklungspotentiale ausschöpfen (die berühmten Stufen fünf und sechs bei Kohlberg).

Wie bereits erwähnt, bildet die Untersuchung alltäglichen Handelns einen Schwerpunkt der neueren Kindheitsforschung. Daß auch dieser Zugang keineswegs frei ist von normativen Implikationen bzw. von Kinder- und Menschenbildern, wird in den entsprechenden Studien spätestens dann erkennbar, wenn sie ihr empirisches Material ordnen und systematisieren. Auch wenn versucht wird, die Alltagspraxis von Kindern möglichst authentisch und unbeeinflußt durch Erwachsene zur Sprache zu bringen, werden bei diesem Prozeß zwangsläufig normative Ordnungskriterien angewandt, die sich nicht einfach aus der Befragung oder Beobachtung der Kinder ergeben oder begründen lassen, sondern selber Ausdruck eines bestimmten Bildes von „gelungenem" Kindsein bei den Forscherinnen und Forscher sind. Das gilt für die Kriterien zur Bestimmung „moderner" bzw."traditioneller" kinderkultureller Praxisformen bei du Bois-Reymond u.a. (1994) genauso wie für das Konzept „Bedürfnisse" bzw. „Wohlergehen der Kinder" in dem von Wilk/Bacher (1994) herausgegebenen Reader oder für die Hinweise auf Selbständigkeit in der Arbeit von Zeiher/Zeiher (1994).

Diese virulente Normativität macht auf die methodologische Problematik aufmerksam, die mit dem Anspruch verbunden ist, die Perspektive von Kindern zur Geltung zu bringen. Bei allen Anstrengungen, sich auf eine „authentische Kinderperspektive" einzulassen, ist nicht von der Tatsache abzusehen, daß es letztlich doch immer Erwachsene sind, die aus einer Stellvertreterposition heraus, aber keineswegs frei von eigenen Wertvorstellungen, die von Kindern erfragten Wünsche und Einschätzungen zur Geltung zu bringen versuchen (vgl. dagegen Alanen 1994). Von daher ergibt sich auch für eine am Alltag orientierte Kindheitsforschung die Notwendigkeit, solche normativen Grundannahmen oder Implikationen klar zu formulieren und zur Diskussion zu stellen. Dies wird unabweisbar, wenn es um eine Ausweitung von Kinderrechten oder um eine Definition der Interessen von Kindern geht. Im Hinblick auf das Verhältnis von Sozialisations- und Kindheitsforschung verweist die virulente Normativität darauf, daß auch eine alltagsorientierte Kindheitsforschung das „Subjektproblem" nicht vermeiden kann.

Es kann unseres Erachtens auch gar nicht darum gehen, solche normativen Grundannahmen zu vermeiden[8]. Jenks suggeriert diese Möglichkeit, indem er das Konzept „Entwicklung" um das Element der Subjektkonstitution bzw. der Identitätsbildung verkürzt. „Entwicklung" ist bei Jenks wissenssoziologisch ein adultistisches Konstrukt und institutionentheoretisch ein Mechanismus sozialer

---

[8] Forschungspraktisch sind sie allein schon deshalb unvermeidbar, weil in Untersuchungen immer nur bestimmte, das heißt auch ausgewählte, Aspekte einer unendlich vielfältigen Wirklichkeit erfaßt und damit als im Hinblick auf die Lebenssituation von Kindern wesentlich gekennzeichnet werden.

Integration. Die Kritik an der „konzeptuellen Bevormundung" durch das Entwicklungskonzept wird im Namen einer „Person aus eigenem Recht" (Skolnick 1989) geführt, deren Wertorientierungen und Handlungskompetenzen sich jedoch erst in Enkulturationsprozessen konstituieren; mehr noch: Die Rede vom „Kind als Akteur", die Parteilichkeit mit der Gegenwart des Kindseins gegen das Erwachsenwerden, nimmt insgeheim einen Subjektbegriff in Anspruch, expliziert ihn aber nicht.

Jenks' Kritik am Entwicklungsparadigma hält dabei - ebenso wie die Beiträge amerikanischer und skandinavischer feministischer Sozialwissenschaftlerinnen zur Kindheitsforschung - am Bild des Erwachsenen als „fertigem" Menschen fest, während sich unter dem Einfluß eines lebenslauforientierten Verständnisses von Entwicklung und Sozialisation in der bundesdeutschen Debatte (Kohli 1980 und 1991) der Gedanke weitgehend durchgesetzt hat, daß auch die Erwachsenen „Werdende" sind und Entwicklungsphasen durchlaufen, in denen sie typische Herausforderungen bewältigen müssen, ohne daß ihnen deswegen die Subjekthaftigkeit abgesprochen würde. Wenn man Erwachsenen und Kindern zu „sein" erlaubt, sind sie „Werdende". Es sind die überlieferten Alltagskulturen und ihre Sozialformen („Kind-Sein"), welche Erfahrungen der kooperativen Aushandlung von sozialen Beziehungen und Sinngehalten, auf denen Entwicklung („Erwachsen-Werden") beruht, möglich machen oder verhindern[9].

Jenks' Kritik am Entwicklungsbegriff blendet also das Aufeinander-verwiesensein von Enkulturation, sozialer Integration und Selbst-Sozialisation aus; die Entgegensetzung von „Sein" und „Werden" entstammt den theoretischen Grundannahmen, die er kritisiert. Dafür macht er die systemischen Elemente von Sozialisationsprozessen besonders deutlich: die institutionellen und historischen Randbedingungen, unter denen sich Subjektivität als soziales Phänomen konstituiert. „Kindheit" erscheint in dieser Perspektive zugespitzt als institutionalisiertes Konstrukt von Alterszugehörigkeit - ein Aspekt, der bislang übersehen wurde, für sich allein genommen jedoch zu kurz greift. Die Bedeutung der Jenks'schen Kritik am Entwicklungsparadigma ist daher darin zu sehen, daß sich - gegen Jenks' Intentionen - der vorgebliche Gegensatz zwischen einer Orientierung am Kinderalltag und einer sozialisationstheoretischen Orientierung in eine vielversprechende Perspektivenerweiterung verwandelt, und daß sich mit der Focussierung auf die systemischen Aspekte der Institutionalisierung von Kindheit eine völlig neue Art von Problemstellungen für eine sozialstrukturelle Kindheitsforschung eröffnet.

---

[9] Diese Formulierungen zum Verhältnis von universeller Entwicklungslogik, soziokulturellen Handlungsbedingungen und kooperativer Selbst-Sozialisation gehen auf Anregungen von Lothar Krappmann zurück (vgl. auch Krappmann 1993).

Ein Tableau von Forschungsfeldern

Als die Kindheitsforschung im April 1994 in der Deutschen Gesellschaft für Soziologie (DGS) einen institutionellen Ort erhielt, nannte sich die Arbeitsgruppe „Soziologie der Kindheit". In der International Sociological Association (ISA) gibt es eine Arbeitsgruppe „Sociology of Childhood", in der nordamerikanischen Gesellschaft für Soziologie (ASA) dagegen heißt die entsprechende Sektion „Sociology of Children". In der Deutschen Gesellschaft für Erziehungswissenschaft (DGfE) ist es die Kommission „Pädagogik der frühen Kindheit", in der die neuere sozialwissenschaftliche Kindheitsforschung ihren Ort hat. Ist der jeweilige Name Programm? Die Arbeitsgruppe in der DGS will betonen, daß sie gegenüber Psychologie und Pädagogik soziale Strukturen, Lebensweisen und Lebensformen von Kindern sowie deren Relationen und Wandel in den Mittelpunkt stellt. In der Regel freilich werden die Begriffe „Kind", „Kindheit", „Kindsein", „kindliche Entwicklung", „Kindheitsentwicklung", „Kinderforschung", „Kindforschung" und „Kindheitsforschung" etc. nicht klar voneinander unterschieden. Dies weist darauf hin, daß der Gegenstandsbereich dieses neuen Forschungsfeldes noch nicht präzise bestimmt ist (vgl. auch Timmermann/Melzer 1993).

Die unter dem Begriff „Kindheitsforschung" firmierenden Arbeiten lassen sich prinzipiell in zwei unterschiedliche Forschungsrichtungen einordnen.

– Zum einen läßt sich von einer *subjekt- bzw. lebensweltorientierten Kinderforschung* sprechen, die sich - wie oben beschrieben - mit dem Alltag und der Kultur der Kinder, mit dem „Kind-Sein im Hier und Jetzt", vorrangig aus der Perspektive der Kinder selbst, auseinandersetzt. Wichtige Themen sind etwa das sozialräumliche Verhalten von Kindern, ihre Freizeitaktivitäten und sozialen Beziehungen. Diese Forschungsrichtung hat in den vergangenen Jahren dominiert. Bekannte Vertreter sind u.a. die Arbeitsgruppen um Manuela du Bois-Reymond, Peter Büchner und Heinz-Hermann Krüger, Lothar Krappmann und Hans Oswald sowie Hartmut und Helga Zeiher.

– Zum anderen läßt sich von einer *sozialstrukturellen Forschungslinie* sprechen. Dabei werden zwei unterschiedliche Akzente gesetzt. In Anlehnung an Konzepte und Ansätze der feministischen Sozialwissenschaft und der Kinderrechtsbewegung betont der eine Akzent die De-Konstruktion überlieferter und professioneller Wissensformen, in denen die Kindheit als kulturelle Selbstverständlichkeit erscheint (vgl. Alanen 1994, Qvortrup 1993); diese Diskussion findet stärker als in Deutschland in den skandinavischen Ländern und den USA statt. Der andere Akzent betont die Institutionalisierung der Kindheit, analysiert den Sozialstatus „Kind" und untersucht die Lebensverhältnisse von Kindern. Hier sind u.a. Petra Buhr und Angelika Engelbert, Hans Bertram und Bernhard Nauck zu nennen.

Unter dem Oberbegriff einer *Soziologie des Kindesalters* lassen sich die Forschungsbereiche der Sozialisationsforschung und der lebensweltorientierten

Kinderforschung einerseits, der sozialstrukturellen Kindheitsforschung andererseits aufeinander beziehen. Eine *akteursbezogene Kinderforschung* legt ihren Schwerpunkt auf das alltägliche Kinderleben sowie auf das Erleben, die Äußerungs- und Aneignungsformen der Kinder und ihre Sozialformen. Ihr ist eine Sozialisationsforschung zuzuordnen, die um das Problem der Entwicklung der kindlichen Persönlichkeit zentriert ist. Eine *strukturbezogene Kindheitsforschung* spricht dagegen von Kindern als Bevölkerungsgruppe, für die u.a. ein spezifischer Wohlfahrtsstatus kennzeichnend ist (vgl. etwa die aktuelle Debatte um Kinderarmut). Sie faßt die Kindheit als ein kulturelles Muster und unter dem Gesichtspunkt einer generationalen Ordnung des Sozialen auf.

Übersicht 1: Problemstellungen und Gegenstandsbereiche einer Soziologie des Kindesalters

Soziologie des Kindesalters			
Kinderforschung (akteursbezogen)		Kindheitsforschung (strukturbezogen)	
Kinderalltag, Handlungssituationen aus der Perspektive von Kindern	Sozialisation, Entwicklung von Handlungsfähigkeit	„Kind" als Sozialstatus und kulturelles Muster im historischen Wandel der Generationenverhältnisse	Lebenslagen von Kindern

Zunächst scheinen sich akteursbezogene Kinder- und strukturbezogene Kindheitsforschung auf deutlich unterscheidbare Problemstellungen und Gegenstandsbereiche zu beziehen. Tatsächlich jedoch sind sie nicht getrennt voneinander zu denken. Die Kindheitsforschung faßt „Kind" als ein Konstrukt auf, das sozial und kulturell variabel ist. „Kindheit" ist insofern nicht nur die Bezeichnung für eine Lebensphase individueller Sozialisationsprozesse, sie geht diesen Prozessen als ein historisch-spezifisches soziokulturelles Muster auch immer schon voraus.

Das theoretische „missing link" im Verhältnis von Sozialisations- und Kindheitsforschung bildet die Alterszugehörigkeit als sozialer Sachverhalt. Vor allem Vertreterinnen der feministischen Frauenforschung in den USA, Großbritannien und Skandinavien haben darauf hingewiesen, daß die Kindheit vom biologischen Lebensalter auf ähnliche Weise zu unterscheiden sei wie „gender" (Geschlechtszugehörigkeit als soziales Konstrukt) von „sex" (körperliches Geschlecht), und daß dementsprechend zwischen einer „natürlichen" und einer „sozialen" Kindheit bzw. einem entsprechendem Kind-Sein zu unterscheiden sei (Alanen 1992, 1994, Oakley 1993). Analog zur Analyse der Geschlechterverhältnisse kann mit dieser Unterscheidung prinzipiell die asymmetrische Relation Kind/Erwachsener als grundlegendes gesellschaftliches Strukturierungsprinzip verstanden und u.a. als Machtbeziehung thematisiert werden. Die aufgezeigten Parallelen zwischen der Frauen- und der Kinderfrage in soziologischer Perspektive sollen jedoch nicht verdecken, daß zwischen Kindern und Erwachsenen andere anthropologische Differenzen bestehen als zwischen erwachsenen Frauen und Männern, und daß Erwachsene für Kinder verantwortlich sind. Eine Leugnung der Entwicklungstatsache - beispielsweise von seiten der Antipädagogik und der Kinderrechtsbewegung - beruht auf der fehlenden Unterscheidung zwischen der Ontogenese von Handlungsfähigkeit und der sozialen Konstruktion von Alterszugehörigkeit. Es geht im Streit um das Verhältnis von Sozialisations- und Kindheitsforschung daher nicht eigentlich um konkurrierende Paradigmen, sondern um eine konzeptionelle Explikation des Entwicklungsaspekts als Moment der spezifischen Position und Perspektive von Kindern in den zeitgenössischen Gesellschaften westlichen Typs bzw. um eine inhaltliche Explikation des Sozialisationsproblems und in diesem Sinne um eine notwendige Perspektivenerweiterung der Sozialisationsforschung.

Eine Soziologie des Kindesalters faßt Sozialisationsprozesse historisch und biographisch auf und sucht Sozialisationskonzepte konsequent von allen Annahmen zu reinigen, die kumulative Prozesse in Richtung auf eine überlegene Qualität eines unhistorisch gedachten Humanums unterstellen und keine Konflikte, Regressionen und Abweichungen vorsehen. Die Analyse der aktuellen Lebensbedingungen von Kindern wiederum fördert nicht nur Erkenntnisse über die Unterschiede nach Geschlecht, Alter, sozialer, religiöser, ethnischer und regionaler Herkunft differenzierter Kindheiten; unter dem Aspekt des Wandels von Lebensbedingungen als Sozialisationsbedingungen besitzt sie auch Relevanz für die Sozialisationsforschung. Erst vor diesem Hintergrund wird eine Sozialberichterstattung über die Lebenslagen von Kindern, über stützende oder belastende Lebensbedingungen und damit eine „Politik für Kinder" möglich und sinnvoll. Zugleich wird die Möglichkeit eröffnet, die Einsicht in die Geschichtlichkeit von „Kindheit" in eine theoretische Konzeption und empirische Analyse zeitgenössischer Kindheit umzusetzen.

Zu den Beiträgen dieses Bandes

Dieses vorläufige Tableau markiert einen Rahmen, in dem u.E. die Perspektiven einer Soziologie des Kindesalters diskutiert werden können. Die Beiträge dieses Bandes konzentrieren sich allerdings einseitig auf einen Teil dieses Tableaus: Sie kreisen in erster Linie um das Verhältnis zwischen einer alltagsbezogenen Kinderforschung und einer subjektorientierten Sozialisationsforschung.

Jürgen Zinnecker beschreibt in einer wissenschaftssoziologischen Skizze die Entstehung des Forschungsfeldes „Kindheitsforschung" in der Bundesrepublik. Den entscheidenden Ausgangspunkt erkennt er in einem deutlichen Abrücken vom Sozialisationsbegriff und von der Sozialisationsforschung, das er am „Handbuch der Kindheitsforschung" (Markefka/Nauck 1993) und am „Neuen Handbuch der Sozialisationsforschung" (Hurrelmann/Ulich 1991) belegt. *Zinnecker* zeigt, daß diese Skepsis zum einen im Zusammenhang von Mode- und Bewegungszyklen innerhalb der sozial- und kulturwissenschaftlichen Disziplinen steht, zum anderen ihren Grund in der neuerlichen Selbst-Immunisierung der Pädagogik gegen sozialwissenschaftliche Kritik hat. Die Auseinandersetzung mit antipädagogischen Positionen und mit Argumenten der Kinderrechtsbewegung führt ihn zu einem Plädoyer für eine Erneuerung des Sozialisationsparadigmas im Kontext einer sozialwissenschaftlichen Kindheitsforschung.

Liselotte Wilk knüpft an einem Verständnis von Kindern als produktiv realitätsverarbeitenden Subjekten in ihrem Hier-und-Jetzt an und vertritt die Position einer sozialstrukturellen Kindheitsforschung, die sich von einer sozialisationstheoretischen Sicht von Kindern und Kindheit bewußt abgrenzt. Sie berichtet zum einen Ergebnisse eines Survey über Lebensverhältnisse und Lebensqualität von Kindern in Österreich, der ersten Untersuchung dieser Art seit 1985 (Lang 1985); zum anderen jedoch stellt sie in großer Offenheit die Chancen, aber auch die Grenzen dar, Kindern mit dem Instrument einer quantitativen Bevölkerungsumfrage eine Stimme zu geben und ihre Perspektive zu repräsentieren. So setzt beispielsweise die Methodik des Survey Fähigkeiten bei den befragten Kindern voraus, über die sie erst von einem bestimmten Alter an verfügen; außerdem beinhaltet das Kriterium „Wohlbefinden" Vorstellungen von der Spezifität kindlicher Bedürfnisse, Interessen und Teilhabechancen.

Auch *Andreas Lange* teilt Ergebnisse einer empirischen Untersuchung mit, aus der er weiterführende Fragestellungen zur Erforschung kindlicher Lebensstile ableitet. Sein Interesse an Mustern kindlicher Lebensführung vor dem Hintergrund raschen sozialen Wandels steht für einen Schwerpunkt der lebensweltlichen Kindheitsforschung in der Bundesrepublik. *Langes* Explorativstudie über das Alltagsleben von Zehnjährigen ist eine der wenigen Untersuchungen, die der Kindheit auf dem Lande gewidmet sind. In seiner theoretischen Konzeption verknüpft *Lange* die jüngere regionalsoziologische Debatte um soziale Räume mit einer wissenssoziologischen Analyse von Normen und sozialen Bedeutungen. Er vertritt die These, daß regional akzentuierte Muster der kindlichen Lebensführung als von der Persönlichkeit des Kindes unabhängige Sozialisationsmedien verstanden werden müssen, die einerseits zwischen den Generationen ausgehandelt werden und andererseits mit objektiv meßbaren Ressourcenprofilen zusammenspielen.

In der sozialen Welt der Peers ist die Alltagswelt von Kindern mit der Entwicklung sozialer Kompetenzen verknüpft. Sie stellt Entwicklungsaufgaben, die nur in kooperativen Prozessen der „Ko-Konstruktion" gelöst werden können. *Lothar Krappmann* beschäftigt sich seit vielen Jahren mit den Aushandlungsprozessen, in denen zehn- bis zwölfjährige Kinder miteinander lernen, Grundlagen gemeinsamen Handelns herzustellen. In seinem Beitrag legt *Krappmann* den

Schwerpunkt jedoch nicht auf die universelle Entwicklungslogik, in der Kinder lernen, unterschiedliche Perspektiven wahrzunehmen und zu berücksichtigen. Im Zentrum seiner Überlegungen stehen vielmehr die soziokulturellen Bedingungen, unter denen Kinder die Erfahrungen machen, auf die sie angewiesen sind, um sich miteinander die entsprechenden sozialen Kompetenzen zu erarbeiten. Zu diesen Bedingungen gehören demographische Restriktionen, die sozialräumliche Umgebung, die familiären Milieus, die Bedingungen der Schulklasse und die Streitkultur der Erwachsenen.

Jutta Kienbaum fragt ebenfalls nach dem Verhältnis von universellen Entwicklungsverläufen und kulturspezifischen Sozialisationsbedingungen, allerdings nicht - wie *Krappmann* - auf der Ebene kleinräumiger soziokultureller Umwelten, sondern auf der Ebene gesamtgesellschaftlicher Erziehungsvorstellungen. Berichtet wird über eine kulturvergleichende Studie, die den Einfluß der Sozialisation in der BRD und der UdSSR (vor 1990) auf prosoziale und mitfühlende Reaktionen fünfjähriger Kindergartenkinder untersucht und dabei den Blick insbesondere auf geschlechtsspezifische Unterschiede richtet. Das Ergebnis, daß die deutschen Mädchen mitfühlender und prosozialer reagierten als die sowjetischen Mädchen und die deutschen Jungen, zeigt zum einen, daß gesellschaftliche Rahmenbedingungen zu unterschiedlichen Sozialisationswirkungen in den jeweiligen Kulturen führen; zum anderen stellt es die Universalität des immer wieder unterstellten Geschlechterstereotyps in Frage, daß Mädchen generell prosozialer und mitfühlender handelten als Jungen.

Der Beitrag von *Gertrud Nunner-Winkler* stellt entwicklungstheoretische Überlegungen zum Verhältnis von moralischem Urteil und moralischem Handeln in den Mittelpunkt. Ausgangspunkt sind Widersprüche in Befunden über die moralische Motivation von Kindern. Um diese Widersprüche aufzuklären, hat *Nunner-Winkler* in aufwendigen Längsschnitterhebungen das moralische Wissen, die moralische Motivation und das moralische Handeln von Kindern erhoben und kann zeigen, daß Kohlbergs ursprüngliche Annahme einer Parallelität von kognitiver und moralischer Entwicklung auf einer mangelnden Unterscheidung zwischen diesen verschiedenen Aspekten beruht. Im Unterschied zu Kohlberg kommt sie zu dem Schluß, daß bereits Kinder im präkonventionellen Stadium über konstitutive Voraussetzungen von moralischem Verstehen und Handeln verfügen. Der Beitrag von *Nunner-Winkler* zeigt, wie eine ausgesprochen entwicklungstheoretisch angelegte Untersuchung zu Ergebnissen führen kann, die für das Verständnis des Alltagshandelns von Kindern von zentraler Bedeutung sind.

Die beiden abschließenden Beiträge repräsentieren unterschiedliche Beiträge zu einer Konzeption für die theoretische Grundlegung einer subjektorientierten Kinderforschung.

Hartmut Zeiher stellt die theoretischen Grundzüge der in der einschlägigen Forschung breit rezipierten Studien zur kindlichen Alltagsorganisation vor, die er und *Helga Zeiher* seit vielen Jahren durchführen. Im Mittelpunkt steht der Begriff des Handelns. Dieser verknüpft gesellschaftlich bestimmte raum-zeitliche Bedingungen mit individuellen Motiven und erlaubt zu analysieren, wie äußere Bedingungen durch das Kind selbst in sein Tun aufgenommen und assimiliert werden. Durch die Rekonstruktion von Handlungsentscheidungen wird die besondere Art der alltäglichen Lebensführung individueller Kinder und zugleich die Formung von Kindheit als gesellschaftlich bedingtem Möglichkeitsraum erkennbar gemacht. Die besondere Bedeutung dieses handlungsorientierten Beitrages in unserem Kontext liegt darin, daß er Kinder und Erwachsene als soziale Akteure gleichstellt.

Hans Rudolf Leu setzt sich mit dem Problem der Sozialisationsforschung auseinander, Subjekte zugleich als gesellschaftlich geformt und individuell besonders zu begreifen. Mit der generellen These einer Wechselwirkung von Individuum und Umwelt allein läßt sich dieses Problem nicht lösen. *Leu* schlägt statt dessen eine Ausdifferenzierung von Alltagspraxis in drei Aneignungsformen vor. Vor diesem Hintergrund entwirft er das Konzept eines „selbständigen" Subjekts, das in seiner Alltagspraxis die Spannung zwischen Vergesellschaftung und Individuation fortlaufend verwirklicht, ohne sie aufzulösen. Der Ansatz nimmt die subjektive Bedeutung der Alltagspraxis von Kindern ebenso ernst wie die von Erwachsenen und berücksichtigt trotzdem Differenzen, die sich aus Lebensalters- und Entwicklungsunterschieden ergeben. Der Beitrag versteht sich auch als Versuch, die in der Sozialisationsforschung und in der Kinder- und Kindheitsforschung vernachlässigte Diskussion um die Vorstellungen von einem „gelungenen" Kind bzw. Subjekt zu beleben.

Literatur

ALANEN, Leena: Modern childhood? Exploring the 'Child Question' in sociology. University of Jyväskylä. Institute for Educational Research. Research Reports, Vol. 50. Jyväskylä 1992

ALANEN, Leena: Zur Theorie der Kindheit. In: Sozialwissenschaftliche Literatur Rundschau 1994, H. 28, S. 93-112

BAACKE, Dieter: Sozialökologische Ansätze in der Jugendforschung. In: KRÜGER, H.-H. (Hrsg.): Handbuch der Jugendforschung. Opladen 1988, S. 71-94

BAUMANN, Zygmunt: Identitätsprobleme in der Postmoderne. In: Widersprüche, 1995, H. 55, S. 11-21

BERG-LAASE, Günter et al.: Verkehr und Wohnumfeld im Alltag von Kindern. Eine sozialökologische Studie zur Aneignung städtischer Umwelt am Beispiel ausgewählter Wohngebiete in Berlin. Pfaffenweiler 1985

BERTRAM, Hans: Sozialberichterstattung zur Kindheit. In: MARKEFKA, M./NAUCK, B. (Hrsg.) 1993, S. 91-109

BRIM, Orville G./WHEELER, Stanton: Erwachsenensozialisation. Sozialisation nach Abschluß der Kindheit. Stuttgart 1974

BUHR, Petra/ENGELBERT, Angelika: Childhood in the Federal Republic of Germany. Trends and Facts. Universität Bielefeld. Institut für Bevölkerungsforschung und Sozialpolitik. IBS-Materialien Nr. 29, Brosch. Bielefeld 1989
BUNDESMINISTERIUM FÜR FAMILIE UND SENIOREN (BMFuS) (Hrsg.): Familien und Familienpolitik im geeinten Deutschland - Zukunft des Humanvermögens. Fünfter Familienbericht. Bonn 1994
BUNDESMINISTERIUM FÜR JUGEND, FAMILIE UND GESUNDHEIT (BMJFG) (Hrsg.): Zweiter Familienbericht. Leistungen und Leistungsgrenzen der Familie hinsichtlich des Erziehungs- und Bildungsprozesses der jungen Generation. Bonn - Bad Godesberg 1975
BUSCH, Hans-Joachim: Interaktion und innere Natur. Sozialisationstheoretische Reflexionen. Frankfurt am Main 1985
CHISHOLM, Lynne: Paradise Lost - Lost in Paradise. Ist die deutsche Kindheitsforschung zur Entromantisierung fähig? In: Sozialwissenschaftliche Literatur Rundschau 14, 1992, 25, S. 98-111
CLEVERLEY, John/PHILLIPS, D.C.: Visions of childhood. Influential models from Locke to Spock. New York/London 1986
DEUTSCHES JUGENDINSTITUT (Hrsg.): Was tun Kinder am Nachmittag? Eine empirische Studie zur mittleren Kindheit. München 1992
DU BOIS-REYMOND, Manuela/BÜCHNER, Peter/KRÜGER, Heinz-Hermann/ECARIUS, Jutta/FUHS, Burkhard: Kinderleben. Modernisierung von Kindheit im interkulturellen Vergleich. Opladen 1994
EDELSTEIN, Wolfgang/NUNNER-WINKLER, Gertrud/NOAM, Gil: Moral und Person. Frankfurt am Main 1993
ENGELBERT, Angelika: Kinderalltag und Familienumwelt. Eine Studie über die Lebenssituation von Vorschulkindern. Frankfurt am Main/New York 1986
FIRESTONE, Shulamith: Nieder mit der Kindheit! In: Kursbuch 1973, H. 34, S. 1-24
FREY, Hans-Peter/HAUßER, Karl: Entwicklungslinien sozialwissenschaftlicher Identitätsforschung. In: dies. (Hrsg.): Identität. Entwicklungen psychologsicher und soziologischer Forschung. Stuttgart 1987, S. 3-26
GEULEN, Dieter: Das vergesellschaftete Subjekt. Zur Grundlegung der Sozialisationstheorie. Frankfurt am Main 1977
GEULEN, Dieter: Zur Wissenssoziologie der Sozialisationsforschung und ihrer Rezeption in der Bundesrepublik. In: BOLTE, K. M. (Hrsg.): Verhandlungen des 18. Deutschen Soziologentages vom 28. September bis 1. Oktober 1976 in Bielefeld. Darmstadt undNeuwied 1978, S. 266-298
GSTETTNER, Peter: Die Eroberung des Kindes durch die Wissenschaft. Aus der Geschichte der Disziplinierung. Reinbek 1981
GUKENBIEHL, Hermann L.: Materiell-räumliche Faktoren in der ökologischen Sozialisationsforschung. In: Zeitschrift für Sozialisationsforschung und Entwicklungssoziologie 10, 1990, 2, S. 130-146
HARMS, Gerd/PREISSING, Christa/RICHTERMEIER, Adolf: Kinder und Jugendliche in der Großstadt. Berlin 1985
HELSPER, Werner: Selbstkrise und Individuationsprozeß. Subjekt- und sozialisationstheoretische Entwürfe zum imaginären Selbst der Moderne. Opladen 1989

HONIG, Michael-Sebastian: Kindheitsforschung - Abkehr von der Pädagogisierung. In: Soziologische Revue 11, 1988, 2, S. 169-178
HONIG, Michael-Sebastian: Probleme der Konstituierung einer erziehungswissenschaftlichen Kindheitsforschung. Ein Überblick über Fragestellungen, Konzepte und Befunde. Zeitschrift für Pädagogik 1996
HONIG, Michael-Sebastian: Kindheit als soziales Phänomen. In: CLAUßEN, L. (Hrsg.): Gesellschaften im Umbruch. 27. Kongreß der Deutschen Gesellschaft für Soziologie. Frankfurt am Main/New York i.Dr.
HURRELMANN, Klaus: Das Modell des produktiv realitätsverarbeitenden Subjekts in der Sozialisationsforschung. In: Zeitschrift für Sozialisationsforschung und Entwicklungssoziologie 3, 1983, 1, S. 91-103
HURRELMMAN, Klaus/ULICH, Dieter (Hrsg.), Neues Handbuch der Sozialisationsforschung. Weinheim und Basel 1991
JENKS, Chris: Constituting the child. In: ders. (ed.): The sociology of childhood. Essential readings. Aldershot 1992, pp. 9-24 (zuerst London 1982)
KESSEL, Frank S./SIEGEL, Alexander W. (eds.): The child and other cultural inventions. New York a.o. 1983
KESSEN, William: Das amerikanische Kind und andere kulturelle Erfindungen. Report Psychologie 5, 1980, 2, S. 29-33
KEUPP, Heiner: Aktuelle Befindlichkeiten: Zwischen postmoderner Diffusion und der Suche nach neuen Fundamenten. In: Psychologie und Gesellschaftskritik 19, 1995, 1, S. 29-55
KINDERALLTAG. Ästhetik & Kommunikation 1979, 38
KOHLI, Martin: Lebenslauftheoretische Ansätze in der Sozialisationsforschung. In: HURRELMANN, K./ULICH, D. (Hrsg.), Handbuch der Sozialisationsforschung. Weinheim und Basel 1980, S. 299-317
KOHLI, Martin: Lebenslauftheoretische Ansätze in der Sozialisationsforschung. In: HURRELMANN, K./ULICH, D. (Hrsg.) 1991, S. 303-317
KRAPPMANN, Lothar: Kinderkultur als Entwicklungsaufgabe. In: MARKEFKA, M./NAUCK, B. (Hrsg.) 1993, S. 365-376
LANG, Sabine: Lebensbedingungen und Lebensqualität von Kindern. Frankfurt am Main 1985
LANGE, Andreas: Eckpfeiler der sozialwissenschaftlichen Analyse von Kindheit heute: Sozialer Konstruktivismus, Vermessungen des Alltagslebens und politische Kontroversen. In: Sozialwissenschaftliche Literatur Rundschau 18, 1995, 30, S. 55-67 (1995a)
LANGE, Andreas: Medienkinder, verplante Kinder? Die Sichtweise einer zeitdiagnostisch informierten Kindheitsforschung. In: Familiendynamik 20, 1995, 3, S. 252-274 (1995b)
LEONARD, Diana: Entwicklungstendenzen der Soziologie der Kindheit in Großbritannien. In: BÜCHNER, P./KRÜGER, H.-H./CHISHOLM, L. (Hrsg.): Kindheit und Jugend im interkulturellen Vergleich. Zum Wandel der Lebenslagen von Kindern und Jugendlichen in der Bundesrepublik Deutschland und in Großbritannien. Opladen 1990, S. 37-52
LEU, Hans Rudolf: Subjektivität als Prozeß: Zur Analyse der Wechselwirkung zwischen Individuum und Umwelt in sozialisationstheoretischen, berufs- und industriesoziologischen Ansätzen. München 1985
MARKEFKA, Manfred/NAUCK, Bernhard (Hrsg.): Handbuch der Kindheitsforschung. Neuwied u.a. 1993

NAUCK, Bernhard: Sozialstrukturelle Differenzierung der Lebensbedingungen von Kindern in West- und Ostdeutschland. In: MARKEFKA, M./NAUCK, B. (Hrsg.) 1993, S. 143-164

NOAM, Gil: Selbst, Moral und Lebensgeschichte. In: EDELSTEIN, W./NUNNER-WINKLER, G./NOAM, G. (Hrsg.) 1993, S. 171-199

NUNNER-WINKLER, Gertrud: Identität und Individualität. In: Soziale Welt, 36, 1985, 4, S. 466-482

OAKLEY, Ann: Women and children first and last: Parallels and differences between children's and women's studies. In: QVORTRUP, J. (ed.): Childhood as a social phenomenon: Lessons from an international project. Eurosocial Report 47/1993, pp. 51-69

OELKERS, Jürgen: Reformpädagogik. Eine kritische Dogmengeschichte. Weinheim und München 1992 (2. Aufl.)

OSER, Fritz/ALTHOF, Wolfgang: Moralische Selbstbestimmung. Modelle der Entwicklung und Erziehung im Wertebereich. Stuttgart 1992

PRENGEL, Annedore: Pädagogik der Vielfalt. Verschiedenheit und Gleichberechtigung in Interkultureller, Feministischer und Integrativer Pädagogik. Opladen 1993

QVORTRUP, Jens: Die soziale Definition von Kindheit. In: MARKEFKA, M./NAUCK, B. (Hrsg.) 1993, S. 109-124

SCHOLZ, Gerold: Die Konstruktion des Kindes. Über Kinder und Kindheit. Opladen 1994

SKOLNICK, Arlene: The limits of childhood: Conceptions of child development and social context. Law and contemporary problems 39, 1975, 23, pp. 38-77

SKOLNICK, Arlene: Children in their own right: The view from developmental psychology. In: VERHELLEN, E./SPISSCHAERT, F. (eds.): Ombudswork for children. A way of improving the position of children in society. Leuven 1989, pp. 87-105

SPEIER, Matthew: The adult ideological viewpoint in studies of childhood. In: SKOLNICK, A. (ed.): Rethinking childhood. Perspectives on development and society. Boston, Toronto 1976, pp. 168-189

TATSCHMURAT, Carmen: Zwischen Partikularität und Universalität. Frauenforschung auf der Suche nach ihrem Paradigma. In: HAGEMANN-WHITE, C./RERRICH, M. S. (Hrsg.): FrauenMännerBilder. Männer und Männlichkeit in der feministischen Diskussion. Frankfurt am Main 1988, S.120-139

THORNE, Barrie: Re-Visioning Women and Social Change: Where are the Children? In: Gender and Society 1, 1987, 1, pp. 85-109

TIMMERMANN, Dieter/MELZER, Wolfgang: Wandel von Kindheit und öffentliche Erziehung. (Selbst-)Kritische Reflexionen über Ansätze der Kindheitsforschung. In: ZENTRUM FÜR KINDHEITS- UND JUGENDFORSCHUNG (Hrsg.): Wandlungen der Kindheit. Opladen 1993, S. 32-48

TROMMSDORFF, Gisela: Kulturvergleich von Emotionen beim prosozialen Handeln. In: MANDL, H./DREHER, M./KORNADT, H.-J. (Hrsg.): Entwicklung und Denken im kulturellen Kontext. Göttingen u.a. 1993, S. 3-25

WILK, Liselotte: Bereichsrezension Kindheit. In: Soziologische Revue 17, 1994, 1, S. 86-88

WILK, Liselotte/BACHER, Johann (Hrsg.): Kindliche Lebenswelten. Eine sozialwissenschaftliche Annäherung. Opladen 1994

ZEIHER, Helga: Die Entdeckung der Kindheit in der Soziologie. Vortrag auf dem 27. Kongreß der Deutschen Gesellschaft für Soziologie in Halle, April 1995

ZEIHER, Hartmut J./ZEIHER, Helga: Orte und Zeiten der Kinder. Soziales Leben im Alltag von Großstadtkindern. Weinheim und München 1994

ZINNECKER, Jürgen: Kindheit, Jugend und soziokultureller Wandel in der Bundesrepublik Deutschland. Forschungsstand und begründete Annahmen über die Zukunft von Kindheit und Jugend. In: BÜCHNER, P./KRÜGER, H.-H./CHISHOLM, L. (Hrsg.): Kindheit und Jugend im interkulturellen Vergleich. Opladen 1990, S. 17-36

Jürgen Zinnecker

Soziologie der Kindheit oder Sozialisation des Kindes? - Überlegungen zu einem aktuellen Paradigmenstreit

Paradoxe Erfahrungen im wissenschaftlichen Umgang mit Sozialisationsforschung - ein Anlaß des Nachdenkens

Gewöhnlich beginnen wir über Selbstverständliches nachzudenken, wenn wir zeitgleich unvereinbaren Erfahrungen ausgesetzt sind. Ich will deshalb, um die Fragestellung meines Beitrags zu erläutern, die paradoxen Erfahrungen schildern, die Anlaß meines erneuten Nachdenkens über Sozialisationsforschung waren. August 1993 hatte ich Gelegenheit, den Jahreskongreß der nordamerikanischen Gesellschaft für Soziologie (ASA) in Miami, Florida, zu besuchen. Anlaß war, daß die neugegründete Sektion „Sociology of Children" sich zum erstenmal dem Publikum des Soziologentages vorstellte. Auf einem von der Kindheitssektion gesponserten Panel kam es zu einer Kontroverse zwischen Podium und Zuschauerraum. Ein Kindheitsforscher, männlich, wurde von einer der engagierten Referentinnen angegriffen, weil er in seinem Diskussionsbeitrag „immer noch" den Begriff Kindheitssozialisation verwendet habe. Warum halte er an diesem überholten und verdächtigen Konzept fest? Er verteidigte sich und wirkte dabei defensiv und konservativ. Die Referentin, bewandert im feministischen Diskurs der US-amerikanischen Soziologie, hatte zuvor in ihrem Vortrag Parallelen zwischen der „Entdeckung" der Frauenfrage als eigenständigem Forschungsgegenstand und der „Entdeckung" der sozialen Gruppe Kinder gezogen. Wie jene aus dem Schatten patriarchalisch-männlicher Forschungsinteressen heraustreten mußten, so gelte es nun, die soziale Gruppe der Kinder aus der Abhängigkeit von pädagogisch inspirierter Sozialisationsforschung zu befreien. Die kleine Kongreßepisode berührte mich stark - vermutlich, weil ich mich selbst auf der Anklagebank empfand: Seit den 60er Jahren bewegte und bewege ich mich im wissenschaftlichen Umkreis der Sozialisationsforschung.

Nach den Erfahrungen auf dem Amerikanischen Soziologentag in Miami sah ich mich weiter in der angloamerikanischen Fachliteratur um. Schließlich handelt es sich hier um das „Mutterland" von Sozialisationstheorie und -forschung.

Bereits 1969 fand das Paradigma eine eindrückliche Zusammenfassung im „Handbook of Socialization Theory and Research" (Goslin 1969). Ich wurde bald fündig. So belehrte mich Glen H. Elder (1994), daß in den USA bereits im Verlauf der 70er Jahre „a shift in framework among sociologists from socialization to the life course" stattgefunden habe. Maßgebliche Vertreter wie John Clausen, Orville Brim oder Alan Kerckhoff seien dazu übergegangen, Sozialisation nur noch im Lebensverlauf zu untersuchen. 1977 habe das Social Science Research Council (SSRC) - ein US-Pendant zur Deutschen Forschungsgemeinschaft - die Forschungsgelder von der Sozialisationsforschung abgezogen und in Richtung des „Life course approach" verlagert. Nach der Einschätzung von Glen Elder erwies sich das Modell der Sozialisation zu eng „in addressing questions that focussed increasingly on problems of life span continuity and change. ... models emerged, in which socialization was merely one element ... these theories address processes of socialization as well as those of status allocation, career management, psychosocial adaptation, task experience, and decision making" (Elder 1994, p. 8).

Die Einschätzung von Glen Elder bestätigt sich mit Blick auf die soziologische Forschungsszene zu Kindheit und Jugend in den USA. So sprechen die Herausgeber eines Sammelbandes, der neuere Forschungsergebnisse zum Bereich „Conflict in child and adolescent development" (Shantz/Hartup 1992) zusammenträgt, von einer „minirevolution in thinking about childhood socialization", die sich durch den gesamten Sammelband ziehe. Damit meinen sie insbesondere systemische, interaktive Betrachtungsweisen in der Kind-Umwelt-Beziehung. Sie begründen ihre Entscheidung, jeglichen semantischen Bezug auf „Sozialisation" in ihrem Werk zu streichen, mit einer ausgesprochenen Verengung, die der Gebrauch des Begriffes Sozialisation in den USA mittlerweile erfahren habe: „The word has tended to become the property of psychologists who ... imply that the child is mere putty to be worked on by external forces" (Shantz/Hartup 1992, p. 5).

In der Tat: In den USA durchgeführte empirische Studien zur kindlichen Entwicklung verwenden „socialization" - verstanden im engsten Sinn als elterliche, familiale Einflüsse in der Kindheit - lediglich noch als eine der möglichen „Determinanten" unter vielen anderen, die den weiteren Lebensweg der Heranwachsenden beeinflussen können.

Auf dem 27. Kongreß der Deutschen Gesellschaft für Soziologie im April 1995 in Halle wiederholte sich bei der Einrichtung einer eigenständigen Arbeitsgruppe „Soziologie der Kindheit" in gewisser Weise die Erfahrung vom US-Soziologentag. Die Gründerin der Arbeitsgruppe, Helga Zeiher, setzte sich in ihrem programmatischen Gründungsreferat „Die Entdeckung der Kindheit in der Soziologie" deutlich von der Konzeptualisierung von Kindheit ab, wie sie ihrer Ansicht nach in der Sozialisationsforschung vorwaltet. Soziologie der Kindheit wird als Gegenprogramm zur Sozialisationsforschung gesehen, die von Helga Zeiher vorwiegend der Pädagogik und der Psychologie zugeschlagen wird. Ich zitiere aus dem Resumeé:

„Soziologie hatte lange Zeit nur die Erwachsenen im Blick. ... So wurde Kindheit ... der Erziehungswissenschaft und der Psychologie überlassen, die die Schutz-, Vorbereitungs- und Sozialisationsphase für Kinder eingerichtet und normiert haben. ... Im Vortrag wird gezeigt, wie Soziologie in jüngster Zeit schrittweise dazu gelangt, Kindheit als eine gesellschaftliche Lebensform zu behandeln und Kindheit gesellschaftstheoretisch zu fassen. Kindheit wird konzeptuell befreit aus der Vereinnahmung und Formung der anthropologisch bedingten Abhängigkeit der Kinder in einem spezifischen Generationenverhältnis ..." (Zeiher 1995).

Einmal aufmerksam geworden, beginnt man Selbstverständliches zu befragen. So müßte es doch selbstverständlich sein, daß in dem jüngst erschienenen umfangreichen Handbuch der Kindheitsforschung (Markefka/Nauck 1993) deutliche Hinweise auf Fragen der Sozialisation zu finden sind. In dieser Annahme geht man durchaus fehl, wie Inhalts- und Stichwortverzeichnisse sofort belegen. In acht Grundsatzartikeln werden „Neuere Ansätze in der Kindheitsforschung" präsentiert. Den Auftakt bildet mit drei Aufsätzen ein aktuelles Aufmerksamkeitsgebiet der Psychologie: die „evolutionsbiologische Perspektive". Den Abschluß bilden zwei Artikel, die aktuelle Betätigungsfelder sozialwissenschaftlicher Kindheitsforschung darstellen: Es geht um eine „Sozialberichterstattung zur Kindheit" (Hans Bertram) und um „Die soziale Definition von Kindheit" (Jens Qvortrup). In einem weiteren Beitrag wird die Lebenslaufforschung - ähnlich wie dies Glen Elder für die USA tat - von Johannes Huinink/Matthias Grundmann als ein „komplementäres" Konzept zur Sozialisationsforschung vorgestellt. Die Psychologin Gisela Trommsdorff denkt „Kindheit im Kulturvergleich" vor dem fachlichen Hintergrund der Entwicklungspsychologie. Nur die „ökologische Sozialisationsforschung" findet in einem Beitrag der Entwicklungspsychologen Horst Nickel/Matthias Petzold ihre Würdigung als „neu".

Fassen wir die Eindrücke zusammen, die die 53 Artikel des Sammelbandes zur Bedeutung des Paradigmas „Sozialisation" für die multidisziplinäre Kindheitsforschung heute vermitteln, so läßt sich festhalten: Das Bündnis der drei Disziplinen Soziologie, Psychologie und (empirische) Erziehungswissenschaft, das der Sozialisationsforschung seit den 60er Jahren zugrundelag, scheint zerbrochen zu sein. Sowohl die Psychologen wie die Soziologen sind wieder zu ihren originären Interessen zurückgekehrt (entwicklungspsychologische Paradigmen), sind neue Koalitionen eingegangen (Psychologie mit Evolutions-Biologie), bzw. haben neue originäre Themenfelder entdeckt (Sozialberichterstattung im Fall der Soziologie). Viele der Forschungsfragen, die vor einiger Zeit noch als sozialisatorische deklariert wurden, werden jetzt unter dem Rubrum (Entwicklungs-) Psychologie abgelegt. Ein beredtes Bild hierzu liefert das Ungleichgewicht zwischen Entwicklungspsychologie und Sozialisationsforschung im Stichwortverzeichnis. Sozialisationsforschung finden wir ferner - ähnlich wie erziehungswissenschaftliche Beiträge - erst in den Buchteilen, die von angewandter Forschung handeln, wenn es um Kinder in verschiedenen (pädagogischen) Institutionen oder um Fragen der Intervention bei Kinderproblemen geht.

Trost und Rückhalt mag der eingefleischte Sozialisationsforscher in einem schwergewichtigen, 750 Seiten umfassenden Sammelband finden, der 1991 im Beltz Verlag erschienen ist. „Neues Handbuch der Sozialisationsforschung" nennen die Herausgeber Klaus Hurrelmann und Dieter Ulich die 4. Auflage dieses Standardwerkes. In ihrem Vorwort versichern die Editoren, daß es sich um „eine völlige Neuausgabe des Handbuches" handele, das zuerst 1980 erschienen war. Ich zitiere weiter aus den einleitenden Worten der Herausgeber, um zu verdeutlichen, daß und wie hier das Bild einer lebendigen interdisziplinären Subdisziplin entworfen wird:

> „An diesem Handbuch haben insgesamt 35 Forscherinnen und Forscher mitgearbeitet, die nach Ausbildung und vorherrschender Arbeitsorientierung überwiegend Psychologen, Soziologen und Pädagogen sind, als Sozialisationsforscher aber zugleich mit den spezifischen Problemen interdisziplinärer Arbeit vertraut sind. Das Autorenteam hat sich gegenüber der Erstausgabe nur wenig verändert. ...Bei der Bearbeitung der Manuskripte stellte sich heraus, daß sich der fachliche Erkenntnisstand in den letzten zehn Jahren, seit Erscheinen der 1. Auflage, erheblich verändert und erweitert hat. Wir tragen dieser Tatsache ... durch eine Weiterentwicklung der Konzeption für das Handbuch Rechnung. ...Wenn wir an die Unsicherheit denken, die wir noch bei der Erst-Herausgabe des Handbuches empfanden, dann sind wir Herausgeber heute erfreut, wie schnell und wie nachhaltig das Handbuch der Sozialisationsforschung sich einen Platz als wichtiges Standardwerk ... gesichert hat" (Hurrelmann/Ulich 1991, S. XIII).

Diese selbstsicheren Äußerungen der Herausgeber Klaus Hurrelmann und Dieter Ulich veranlaßten mich, das Neue Handbuch der Sozialisationsforschung genauer zu prüfen. Eignet es sich, als Argument gegen aktuelle Tendenzen einer Historisierung und Tabuisierung des Paradigmas Sozialisation ins Feld geführt zu werden? Wie argumentieren Autorinnen und Autoren zugunsten der Sozialisationsforschung? Bevor ich solchen Fragen nachgehe, will ich einige Bemerkungen und Beobachtungen zur Zeitgebundenheit oder Geschichtlichkeit von sozial- und kulturwissenschaftlichen Forschungsparadigmen einschalten.

Kumulativer Fortschritt oder modischer Zyklus? Widersprechende Auffassungen zur Geschichtsschreibung von Sozial- und Kulturwissenschaften

Lehrbücher vermitteln uns überwiegend das Bild einer Wissenschaftsentwicklung, das sich als Modellfall kumulativen Fortschritts zusammenfassen läßt.

Danach bauen Forscherinnen und Forscher auf den Erfahrungen ihrer Vorgängergeneration(en) auf und helfen sich in der Gesellschaft der Peers gegenseitig, ein bestehendes Forschungsfeld weiter auszudifferenzieren und zu konsolidieren. Das Bild eines gemeinsamen Bauwerkes - sprich Paradigma -, an dem die scientific community gemeinsam arbeitet, gehört zum Ethos, mit dem junge Sozial- und KulturwissenschaftlerInnen sich zumindest in den Anfangsjahren ihrer professionellen Sozialisation auseinandersetzen.

Wer schon einige Jahrzehnte im Wissenschaftsbetrieb beheimatet ist, dem fallen andere Bilder ein, um die Dynamiken und Turbulenzen von Wissenschaftsproduktion und -rezeption im Feld der sozial- und kulturwissenschaftlichen Disziplinen zu kennzeichnen. Was die innere Einheit der Einzeldisziplinen oder Subdisziplinen wie Sozialisations- und Kindheitsforschung anlangt, so kann man vielleicht Theodor W. Adorno beipflichten, der in bezug auf Soziologie einmal apodiktisch schrieb: „Die unter dem Namen Soziologie als akademische Disziplin zusammengefaßten Verfahrensweisen sind miteinander verbunden nur in einem höchst abstrakten Sinn: dadurch, daß sie allesamt in irgendeiner Weise Gesellschaftliches behandeln. Weder aber ist ihr Gegenstand einheitlich noch ihre Methode" (Adorno 1962, S. 205).

Die Bewegungen, die dieser lockere Wissenschaftsverbund in Zeit und Raum vollführt, gleichen kulturellen Modezyklen oder Zyklen sozialer, politischer Bewegungen vielleicht mehr, als es das Bild vom aufbauenden Voranschreiten wahrhaben will. Dabei kann man den Eindruck nicht unterdrücken, daß sich - wie in besagten Mode- und Bewegungszyklen - auch in den Wissenschaftsdisziplinen die Umschlagsgeschwindigkeiten dieser Zyklen beschleunigen. Neue Begrifflichkeiten verdrängen die gerade gelernten; in rascher Abfolge suchen neue WissenschaftlerInnengenerationen die Konzepte der vorangehenden WissenschaftlerInnengenerationen zu entwerten und andere dagegenzuhalten und durchzusetzen. Dabei schließen die Neuankömmlinge „taktische Koalitionen" mit Segmenten der älteren Etablierten, die in sich zerstritten und voller Distinktionsverhalten sind. Manche WissenschaftswissenschaftlerInnen umschreiben das Kampffeld vornehm und verhüllend als „historische Ausdifferenzierung des Wissenschaftsfeldes". Aus meinen Ausführungen wird deutlich, daß ich dazu neige, den Kampf- und Konkurrenzcharakter des Wissenschaftsfeldes hervorzuheben (vgl. Bourdieu 1988).

Wie gehen Wissenschaftler und Wissenschaftlerinnen mit diesen Turbulenzen, Konkurrenzen und dem raschen Veralten ihrer Wissensbestände um? Laufbahnen von WissenschaftlerInnen dauern immerhin drei und mehr Jahrzehnte an. Was tun, wenn nach ein oder zwei Jahrzehnten bereits, wie im Beispiel der Sozialisationsforschung, das gelernte Fachwissen und die Paradigmen, auf die man sich eingeschworen hat, zu veralten drohen?

Man kann die möglichen Lösungswege für das Problem vielleicht am Beispiel einer Kirchenmitgliedschaft im Lebensverlauf verdeutlichen. Auch hier entstehen Diskrepanzen und Ungleichzeitigkeiten zwischen sozialer Mitgliedschaft in einer beharrenden Institution und den Zyklen gesellschaftlicher Modernisierung. In diesem Dilemma gibt es drei wesentliche Strategien. Ich kann die sich modernisierende Umwelt ignorieren und mich im Milieugehäuse der mit sich identisch bleibenden Kirchengemeinschaft einkapseln. Ich kann mich, zweitens, mit den Erneuerungskräften in der Kirche verbünden und nach einer internen Anpassung der Dogmen und Rituale an die sich modernisierende Moderne in der Kirchenumwelt suchen. Schließlich kann ich, drittens, meine Kirchenmitgliedschaft aufkündigen und mich auf diese Weise aller Modernitätsrückstände entledigen, die die Kirche mit sich herumschleppt. Ich denke, es ist unschwer, diese Gedanken auf die Frage anzuwenden, wie sich WissenschaftlerInnen, die als Mitglieder der Sozialisations-Gemeinde aufgewachsen sind, zu diesem Problem stellen.

Von einiger Erklärungskraft ist in diesem Zusammenhang der Hinweis auf diejenigen, die nie Kirchenmitglieder waren. Diese haben logischerweise nur eine Außensicht auf Kirche, die sich gewöhnlich an der statisch-konservativen Seite der Institution in ihren Urteilen orientiert - man blickt auf den dogmatischen Papst und nicht auf die lebendige „junge Gemeinde" vor Ort. Im Fall des Paradigmas Sozialisation sind insbesondere manche nachgeborenen jüngeren Kindheits- und Jugendforscher nie Mitglieder dieser Wissenschaftsgemeinde gewesen. Bei ihnen dürfen wir erwarten, daß sie insbesondere das Historische und Veraltende an diesem Paradigma sehen, nicht jedoch die Prozesse innerer Erneuerung. Das läßt sie leichten Herzens sagen, „Sozialisation" sei generell ein veraltetes Wissenschaftsparadigma.

Anwendung der wissenschaftssoziologischen Fragestellungen auf das Paradigma Sozialisation

Nehmen wir die von mir favorisierte Perspektive auf Sozial- und Kulturwissenschaft ein, dann handelt es sich bei „Sozialisation" um einen vielversprechenden Schlüsselbegriff von gestern. Das Paradigma Sozialisationsforschung wurde in den 60er Jahren als ein innovatives Konzept aus der Taufe gehoben, das sich dazu eignete, ältere Konzepte der vorangehenden Wissenschaftlergenerationen im wörtlichen wie im übertragenen Sinn zu „überholen". „Sozialisation" schweißte verschiedene Wissenschaftsdisziplinen zusammen, die sich davor eigensinnig zueinander verhalten hatten, in Deutschland an erster Stelle Soziologie, Psychologie und Pädagogik. Das neue Paradigma Sozialisation weckte in einer kurzen Epoche der Bildungseuphorie und Bildungsexpansion Hoffnungen auf eine Überwindung von Bildungsprivilegien und sozialen Ungleichheiten. Das erhöhte vorübergehend die Bereitschaft von Soziologen, Psychologen und Erziehungswissenschaftlern, wie die Pädagogen sich jetzt nannten, zur wissenschaftlichen Konvergenz der Forschungsfragen und -methoden.

Wie „alt" die Sozialisationsforschung heute nach 30 Jahren auf manche wirkt, läßt sich an Paradigmen und Begriffen verdeutlichen, die damals Konjunktur hatten bzw. die parallel zur Sozialisationsforschung als Neuerungen aus der Taufe gehoben wurden: Struktureller Funktionalismus und soziale Rollen- und Bezugsgruppentheorie; Bildungsforschung; Curriculumtheorie und -forschung; Erziehungsstilforschung; Evaluationsforschung zur kompensatorischen Erziehung. Die Ansätze von damals sind heute mehr oder weniger stillschweigend ad acta gelegt, wenn sie nicht gar, wie Funktionalismus und soziologische Rollentheorie, in der Gemeinde der Wissenschaftler geradezu tabuisiert sind. Daraus ergibt sich einer der Gründe, weshalb das Sozialisationsparadigma vielen als „veraltet" gilt. Ihm haftet das Odium - oder der Staub? - der sozialwissenschaftlichen Begrifflichkeiten und Debatten der 60er Jahre an.

Nebenbei, darauf möchte ich an dieser Stelle hinweisen, liefert das Veralten oder die „Historisierung" von Sozialisationsforschung ein exaktes Beispiel dafür, wie es um die vermeintliche Autonomie der Wissenschaftsdebatten in den Sozial- und Kulturwissenschaften bestellt ist. Politisch-gesellschaftliche Bewegungen und die Geschichte von Gruppenmentalitäten schlagen sich relativ direkt in den Konjunkturen von Wissenschaftsparadigmen nieder und bewirken deren Veralten mit. Es besteht unter diesen Umständen durchaus die Möglichkeit, daß wissenschaftliche Paradigmen „unerledigt" ad acta gelegt, unausgeschöpft liegengelassen werden. Man wendet sich der neuen Forschungsrichtung zu, nicht weil sich etwas erledigt hätte oder weil ein Programm der Forschung fehlgeschlagen wäre, sondern den Zwängen und Anregungen der außerwissenschaftlichen Umwelt folgend.

Wenn wir so etwas wie ein epochales Bewegungsgesetz in 30 Jahren Sozialisationsforschung und -theorie suchen, so läßt sich dieses vielleicht wie folgt umschreiben: Die Initiationsphase in den 60er Jahren war dadurch gekennzeichnet, daß eine junge sozialwissenschaftliche Forschergeneration in innovativer Weise Fragen der damaligen Erziehungs-, Bildungs- und Gesellschaftspolitik aufnahm und zu einem neuartigen Wissenschaftsparadigma verarbeitete. Das Paradigma Sozialisation war geeignet, neuartige Forschungsansätze, aber auch innovierende Theoriediskussionen zu generieren.

Im Laufe seiner Verbreitung wurde der Umgang mit dem Paradigma Sozialisation pragmatischer, es wurde als Besitzstand einer älter werdenden Wissenschaftlergeneration angesehen, die in die Lebensphase ihrer größten Reputation gelangte, verbunden mit einigen Forschungsmitteln und einiger institutioneller Macht. Für die nachwachsenden Generationen von Wissenschaftlern und Wissenschaftlerinnen enthielt dieses Paradigma keine zündende theoretische Perspektive, viele wurden nie „Mitglied" der Sozialisationsgemeinde. Folglich neigten sie dazu, aus der Außensicht das Veralten des Paradigmas zu konstatieren und neue Ansätze - der Kindheits-, Jugend- oder Lebenslaufforschung - dagegen ins Spiel zu bringen.

Probe aufs Exempel einer inneren Erneuerung: Sozialisationsforschung im Neuen Handbuch der Sozialisationsforschung

Das Neue Handbuch der Sozialisationsforschung ist nach dem Gesagten als ein Beispiel für den Versuch zu lesen, die vom Veralten bedrohte Forschungs- und Theorietradition wieder anschlußfähig an aktuelle Modernisierungsvorgänge in Gesellschaft und Sozial- bzw. Kulturwissenschaft zu machen. Wie ist es nun um die Konsolidierung und Weiterentwicklung des Forschungsgebietes Sozialisation bestellt, die Klaus Hurrelmann und Dieter Ulich (1991b) im Neuen Handbuch der Sozialisationsforschung beschwören? Sie argumentieren einleitend, daß zentrale Hindernisse für die Entwicklung des Paradigmas, die 1980 noch bestanden hätten, „in den letzten zehn Jahren an Bedeutung verloren" (S. 3) haben. Zu diesen Hindernissen rechnen sie insbesondere:

Erstens: „Große Unklarheiten über die Abgrenzung des Gegenstandsbereiches und über die Ordnungs- und Integrationskraft des Sozialisationskonzepts ..." (Hurrelmann/Ulich 1980, S. 7). Hierzu meinen die Herausgeber, daß der „inflationäre Gebrauch" des Begriffes in den letzten Jahren „eingedämmt" werden konnte. Die seinerzeit heftig diskutierte Grundsatzfrage menschlicher Subjektwerdung in der Gesellschaft wird jetzt, pragmatisch und pluralistisch, zurückverwiesen auf die „gegenstandsspezifischen Theorien" (Hurrelmann/Ulich 1991b, S. 3).

Zweitens: „Vagheit und Unvermitteltheit der Theoriebildung" (Hurrelmann/Ulich 1980, S. 7). Hier sehen die Herausgeber eine voranschreitende „Konvergenz" zwischen verschiedenen Theorierichtungen und den Disziplinen Psychologie und Soziologie. „Die soziologische und die psychologische Persönlichkeits- und Entwicklungstheorien weisen in ihren inhaltlichen und methodischen Konzepten heute starke Berührungspunkte auf... Das von uns proklamierte theoretische Modell der 'aktiven Auseinandersetzung mit der sozialen und dinglichen Umwelt' ist in den letzten zehn Jahren auf ständig zunehmende Zustimmung in der Wissenschaftlergemeinschaft gestoßen" (Hurrelmann/Ulich 1991b, S. 4).

Drittens: „Unsicherheit hinsichtlich der methodologischen Grundlagen und methodischen Vorgehensweisen" (Hurrelmann/Ulich 1980, S.7). Hierzu bemerken Hurrelmann und Ulich aus heutiger Sicht, daß die Versuche und Hoffnungen, im Zusammenhang der Sozialisationsforschung neuartige Forschungsmethodiken zu entwickeln, aufgegeben worden seien. Die entsprechenden methodischen Grundsatzartikel von 1980 fehlen denn auch im Handbuch von 1991 - ein Hinweis auf die nachlassende Innovationskraft des Paradigmas?

Wir lernen in diesen Einschätzungen zur Sozialisationsforschung Klaus Hurrelmann und Dieter Ulich als Vertreter eines kumulativen Fortschrittsmodells wissenschaftlicher Entwicklung kennen. Ihr Voranschreiten besteht in der synthetischen und zugleich pluralen Ausarbeitung von interdisziplinären sozialwissenschaftlichen Subdisziplinen, die gesellschaftliches Eingreifswissen zur Verfügung stellen können. In dieser Perspektive ist die Geschichte der Sozialisationsforschung eine Erfolgsstory. Das konnte man von den Mentoren und Förderern dieser Subdisziplin erwarten, die die eigene wissenschaftliche Laufbahn seit einem Vierteljahrhundert auf deren Gelingen und Institutionalisierung im Feld der Sozialwissenschaften stützten und stützen (vgl. z.B. Hurrelmann 1976; 1986).

Wie beurteilen nun die Mitstreiter, die 35 Autoren des Handbuches, die Situation? Um das nicht selbstverständliche Ergebnis meiner Recherche vorwegzunehmen: Nicht alle der schreibenden WissenschaftlerInnen stehen 1991 noch uneingeschränkt hinter dem Konzept der Sozialisationsforschung. Vor allem jene Autorinnen und Autoren, die grundsätzliche theoretische, integrative Modelle der Sozialisationsforschung abhandeln, stellen sich skeptisch - in einzelnen Fällen sogar ablehnend - dazu. Unter ihnen besteht ein gewisser Konsens dahingehend, daß das theoriebezogene Interesse an Sozialisation in vielen Bereichen im Verlauf der 80er Jahre nachgelassen habe.

So schreibt beispielsweise Martin Kohli über die Weiterentwicklung „lebenslauftheoretischer Ansätze in der Sozialisationsforschung" (Kohli 1991):

„... die wissenschaftliche Energie hat sich also in den letzten zehn Jahren in diesem Feld vorwiegend auf Probleme gerichtet, die nur am Rande mit Sozialisation zu tun haben oder deren Bezug darauf nicht explizit ausgearbeitet worden ist. Darin erweist sich zweifellos auch das Erlahmen des theoretischen Interesses an Sozialisation insgesamt. Die Kontroversen der 70er Jahre zwischen Funktionalismus, Interaktionismus und Marxismus bzw. Kritischer Theorie haben einer nüchterneren Haltung Platz gemacht; ..." (S. 303).

Ähnlich äußert sich Dieter Ulich (1991), der „Zur Relevanz verhaltenstheoretischer Lern-Konzepte für die Sozialisationsforschung" schreibt. Seine Durchsicht einschlägiger Literatur, besonders der angloamerikanischen, führt zu dem Fazit, daß beide Seiten, Lern-Theorie wie Sozialisationsforschung, in den Schatten humanwissenschaftlicher Entwicklung getreten seien. „Es findet sich jedoch keine Diskussion lern- und verhaltenstheoretischer Ansätze in bezug auf Sozialisation, wie überhaupt 'Sozialisation', folgt man z.B. den Psychological Abstracts, kein leitendes theoretisches Konzept in der Psychologie der 80er Jahre ist. Man findet unter diesem Stichwort vor allem empirische Studien, in denen in irgendeiner Weise soziale oder Umweltvariablen mit erhoben wurden" (S. 58).

Die letzte Bemerkung gibt uns einen Hinweis darauf, wo das Paradigma Sozialisation noch lebendig ist. Es sind die empirischen Einzelstudien, die sich auf bestimmte Felder der Sozialisation beziehen. Im Handbuch spiegelt sich diese Schwerpunktverlagerung von innovativer, kontroverser Theorie hin zur empirisch-pragmatischen Einzelforschung. Nur die Autoren und Autorinnen, die bestimmte Anwendungsfelder der empirischen Sozialisationsforschung vorstellen, äußern sich noch im Sinne einer Weiterentwicklung des Wissenschaftsfeldes und stehen dahinter. So finden wir bei Klaus Ulich z.B. folgende Einschätzung (1991, S. 378): „Die schulische Sozialisationsforschung hat sich in den 80er Jahren inhaltlich wie methodisch sehr differenziert weiterentwickelt." Ähnlich optimistisch geben sich Bernd Schorb, Erich Mohn und Helga Theunert (1991) in bezug auf „Sozialisation durch (Massen-)Medien" oder Kurt Kreppner (1991) im Bereich der „Sozialisation in der Familie". Das heißt, in den Artikeln, in denen es laut Handbuch um „Untersuchungen zu zentralen Instanzen der Sozialisation" geht, also um eine empirische Anwendung der Sozialisationsforschung, wird eine Kritik am Sozialisationskonzept ausgespart. Die Autoren signalisieren Einverständnis.

Es gibt im Neuen Handbuch der Sozialisationsforschung aber auch Autoren bzw. eine Autorin - und das ist das wirklich Überraschende -, die sich als direkte GegnerInnen des Paradigmas entpuppen. Diese Kritik erfolgt aus konstruktivistischer Sicht und ist so grundsätzlich, daß ich ihr einen gesonderten Abschnitt widmen will.

„Konstruktivistische Dekonstruktion" der Sozialisationsforschung

Ich lasse zunächst die oppositionellen Autoren selbst zu Wort kommen. Dabei beziehe ich mich zum einen auf das Kapitel, das Hans-Joachim Schulze und Jan Künzler (1991) unter dem Rubrum „Klassische Theorieansätze und ihre Weiterentwicklung" über „Funktionalistische und systemtheoretische Ansätze in der Sozialisationsforschung" beisteuern. Sie tun das mit Rückendeckung durch Luhmann'sche Positionen, insbesondere durch dessen Autopoiesis-Konzept (vgl. z.B. Luhmann 1987). Die Gegenposition zu anderen beziehungsweise zu allen anderen Sozialisationskonzepten wird, in Kürze, wie folgt begründet.

> „Der neue Interpenetrationsbegriff (von psychischem und sozialem System, J.Z.) verlangt den Abschied von allen traditionellen Sozialisationskonzepten, die unter Sozialisation einen Übertragungs- oder Übernahmevorgang zwischen Gesellschaft und Individuum sehen. ... Sozialisation ist *kein* zweckorientierter Prozeß, der gelingen oder scheitern kann. ... Sozialisation findet bei *jedem* sozialen Kontakt statt. ... Sozialisation ist immer Selbstsozialisation. ... In der hoch differenzierten Gesellschaft wird Sozialisation als Mittel der Integration tendenziell obsolet und durch die wechselseitige Leistung sozialer und psychischer Systeme substituiert; nämlich der Versorgung mit konstitutiver Unordnung; Sozialisation wird konsequent zu Selbstsozialisation transformiert. ...Strikt genommen wird Luhmanns autopoietische Sozialisationstheorie mit ihrem Konzept der Selbstsozialisation zur Anti-Sozialisationstheorie, die alles abschneidet, was je mit dem Begriff gemeint war" (Schulze/ Künzler 1991, S. 135f.).

Während Hans-Joachim Schulze und Jan Künzler 1991 neu in das Autorenteam des Handbuches aufgenommen wurden, hat es Helga Bilden (1991), die bereits 1980 über „Geschlechtsspezifische Sozialisation" schrieb, etwas schwerer, ihre mittlerweile erfolgte konstruktivistische Wende zu begründen. Sie gelangt auch unter diesen erschwerenden Bedingungen zu einer grundsätzlichen Entgegensetzung zum Sozialisationskonzept - auch zum eigenen, früher vertretenen. Einige Zitate ihres „outings" und der dazu gegebenen Begründungen:

> „Ich habe Schwierigkeiten, noch einmal einen Artikel über 'geschlechtsspezifische Sozialisation' zu schreiben, aus verschiedenen Gründen: Dem Sozialisationskonzept sind grundlegende Annahmen nicht wirklich auszutreiben, die ich nicht mehr teilen kann: erstens die Trennung von Individuum und Gesellschaft sowie die Vorstellung, das sich bildende Individuum sei Objekt von Sozialisationsprozessen, und zweitens das Konzept der stabilen Persönlichkeit bzw. des (hoffentlich) mit sich identischen Individuums, das durch Sozialisation entstünde. Das dritte Problem ergibt sich daraus, daß die Frage nach geschlechtsspezifischer Sozialisation bedeutet, nach geschlechtsdifferenzierenden 'typischen' Sozialisationsbedingungen und nach Geschlechtsunterschieden im Verhalten, Denken und Fühlen zu fragen. Solche Fragen laufen fast zwangsläufig auf die Konstruktion eines männlichen und eines weiblichen Sozialcharakters hinaus. Damit aber vollziehen wir die polarisierende gesellschaftliche Konstruktion der zwei Geschlechter einfach nach und reproduzieren den schematisierenden Dualismus von männlich - weiblich. ... Ich favorisiere statt dessen eine sozialkonstruktivistische Sichtweise ... Zentral ist die Annahme, daß wir unsere Wirklichkeit andauernd in sozialen Praktiken produzieren" (a.a.O., S. 279f.).

Mit dem konstruktivistischen Paradigma wird eine der Positionen in der aktuellen Post-Modernismus-Debatte in den Sozialwissenschaften (Rosenau 1992; Fuchs/Ward 1994) auf Sozialisationsforschung bezogen. Ein Doppeltes fällt bei dieser grundsätzlichen Kritik am Sozialisationskonzept auf. Mit der konstruktivistischen Position wird die Theoriedebatte der 70er Jahre um Sozialisation, die in anderen Theoriebereichen zum Stillstand gekommen zu sein scheint, wieder aufgenommen. Bemerkenswert ist, daß sich der Positivismusverdacht, der sich seinerzeit gegen sozialwissenschaftliche Empirie richtete, unter konstruktivistischen Vorzeichen wiederholt. Empirische Sozialisationsforschung verdoppelt, folgt man dieser Position, die herrschende Realität und gerät unter prinzipiellen Ideologieverdacht - wie es seinerzeit in der Frankfurter Schule der Soziologie (Adorno u.a.) geheißen hätte.

Eine Reformulierung der Sozialisationsforschung im Sinne postmoderner, konstruktivistischer Positionen stellt eine der Möglichkeiten dar, die Anschlußfähigkeit des Paradigmas an laufende theoretische Diskurse zu prüfen oder vielleicht sogar herzustellen. Die interne Umstrukturierung wäre jedenfalls eine Möglichkeit, eine ausreichende Attraktivität des Konzeptes zu sichern. Vieles spricht allerdings für die Annahme, daß postmoderner Konstruktivismus und

Sozialisationsforschung sich im Modus wechselseitiger Ablehnung und Distinktion begegnen.

Mit einer Mikro-Beobachtung möchte ich meine Vermutung plausibel machen. Im Stichwortverzeichnis des „Neuen Handbuchs der Sozialisationsforschung" fehlt - außer dem soeben zitierten - jeglicher Hinweis auf das Thema „Selbstsozialisation". Dabei gehört die Übernahme entsprechender Leistungen durch die Subjekte zu den zentralen Topoi des Individualisierungs- und Risikodiskurses moderner Lebenslaufgestaltung (vgl. z.B. Friebertshäuser 1992). Erst die geringe Aufgeschlossenheit, solchen Prozessen innerhalb des Sozialisationsparadigmas einen zentralen Stellenwert einzuräumen, läßt das Diktum des Luhmann'schen Konstruktivismus: „Sozialisation ist immer Selbstsozialisation" zu einer bedrohlichen Herausforderung werden.

Schwachstelle Pädagogik: Über die historische Rückentwicklung der geisteswissenschaftlichen Pädagogik und ihre Immunisierung gegenüber sozialwissenschaftlicher Kritik

An solche Einschätzungen schließt sich zwangsläufig die Frage an, warum sich Sozialisationsforschung so unwillig zeigt bzw. sich schwertut, die Sozialisationsleistungen der Subjekte eindeutiger in den Mittelpunkt der Theoriebildung und der Empirie zu stellen. Meine vorläufige Antwort darauf lautet: Das hängt maßgeblich mit dem nicht geklärten pädagogischen Erbe dieses interdisziplinären Forschungsfeldes zusammen.

Gehen wir in die Gründungsgeschichte der Sozialisationsforschung zurück, so sind es in Westdeutschland drei Gründungsdisziplinen, die an Sozialisationsforschung in den 60er und 70er Jahren maßgeblichen Anteil tragen: Soziologie, Psychologie und Pädagogik[1]. Die westdeutsche Pädagogik findet sich Anfang der 60er Jahre in einem krisenhaften Um- und Aufbruch. Das in den Nachkriegsjahren an Universitäten und Pädagogischen Hochschulen vorherrschende Paradigma der Geisteswissenschaftlichen Pädagogik soll durch eine empirische und sozialwissenschaftliche Neuorientierung abgelöst werden. So lautet eine einflußreiche Reihe, die in den 60er Jahren im Verlag Quelle & Meyer erscheint, „Gesellschaft und Erziehung" (herausgegeben von Carl-Ludwig Furck, Dietrich Goldschmidt, Ingeborg Röbbelen). Sie beginnt mit der Programmschrift „Erziehungswissenschaft als Gesellschaftswissenschaft", wozu die Autoren D. Goldschmidt, Ch. Händle, M. R. Lepsius, P.-M. Roeder und F. Wellen-

---

[1] Das ist übrigens nicht überall der Fall. Im Mutterland der Subdisziplin, in den USA, nennt das erste „Handbook of Socialization Theory and Research", herausgegeben von David D. Goslin (1969), anstelle von Pädagogik die Anthropologie, sowohl in der Variante der Kultur- wie der biologischen Anthropologie.

dorf (1969) beitragen. (Als Band 3 dieser Reihe erscheint 1967 auch zum erstenmal eine „Soziologie der Kindheit" - Autor: Peter Fürstenau - in Deutschland.) Nur so glaubt man, die anstehenden bildungspolitischen Innovationen angemessen wissenschaftlich vorbereiten und evaluieren zu können. Um den Neuanfang zu kennzeichnen, nennt die Disziplin sich in Erziehungswissenschaft um. Später übernimmt die Studentenbewegung das Postulat einer gesellschaftstheoretischen Neubegründung von Bildung und Erziehung: Die Epoche der kritisch-emanzipatorischen und marxistischen Pädagogik beginnt. Hochschulpolitisch wird die Entwicklung Ende der 60er Jahre durch die Einführung eines universitären Studienganges (Diplom-Pädagoge) untermauert, der sowohl berufsbezogen wie rein sozialwissenschaftlich ausgerichtet ist (Lüders 1989). Das Studium umfaßt neben Erziehungswissenschaft die beiden Nebenfächer Soziologie und Psychologie. Theorie und Empirie der - vielfach auf schichtspezifische Fragen zugespitzten - Sozialisation gehören zu den zentralen Studienelementen der Diplom-Pädagogen der 70er Jahre. Über die Beschäftigung mit Sozialisation verwirklicht sich der emanzipatorische wie der interdisziplinär-sozialwissenschaftliche Neuanfang am sichtbarsten. Das neue Paradigma Sozialisation tritt mit dem Anspruch an, die in den Nachkriegsjahren in Westdeutschland vorwaltenden Vorstellungen davon, welche Prozesse in pädagogischen und Bildungsinstitutionen stattfinden, grundsätzlich zu erweitern und zu korrigieren. Die empirischen und theoretischen Analysen des Paradigmas Sozialisation klären Öffentlichkeit, Studierende und Profession darüber auf, wie verkürzt und ideologisch das Bild von pädagogischen und Lernprozessen in Unterricht, Schule und Außerschule ist, das die geisteswissenschaftliche und didaktische Literatur zu Bildung und Erziehung für sie entworfen hatte.

Allerdings: Spätestens Anfang der 80er Jahre zeigte sich, daß das anspruchsvolle Projekt einer gesellschaftswissenschaftlichen Wende und (Selbst-) Aufklärung der akademischen Pädagogik gescheitert war. Die Mehrheit der Hochschuldisziplin kehrte verstärkt zu ihrer geisteswissenschaftlichen Grundorientierung mit deren Verankerung in Philosophie, Philologie und Geistesgeschichte zurück. Eine erneute Kanonisierung der pädagogisierten „Klassiker" begann. Ins Zentrum der Betrachtung rückten überwunden geglaubte ältere Konzepte wie der „Pädagogische Bezug" Erzieher - Zögling und Einwegmodelle pädagogischen Handelns, in denen Pädagogen (Lehrer) die Kinder (Schüler) beeinflussen und lenken. Man verstand sich wieder als Lobby pädagogischer Professionen, insbesondere der Lehrer, aber auch der professionellen Sozialen Arbeit, mit undeutlichen und berufsständisch verzerrten Vorstellungen von der Kinder- und Jugendklientel. In einem Jahrzehnt der Stagnation bzw. der Rückentwicklung in Lehrerausbildung und Schulerneuerung immunisierte sich das Fach als Ganzes - am stärksten in der sogenannten Allgemeinen Erziehungswissenschaft - erfolgreich gegen die seinerzeitige Herausforderung durch eine kritische sozialwissenschaftliche Interdisziplinarität. Eine Ausnahme machen hier nur Subdisziplinen wie Sozialpädagogik, Medienpädagogik, Freizeitpädagogik, wo die „Versozialwissenschaftlichung" und deren kritische bzw. empirische

Impulse stärker erhalten blieben. Wie einschlägige Untersuchungen belegen, liegt der Anteil der akademischen Pädagogen und Pädagoginnen, die über eine sozialwissenschaftliche Grundausbildung verfügen und die sich selbst als SozialwissenschaftlerInnen innerhalb der Pädagogik verstehen, in den 70er, mehr noch in den 80er Jahren deutlich unter 10 % (z.B. Krüger/Rauschenbach 1994). Wir reden also von einer kleinen Minderheit, wenn wir über Produktion und Rezeption von Sozialisationsforschung innerhalb der Erziehungswissenschaft reden. Erziehungswissenschaftler, die am Paradigma einer kritischen Sozialisationsforschung festhalten, äußern sich entsprechend skeptisch, was die Möglichkeiten einer Korrektur liebgewordener geiseswissenschaftlicher Vorstellungen durch das Pardigma Sozialisation angeht. Ich gebe zwei Betroffenen das Wort.

Ulrich Herrmann, selbst historisch arbeitender Erziehungswissenschaftler, entwickelte Mitte der 70er Jahre das Programm für eine Historische Sozialisationsforschung. 1991 bemerkt er leicht resigniert: „Der Vorschlag, ausgehend von der herkömmlichen Erziehungs- und Bildungsgeschichte eine Historische Sozialisationsforschung zu entwickeln (Herrmann 1974), wurde eher skeptisch aufgenommen" (Herrmann 1991, S. 231). Gleichwohl - oder gerade deshalb - glaubt er weiterhin an den aufklärerischen Effekt eines solchen Programmes für die Erziehungswissenschaft, denn „... die Historische Sozialisationsforschung (zeigt) zugleich auch die Notwendigkeit und Möglichkeit, Erziehung und Sozialisation wieder stärker vom kultursoziologischen und erziehungssoziologischen Standpunkt und weniger unter dem Aspekt pädagogisch-intentionalen Handelns zu akzentuieren" (Herrmann 1991, S. 236).

Ein anderer bekannter Protagonist der Sozialisationsforschung, Dieter Geulen, erläutert der pädagogischen Profession 1983 in einem Lexikonartikel zu „Pädagogischen Grundbegriffen" die mögliche Bedeutung des Paradigmas Sozialisation: „Die Bedeutung der Sozialisationsforschung für die Pädagogik ist vor allem darin zu sehen, daß sie das empirische und theoretische Wissen über die Bedingungen menschlicher Entwicklung und Bildung wesentlich erweitert, und zwar auch in einer Weise, die die Pädagogik zu einer kritischen Revision mancher ihrer bisherigen Annahmen genötigt hat" (Geulen 1983, S. 1410). Sein Schlußsatz dazu lautet, auch hier etwas resignativ: „...die Pädagogik hat bei weitem noch nicht alle Konsequenzen gezogen, die ihr die Sozialisationstheorie und -forschung nahelegen" (Geulen 1983, S. 1415).

Wenn pädagogische Praktiker und Erziehungswissenschaftler sich dem Paradigma Sozialisation verweigern, bedroht das den Lebensnerv der Subdisziplin. Folgen wir dem Neuen Handbuch der Sozialisationsforschung von 1991, so liegt rund die Hälfte der „zentralen Instanzen der Sozialisation" im Handlungsbereich der Pädagogik. Im Handbuch eigens vertreten sind: Familie, Kindergarten, Schule, Hochschule, Sozialpädagogik (zum Vergleich: als nichtpädagogische Sozialisationsinstanzen sind durch eigene Artikel repräsentiert: Berufliche/betriebliche Ausbildung, Massenmedien, Gleichaltrige, Psychosoziale Praxis). Die Herausgeber Klaus Hurrelmann und Dieter Ulich rechnen mittlerweile, das weicht von der Erstauflage 1980 ab, nur noch Soziologie und Psychologie zu den „eigentlichen Ausgangsdisziplinen für das interdisziplinäre Gebiet der Sozialisationsforschung", klammern also Pädagogik mittlerweile auch in Deutschland aus (Hurrelmann/Ulich 1991, S. 4).

Das Paradigma Sozialisation im Kreuzfeuer antipädagogischer Programme und Mentalitäten

Die Hemmnisse für die Entfaltung der Subdisziplin Sozialisation, die aus der Pädagogik herrühren, kommen noch aus einer ganz anderen Richtung. Und das ist nach dem soeben Gesagten als ein ausgesprochen paradoxer Effekt zu bezeichnen. Sozialisationsforschung, ursprünglich als Kritik pädagogischer Praxis und Theoriebildung formuliert, wird mittlerweile selbst als ein „pädagogischer Ansatz" verdächtigt und als solcher abgelehnt. Diese Distanzierung vom Konzept der Sozialisation, zuerst formuliert in den 70er, wirkungsvoll verstärkt in den 80er Jahren, lebt vom Programm der Antipädagogik und von einer verbreiteten antipädagogischen Grundstimmung innerhalb und außerhalb der Pädagogik.

Dabei geht es weniger um die öffentlichkeitswirksamen Schaudebatten, die „Propheten" einer Antipädagogik wie Ekkehard von Braunmühl, Hubertus von Schoenebeck, Ivan Illich oder Alice Miller entfesselten (vgl. zur pädagogischen Anti-Kritik Oelkers/Lehmann 1990). Zentraler für unser Thema und für unsere Argumentation sind die Tiefenströmungen antipädagogischer Mentalitäten, die nahezu alle Praxisfelder und Lebensbereiche seit der historischen Wasserscheide 1968 betreffen. Antipädagogische Strömungen äußern sich darin, daß man „Vorbildern" und „Lernen am Modell" zunehmend weniger vertraut; daß moderne Eltern statt Kinder zu erziehen lieber „mit Kindern leben" möchten (so der programmatische Titel einer einflußreichen Elternratserie); daß man vermehrt Heranwachsenden statt Erwachsenen zukunftsweisende Kompetenzen zuschreibt (z.B. im elektronischen Bereich, bei Medien oder in Umweltfragen); daß gesellschaftlicher Dissens über pädagogische Zielsetzungen und Verfahrensweisen besteht, so daß man im Zweifelsfall erzieherisch gegeneinander arbeitet oder darauf verzichtet, solche Zukunftsziele pädagogisch zu vertreten. „Antipädagogische" Mentalitäten bestimmen zunächst also, so der Gedankengang, das Alltagsleben und die Alltagspraxen; dies gilt vor allem für die privilegierten Bildungseliten in urbanen Zentren. Über diese Sozialgruppe vermittelt dringen entsprechende Mentalitäten in (sozial)wissenschaftliche Diskurse und Programme ein. Das geschieht überwiegend nicht bewußt, das heißt, die kollektiven Träger solcher Mentalitäten verstehen sich gewöhnlich nicht als Antipädagogen, schon gar nicht als Nachfolger von Ekkehard von Braunmühl oder Alice Miller.

In der sozialwissenschaftlichen Kinderforschung finden wir antipädagogische Affekte und Mentalitäten sowohl in der Forschungsrichtung, die sich um die (Grund-)Rechte der Kinder bekümmert; unter denen, die den historischen Entwicklungslinien der Modernisierung von Kindheit nachgehen; schließlich auch unter den Wissenschaftlern und Wissenschaftlerinnen, die eine Ethnographie der Kindheit aus Kinderperspektive betreiben.

Kindheitsforscher, die auf der Seite der politischen Kinderrechtsbewegung stehen, die sich in den 70er Jahren zunächst in den USA und dann in den skandinavischen Ländern formierte (vgl. Gross/Gross 1977), orientieren sich am Modell politischer Bürgerrechtsbewegungen, nicht zuletzt am Beispiel der Frauenbewegung. Ihnen geht es um die Freisetzung der Kinder aus fürsorglichen und bevormundenden Abhängigkeiten. Kinder sind danach eine soziale Minderheit, die allgemein unter der Erwachsenen-Mehrheit, speziell aber unter pädagogischer Patronage zu leiden hat. Für sie macht es daher grundsätzlich keinen Sinn, wenn z.B. Kindheitssoziologie - wie in der Vergangenheit in der Gesellschaft für Soziologie in Westdeutschland der Fall - unter dem Sektions-Etikett „Bildungs- und Erziehungssoziologie" firmiert[2]. Sozialwissenschaftliche Kindheitsforschung steht insbesondere einer „Sozialpolitik für das Kind" nahe. Wenn es um Fragen von Kindheit und sozialer Ungleichheit geht, dann ist dieses nicht mehr - wie in den 60er und 70er Jahren - eine Bildungs- und Erziehungsfrage im Sinne von ungleichen Bildungschancen und deren Behebung durch familiale und schulische Sozialisation, worum die Bemühungen der schichtspezifischen Sozialisationsforschung noch kreisen (vgl. Wurzbacher 1974; Neidhardt 1975). Die politische Relevanz solcher Fragen ist aus der pädagogischen oder Bildungsprovinz und damit auch aus der Sozialisationsforschung ausgewandert.

Die Einnahme einer bürgerrechtlerischen Position hat interessante Konsequenzen für die wissenschaftliche Definition des Kindheitsstatus. Kindheit wird beispielsweise rechtssoziologisch definiert (Stein-Hilbers 1994). Gertrud Lenzer, „founding chair" der nordamerikanischen Sektion „Sociology of children", bestimmt den soziologischen Kindheitsbegriff, der Geschäftsgrundlage der zu gründenden Soziologie-Sektion sein soll, folgendermaßen: „...the social category of 'children' is characterized by the circumstance that those who are included in it do not enjoy in full measure the constitutional and legal rights of adults who also legally represent them and upon whom they are dependent. ... By children we mean every human being from infancy to the age of legal majority" (Lenzer 1992, p. 3). Die Autorin negiert damit nicht nur eine entwicklungspsychologische Perspektive, sondern auch soziologische Statusdifferenzen, etwa zwischen Kindern und Jugendlichen, letztlich findet also eine „Entsoziologisierung" der Kindheitsdefinition statt.

---

[2] Noch unzeitgemäßer erscheint die überlieferte Vereinigung von Familie und Jugend innerhalb einer Sektion.

Einflußreich für eine Neukonzeption der sozialwissenschaftlichen Kindheitsforschung werden insbesondere Denkansätze, die aus der feministischen Frauenforschung stammen. Die „Lektion", die dort bei der Dekonstruktion der „Frauenfrage", so wie die Sozialwissenschaften sie bisher behandelt hatten, gelernt wurde, wird jetzt für die Neukonzeptualisierung der „Kinderfrage in den Sozialwissenschaften" nutzbar gemacht. Am konsequentesten ausformuliert wurde dieser mittlerweile in Deutschland intensiv rezipierte Ansatz bisher von der finnischen Soziologin und Kindheitsforscherin Leena Alanen (1992; 1994a; 1994b; vgl. ferner für eine englische Tradition: Diana Leonard 1990; John Hood-Williams 1990; in den USA: Barrie Thorne 1993).

Kindheitsforscher, die sich an Fragestellungen einer Modernisierungsforschung orientieren, formulieren gern epochale Entwicklungstendenzen wie „Verinselung" oder „Verhäuslichung" der Kinder, um den Wandel (modischer ausgedrückt: die Transformation) von Kindheit in der Moderne zu kennzeichnen. Zu den vielbeschworenen Tendenzen, die gewöhnlich mit einem wertenden Minuszeichen versehen werden, gehört die „Pädagogisierung der Kindheit". Auch hier ist verständlich, wenn die Forscher und Forscherinnen die größtmögliche Vorsichtshaltung einnehmen, um nicht in den Verdacht zu geraten, ihre Arbeiten würden die bedauerte Tendenz im modernen Kinderleben in irgendeiner Weise unterstützen. Insbesondere geht es ihnen nicht, wie vielen Sozialisationsforschern und -forscherinnen der älteren Schule, um eine Effektivierung pädagogischer Handlungen und Institutionen.

Sehr entschieden nimmt schließlich eine ethnographische Kindheitsforschung, die gegenwärtig nach angloamerikanischem und angelsächsischem Vorbild (Fine/Sandstrom 1988; Adler/Adler/Mandell 1986; Waksler 1991) auch in Deutschland Fuß faßt, gegen jeglichen Sozialisationsansatz Stellung. So betonen Helga Kelle und Georg Breidenstein aus Bielefeld, die Kindergruppen in einem schulischen setting teilnehmend begleiten: „Sowohl der Entwicklungs- als auch der Sozialisationsbegriff sind in der Kindheitsforschung noch immer zentral. In der Anwendung dieser Begriffe prägt meistens der Bezug zu einer wie auch immer vorgestellten Erwachsenenkultur und -gesellschaft explizit oder implizit die Forschungsperspektive. Damit verbunden ist die Annahme einer „Zielperspektive" von Entwicklungs- und Sozialisationsprozessen, die den Blick auf Originelles und Absurdes verstellen kann" (Breidenstein/Kelle 1995). Wer „Originelles und Absurdes" in der Gruppenkultur von Kindern sucht und liebevoll beschreibt, entfernt sich natürlich von jeglicher pädagogisch inspirierten Forschung. Dabei ist zu betonen, daß diese antipädagogische Perspektive im Rahmen eines Kinderprojektes Platz findet, das unter dem Titel „Prozesse politischer Sozialisation bei neun- bis zwölfjährigen Jungen und Mädchen" angetreten ist.

Die antipädagogische Grundposition von ethnographischer Kindheitsforschung wird nicht immer offensiv formuliert. Sie verbirgt sich bereits im methodischen Design. Zwar ist das setting, das für die teilnehmende Beobachtung gewählt wird, oftmals ein pädagogisches: ein Kindergarten, eine Grundschulklasse beispielsweise. Innerhalb dieser „pädagogisierten" Umwelt interessieren sich die ForscherInnen aber ausschließlich für die sozialen Interaktionen, die zwischen den Kindern stattfinden. Die räumlich anwesenden und mit den Kindern interagierenden Pädagogen und Pädagoginnen bleiben kunstvoll aus dem Focus der Forschung ausgeklammert.

Deutsches Vorbild für dieses Design ist die Studie von Lothar Krappmann und Hans Oswald (1995), die Anfang der 80er Jahre in Berliner Grundschulklassen begonnen wurde. Die Ethnographen interessieren sich hier für soziale Netzwerke, Interaktionsbeziehungen und Freundschaften der Kinder. Eine der leitenden Annahmen, die sich bis auf Piaget und dessen Analyse von Murmelspielen bei Schweizer Kindern zurückführen läßt, lautet: Kinder bilden eine Mikrogesellschaft und innerhalb dieser bilden sich soziale Handlungsregeln und soziale Moral aus - und nicht etwa im alltäglichen Umgang von Kindern mit Erwachsenen (vgl. zum angloamerikanischen Pendant dieser Forschung Youniss 1994).

Was sich gegenüber den 70er Jahren geändert hat, läßt sich beim Vergleich dieser Ethnographie von Kinderkultur in der Schulklasse mit den Studien zum „heimlichen Lehrplan" (Zinnecker 1975) ermessen, die noch ganz im Stil pädagogikkritischer Sozialisationsforschung konzipiert waren. Wenn ein Jules Henry (1963) oder Philip W. Jackson (1966) die „eigentlichen" sozialen Lernprozesse im Curriculum der Schulen aufdeckten, so hatten sie dabei durchaus die Lehrer und Lehrerinnen vor Augen. Zwar werteten sie die Bedeutung der kognitiven Unterrichtsinhalte, die das Lehrpersonal vermittelte, ab; um so mehr waren sie davon überzeugt, daß das ungewollte „Rauschen" in der Lehrer-Schüler-Kommunikation - also die Gefühle, Nebenhandlungen usw. - einen erheblichen sozialen Lerneffekt hatte. In der heute maßgeblichen und innovativen Schülerethnographie ist eine solche Bedeutung des pädagogischen Personals bereits vom methodischen Design her ausgeschlossen.

Ein anderes bedeutsames Detail der Methodik, das etwas über die Grundhaltung aktueller Kinderethnographie aussagt, betrifft die soziale Mitgliedschaftsrolle, die der Forscher oder die Forscherin einnimmt. Am radikalsten sind Programm und Praxis einer „least-adult role in studying children" (Mandell 1988). Beides verbindet sich mit dem Namen der nordamerikanischen Soziologin Nancy Mandell, die - das ist keineswegs zufällig - Mitherausgeberin der ersten Jahrgänge eines einflußreichen Jahrbuches über „Sociological Studies of Child Development" (Adler/Adler/Mandell 1986) war und zu den Mitbegründerinnen der ASA-Sektion Sociology of Children gehört. Ziel ist es, eine Beobachterin-Rolle einzunehmen, die sich so weit wie möglich vom Erwachsenenstatus abhebt und so weit wie möglich dem Kinderstatus annähert. Nancy Mandell erprobte dieses Konzept in ethnographischen Studien in nordamerikanischen nursery-schools, das heißt beim Freispiel von Zwei- bis Vierjährigen. Jegliche pädagogische Verantwortung und Aufsicht lehnte sie ab, was zu einigen Rollenkonfusionen und -konflikten in diesen pädagogischen Einrichtungen führte.

Frances Chaput Waksler hat dieses weitgetriebene phänomenologisch-interaktionistische Forschungsprogramm in einem einflußreichen Lehrbuch 1991 verbreitet. Eine wesentliche Begründung zieht sie dabei aus der Überwindung des Paradigmas der Sozialisationsforschung - „Beyond Socialization". Sie demonstriert diese Abkehr am Beispiel von Peter L. und Brigitte Berger, die als Vertreter für die ältere Sozialisationsforschung („Becoming a Member of Society - Socialization") herhalten müssen.

Einen abschließenden Gedanken möchte ich vortragen, der sich auf die hartnäckige Konzentration der neuen Kindheitsforscher auf die Gegenwart der Kinder bezieht. Dabei interessiert mich hier nicht in erster Linie das offensichtlich Antipädagogische an dieser Gegenwartsorientierung. Daß pädagogisches Handeln notorisch zukunftsbezogen motiviert und begründet ist, ist ja hinlänglich bekannt. Verdeckter und schwerer zu erkennen ist die Parallelisierung dieser ethnographischen Haltung mit einer kontroversen Debatte aus dem Bereich makrosoziologischer Theoriebildung. Ich meine damit die Auseinandersetzungen der Programmatiker einer postmodernen Gesellschaftstheorie mit jeglichen Vertretern evolutionärer Gesellschaftsmodelle (vgl. Rosenau 1992). Dabei spielt die Postmoderne den spätestens seit Nietzsche populären kulturkritischen Gedanken einer stationären Geschichte, einer Geschichtslosigkeit oder auch eines zyklischen Geschichtsverlaufes - Wiederkehr des Immergleichen - gegen Modelle der historischen Progression, ja überhaupt jeder „Logik" geschichtlicher Entwicklung aus. Ich denke, es ist nicht zu weit hergeholt, wenn man der Konzentration auf das „geschichtslose Kind" und der auf die „geschichtslose Gesellschaft" homologe Mentalitäten und Weltvorstellungen unterstellt.

Damit verbunden ist eine Abkehr vom emphatischen Begriff eines (bürgerlichen) Subjektes, den eine pädagogisch-gesellschaftliche Aufklärung in Europa historisch ausformulierte und hochhielt. Der emphatische Begriff des Subjekts und der Subjektivität wird - wenn er überhaupt noch formuliert wird - für das Kind in seinem Sosein reserviert. Damit findet die Demontierung des „mündigen Subjekts" der Aufklärung - das als Philosophie des erwachsenen (und männlichen) Bürgers formuliert worden war - einen vorläufigen Abschluß. Das hat Konsequenzen für die Formulierung von Normperspektiven für die Sozialisationsforschung, wie sie etwa in der Tradition von Habermas oder Kohlberg vor allem in den 60er und 70er Jahren formuliert wurden. Entsprechende Zielmodelle - ebenso wie andere emphatische Zielmodelle - der Sozialisation sind gegenwärtig nicht konsensfähig und unterliegen daher im wissenschaftlichen Diskurs grundsätzlich einem Ideologieverdacht bzw. werden „dekonstruiert" (vgl. z.B. Helsper 1989).

Kindheit mit oder ohne Sozialisation?
Schlußfolgerungen für eine künftige Kindheitsforschung

Welche Empfehlungen ergeben sich aus dem Gesagten für eine künftige sozialwissenschaftliche Kindheitsforschung? Angesichts der Vielschichtigkeit der aufgeworfenen Probleme fällt eine eindeutige Antwort schwer. Zwei Linien für eine innovative Weiterentwicklung des Forschungsfeldes zeichnen sich meines Erachtens jedoch ab. Zum einen ist die Wissenschaftsepoche, in der sozialwissenschaftliche Kindheitsforschung und Sozialisationsforschung nahezu deckungsgleich waren, unwiderruflich zu Ende. Kindheitsforschung kann nicht mehr ausschließlich oder vorwiegend vom Paradigma der Sozialisation her konzipiert werden. Zum anderen erscheint mir unbestreitbar, daß die Perspektiven, die Sozialisationsforschung bereithält, auch für eine neu zu konzipierende sozialwissenschaftliche Kindheitsforschung unverzichtbar sind. Allerdings ist dazu erforderlich, daß manche Traditionen, die sich in der Sozialisationsforschung herausgebildet haben, auf ihre Verträglichkeit mit sozialwissenschaftlicher Kindheitsforschung hin überdacht werden. Die „neue" Kindheitsforschung kann auf diese Weise zur inneren Erneuerung des Paradigmas Sozialisation genutzt werden.

Die Verselbständigung und Institutionalisierung einer eigenständigen „Soziologie der Kindheit" haben zunächst einmal etwas Befreiendes. Sie setzen Phantasien frei, Kinder anders, differenzierter, als soziale Akteure zu sehen; sie geben Impulse für ein Überdenken der Forschungsmethodik; sie nötigen zu sinnvollen neuen Kooperationen innerhalb der Sozialwissenschaften, die bisher gebunden waren. Ich verweise auf Einbindungsmöglichkeiten der Kindheitsforschung in eine Soziologie des Rechts, in soziale Strukturgleichheitsforschung (Armut, Soziale Indikatoren) oder in die Politische Soziologie. Solange Sozialisationsforschung noch als „das Kernstück der Soziologie der Kindheit" - so Fürstenau 1967 in der ersten deutschsprachigen Darstellung einer „Soziologie der Kindheit" - anzusehen war, waren entsprechende Phantasien und Impulse gebunden.

Wie hoch ist der Preis für eine solche Verselbständigung? Ich verweise hierzu auf die Auflösung der Interdisziplinarität in der Trias Soziologie - Psychologie - Pädagogik oder zumindest Soziologie - Psychologie, wobei weitere Kooperanden in Aussicht stünden: Ethnologie, Gesundheitswissenschaft, Medien- und Literaturwissenschaft, Sozial- und Kulturgeschichte usw. Interdisziplinarität ist leicht aufgelöst, aber schwer wieder zu knüpfen.

Am problematischsten erscheint mir das Herausbrechen der Pädagogik aus dem Bündnis. Eine Kindheitsforschung hat es an prominenter Stelle mit Bildungsinstitutionen und mit pädagogischen Professionen zu tun. Genügt es, diese lediglich auszuklammern oder aus der bloßen Außenperspektive zu untersuchen?

Das Paradigma der Sozialisationsforschung hält für pädagogische Praxis mit Kindern und für Erziehungswissenschaft zwar eine provokante Kritik bereit, sie läßt sich aber immerhin auf deren Welt- und Handlungsperspektive ein. Eine wie immer konzipierte reine Soziologie der Kindheit kann für Pädagogik kein anregender Diskussions- und Forschungspartner sein. Ich denke hier beispielsweise an Krisen der Institution Schule, die sich epochal abzeichnen; oder insbesondere an die Bewegungen, die im Primar- oder Elementarschulbereich bereits erkennbar sind.

Die Möglichkeiten einer Erneuerung der Sozialisationsforschung von innen heraus sind meines Erachtens noch längst nicht ausgeschöpft (vgl. Leu 1995). Das bedeutet vor allem, eine theoriebezogene grundsätzliche Debatte unter Sozialisationsforschern und -forscherinnen anzuzetteln. Dem Absinken des Paradigmas in eine pragmatische empirische Anwendungswissenschaft müßte entgegengewirkt werden. Zentral sind Fragen der Neugewichtung der Subjekte und der Subjektivität im Sozialisationsprozeß, beispielsweise Fragen der Selbstsozialisation und Selbstinitiation, der Wiedergewinnung komplexerer Subjektmodelle, auch jenseits des optimistischen Modells des „aktiv realitätsverarbeitenden Subjekts" (Hurrelmann 1986). Die Möglichkeiten biographischer oder sozialhistorischer Sozialisations- und Kindheitsforschung sind offenkundig noch nicht im entferntesten ausgeschöpft.

Welche Disziplin, wenn nicht die sozialwissenschaftliche Kindheitsforschung, wäre imstande, die unerledigt liegengebliebenen Projekte und Fragestellungen der alten Sozialisationsforschung aufzugreifen und weiterzuführen? Das ist nicht theoriekonservativ zu denken. Neue Kinder und neue Kindheiten erfordern auch neue Theorien und Forschungsdesigns.

Literatur

ADLER, Patricia A./ADLER, Peter/MANDELL, Nancy (eds.): Sociological studies of child development. A research annual. Greenwich, London 1986, Vol. 1

ADORNO, Theodor W.: Soziologie und empirische Forschung (1957). In: HORKHEIMER, M./ADORNO, Th.W. (Hrsg.): Sociologica II. Reden und Vorträge. Frankfurt am Main 1962, S. 205-222

ALANEN, Leena: Modern Childhood? Exploring the „child question" in sociology. Jyväskulä 1992

ALANEN, Leena: Zur Theorie der Kindheit. Die „Kinderfrage" in den Sozialwissenschaften. Sozialwissenschaftliche Literatur Rundschau 1994a, 28, S. 93-112

ALANEN, Leena: Gender and Generation: Feminism and the „Child Question". In: QVORTRUP, J. et. al. (eds.): Childhood Matters. Social Theory, Practice and Politics. Aldershot et. al. 1994b

AMBERT, Anne-Marie: Sociology of sociology.: The place of children in North American sociology. In: ADLER, P.A./ADLER, P./MANDELL, N. (eds.): Sociological studies of child development. Greenwich, London 1986, pp. 11-34

BILDEN, Helga: Geschlechtsspezifische Sozialisation. In: HURRELMANN, K./ULICH, D. (Hrsg.): Neues Handbuch der Sozialisationsforschung. Weinheim und Basel 1991, S. 279-302

BOURDIEU, Pierre: Homo academicus. Frankfurt am Main 1988 (urspr. Paris 1984)

BREIDENSTEIN, Georg/KELLE, Helga: DFG-Projekt „Prozesse politischer Sozialisation bei neun- bis zwölfjährigen Jungen und Mädchen". Abstract zum Vortrag auf der Jahrestagung der AG „Soziologie der Kindheit". Bielefeld 1995

ELDER, Glen H.: Time, Human Agency, and Social Change: Perspectives on the life course. Social Psychology Quarterly 57, 1994, 1, pp. 4-15

FINE Gary Alan/SANDSTROM, Kent L.: Knowing children. Participant observation with minors. Newbury Park, C.A./London 1988

FRIEBERTSHÄUSER, Barbara: Übergangsphase Studienbeginn. Eine Feldstudie über Riten der Initiation in eine studentische Fachkultur. Weinheim und München 1992

FUCHS, Stephan/WARD, Steven: What is deconstruction, and where and when does it take place? Making facts in science, building cases in law. American Sociological Review 59, 1994, pp. 481-500

GEULEN, Dieter: Sozialisation. In: LENZEN, D. (Hrsg.): Pädagogische Grundbegriffe. Band 2. Reinbek bei Hamburg 1983, S. 1409-1416

GOLDSCHMIDT, Dietrich/HÄNDLE, Christa/LEPSIUS, M. Rainer/ROEDER, Peter-Martin/WELLENDORF, Franz: Erziehungswissenschaft als Gesellschaftswissenschaft. Probleme und Ansätze. Heidelberg 1969

GOSLIN, David D. (ed.): Handbook of socialization theory and research. Chicago 1969

GROSS, Beatrice/GROSS, Ronald (eds.): The childen's rights movement. Overcoming the oppression of young people. Garden City, N.Y. 1977

HELSPER, Werner: Selbstkrise und Individuationsprozeß. Subjekt- und sozialisationstheoretische Entwürfe zum imaginären Selbst der Moderne. Opladen 1989

HENRY, Jules: Lernziel Entfremdung. Analyse von Unterrichtsszenen in Grundschulen (1963). In: ZINNECKER, J. (Hrsg.): Der heimliche Lehrplan. Weinheim und Basel1975, S. 35-51

HERRMANN, Ulrich: Historische Sozialisationsforschung. In: HURRELMANN, K./ULICH, D. (Hrsg.): Neues Handbuch der Sozialisationsforschung. Weinheim und Basel 1991, S. 231-250

HOOD-WILLIAMS, John: Patriarchy for children: On the stability of power relations in children's lives. In: CHRISHOLM, L. et. al. (eds.): Childhood, youth and social change: A comparative perspective. London 1990, pp. 155-171

HURRELMANN, Klaus (Hrsg.): Sozialisation und Lebenslauf. Reinbek bei Hamburg 1976

HURRELMANN, Klaus/ULICH, Dieter (Hrsg.): Handbuch der Sozialisationsforschung. Weinheim und Basel 1980

HURRELMANN, Klaus: Einführung in die Sozialisationstheorie. Über den Zusammenhang von Sozialstruktur und Persönlichkeit. Weinheim 1986

HURRELMANN, Klaus/ULICH, Dieter (Hrsg.): Neues Handbuch der Sozialisationsforschung. Weinheim und Basel 1991a (4. Auflage)

HURRELMANN, Klaus/ULICH, Dieter: Gegenstands- und Methodenfragen der Sozialisationsforschung. In: HURRELMANN, K./ULICH, D. (Hrsg.): Neues Handbuch der Sozialisationsforschung. Weinheim und Basel 1991b, S. 3-20

JACKSON, Philip W.: Einübung in eine bürokratische Gesellschaft: Zur Funktion der sozialen Verkehrsformen im Klassenzimmer (1966). In:

ZINNECKER, J. (Hrsg.): Der heimliche Lehrplan. Weinheim und Basel 1975, S. 19-34

JAMES, Allison/PROUT, Alan (eds.): Constructing and reconstructing childhood: Contemporary issues in the sociological study of childhood. London und New York 1990

KOHLI, Martin: Lebenslauftheoretische Ansätze in der Sozialisationsforschung. In: HURRELMANN, K./ULICH, D. (Hrsg.): Neues Handbuch der Sozialisationsforschung. Weinheim und Basel 1991, S. 303-316

KRAPPMANN, Lothar/OSWALD, Hans: Alltag der Schulkinder. Beobachtungen und Analysen von Interaktionen und Sozialbeziehungen. Weinheim und München 1995

KREPPNER, Kurt: Sozialisation in der Familie. In: HURRELMANN, K./ULICH, D. (Hrsg.): Neues Handbuch der Sozialisationsforschung. Weinheim und Basel 1991, S. 321-334

KRÜGER, Heinz-Herrmann/RAUSCHENBACH, Thomas (Hrsg.): Erziehungswissenschaft. Die Disziplin am Beginn einer neuen Epoche. Weinheim und München 1994

LENZER, Gertrud: The sociology of children: Past and future developments. Childnews 1, 1992, 1, pp. 1-3

LEONARD, Diana: Persons in their own right: Children and sociology in the UK. In: CHRISHOLM, L. et. al. (eds.): Childhood, youth and social change: A comparative perspective. London 1990, pp. 58-70

LEU, Hans Rudolf: Selbständige Kinder - Ein schwieriges Thema für die Sozialisationsforschung, (in diesem Band, 1995)

LÜDERS, Christian: Der wissenschaftlich ausgebildete Praktiker. Entstehung und Auswirkung des Theorie-Praxis-Konzeptes des Diplomstudienganges Sozialpädagogik. Weinheim 1989

LUHMANN, Niklas: Die Autopoiesis des Bewußtseins. In: HAHN, A./KAPP, V. (Hrsg.): Selbstthematisierung und Selbstzeugnis: Bekenntnis und Geständnis. Frankfurt am Main 1987, S. 25-94

MANDELL, Nancy: The least-adult role in studying children. Journal of Contemporary Ethnography 16, 1988, 4, pp. 433-467

MARKEFKA, Manfred/NAUCK,Bernhard (Hrsg.): Handbuch der Kindheitsforschung. Neuwied 1993

NEIDHARDT, Friedhelm: Sozialisationsforschung und Politikberatung. Zur Einleitung. In: NEIDHARDT, F. (Hrsg.): Frühkindliche Sozialisation: Theorien und Analysen. Stuttgart 1975, S. 1-6

OELKERS, Jürgen/LEHMANN, Thomas: Antipädagogik. Herausforderung und Kritik. Weinheim und Basel 1990 (2. erw. Auflage)

PROUT, Alan/JAMES, Allison: A new paradigm for the sociology of childhood? Provenance, promise and problems. In: JAMES, A./PROUT, A. (eds.): Constructing and reconstructing childhood. London und New York 1990, pp. 7-34

ROSENAU, Pauline Marie: Post-Modernism and the social sciences. Princeton, N.Y. 1992

SCHORB, Bernd/MOHN, Erich/THEUNERT, Helga: Sozialisation durch (Massen-)Medien. In: HURRELMANN, K./ULICH, D. (Hrsg.): Neues Handbuch der Sozialisationsforschung. Weinheim und Basel 1991, S. 493-510

SCHULZE, Hans-Joachim/KÜNZLER, Jan: Funktionalistische und systemtheoretische Ansätze in der Sozialisationsforschung. In: HURRELMANN, K./ULICH, D. (Hrsg.): Neues Handbuch der Sozialisationsforschung. Weinheim und Basel 1991, S. 121-136

SHANTZ, Carolyn U./HARTUP, Willard W. (eds.): Conflict in child and adolescent development. Cambridge 1992

STEIN-HILBERS Marlene: Wem „gehört" das Kind? Neue Familienstrukturen und veränderte Eltern-Kind-Beziehungen. Frankfurt am Main und New York 1994

THORNE, Barrie: Gender play. Girls and boys in school. Buckingham 1993

ULICH, Dieter: Zur Relevanz verhaltenstheoretischer Lern-Konzepte für die Sozialisationsforschung. In: HURRELMANN, K./ULICH, D. (Hrsg.): Neues Handbuch der Sozialisationsforschung. Weinheim und Basel 1991, S. 57-97

ULICH, Klaus: Schulische Sozialisation. In: HURRELMANN, K./ULICH, D. (Hrsg.): Neues Handbuch der Sozialisationsforschung. Weinheim und Basel 1991, S. 377-396

WAKSLER, Frances Chaput (ed.): Studying the social worlds of children: Sociological readings. London und New York 1991

WURZBACHER, Gerhard/FREY, Hans-Peter: Die Sozialisationsforschung und das politische Engagement für Chancengleichheit - Eine sozialwissenschaftliche Schwerpunktbildung zwischen 1963 und 1973. Vorwort zur dritten Auflage. In: WURZBACHER, G. (Hrsg.): Sozialisation und Personalisation. Stuttgart 1974, S. V-XII

YOUNISS, James: Soziale Konstruktion und psychische Entwicklung. Frankfurt am Main 1994

ZEIHER, Helga: Die Entdeckung der Kindheit in der Soziologie. In: SAHNER, H./SCHWENDTNER, St. (Hrsg.): Gesellschaften im Umbruch. Abstract-Band zum 27. Kongreß der Deutschen Gesellschaft für Soziologie. Halle a.d. Saale 1995

ZINNECKER, Jürgen (Hrsg.): Der heimliche Lehrplan. Untersuchungen zum Schulunterricht. Weinheim und Basel 1975

Liselotte Wilk

Die Studie „Kindsein in Österreich"

Kinder und ihre Lebenswelten als Gegenstand empirischer Sozialforschung - Chancen und Grenzen einer Surveyerhebung

Surveyerhebungen in der deutschsprachigen Kindheitsforschung

In den letzten Jahren kann ein bemerkenswerter Aufschwung der Kindheitsforschung im deutschsprachigen Raum festgestellt werden. Das Hauptinteresse seit den frühen 80er Jahren gilt dabei dem Alltagshandeln von Kindern, wobei eine phänomenologische Orientierung vorherrscht (Honig 1995, S. 15). Dem entspricht auf der empirischen Ebene die Anwendung qualitativer Forschungsmethoden und die Bevorzugung von Einzelfallstudien. Zugleich aber herrscht ein Wissens- und Forschungsdefizit über die Lebensverhältnisse und die Lebensqualität von Kindern als spezifische Bevölkerungsgruppe, verknüpft mit einer Vernachlässigung der sozialstrukturellen Perspektive bei der Erforschung der heutigen Kindheit.

Bis heute gibt es, trotz einiger Ansätze in dieser Richtung (Nauck 1991; Bertram 1993), in Deutschland und Österreich ebenso wie in den meisten europäischen Ländern (Qvortrup 1990) keine eigenständige Sozialberichterstattung zu den Lebensverhältnissen von Kindern (im Gegensatz zu jener von Jugendlichen oder Familien). In den amtlichen Statistiken herrscht eine haushaltsbezogene Erhebung und Auswertung vor, Kinder sind dort als Familienmitglieder, aber kaum als eigenständige statistische Zähleinheit aufzufinden. Damit werden Kinder in bestimmter Hinsicht ihres Status der Person beraubt; Kindheit, das Handeln und Leben von Kindern werden unsichtbar gemacht. Kinder sind bisher auch kaum die Zielpopulation von Surveys - verstanden als standardisierte Befragungen mit dem Ziel, Aussagen über eine zugrundeliegende Grundgesamtheit zu machen - sie werden auch kaum in Lebensqualitäts- und Lebenszufriedenheitsumfragen einbezogen. Dies aber wäre die Voraussetzung dafür, daß die spezifische Bedeutung erfaßt werden kann, die bestimmten sozialstrukturellen Faktoren für die Lebensqualität von Kindern zukommt - mitunter abweichend von jener für Erwachsene. Diesem empirischen Mangel entspricht auf theoretischer Ebene das Fehlen einer umfassenden Konzeption eines Systems sozialer Indikatoren, die die Lebensqualität von Kindern beeinflussen.

Zugleich allerdings zeigt sich in den letzten Jahren zunehmend eine Tendenz, immer jüngere Personen in Umfragen „mit" einzubeziehen. Zinnecker (1995) wertet dies als einen wichtigen empirischen Indikator für den Wandel des sozialen Status der Kinder von Nichtwissenden zu Wissenden, der Kindern sowohl in der Gesellschaft als auch in den Wissenschaften zunehmend zugestanden wird. Kindliche Wissensbestände sind demnach in der Hierarchie des gesellschaftlichen Wissens im Aufstieg begriffen und werden gesellschaftlich neu positioniert. Damit werden auch Kinder befragungswürdig. Zinnecker sieht darin, daß Kinder in Survey-Studien zu Akteuren werden, einen Ausdruck der Tatsache, daß Kinder auch im sozialen Leben zu Akteuren geworden sind, die die Möglichkeit besitzen, bestimmte Entscheidungen für ihr Leben selbst zu treffen, denen also grundsätzliche Optionen für die Gestaltung ihres Lebens zugesprochen werden (Zinnecker 1995). Diese Optionen finden ihren Niederschlag in den Themenstellungen der Befragungen und betreffen das Familienleben und die familiären Bezugspersonen, das Schulleben einschließlich der Schul- und Ausbildungswege, die Gestaltung des kommunalen Nahraums und des Wohnumfeldes, die Medien und die Zukunft der Gesellschaft.

Dennoch gibt es bisher im deutschen Sprachraum nur wenige umfassende empirische repräsentative Studien, in denen die Lebenssituation von Kindern, so wie diese sie erleben, erfaßt wurde. Zu ihnen zählt der in der BRD durchgeführte Kindersurvey 1980 (Lang 1985). Aus allerneuester Zeit wären die Arbeiten der Projektgruppe „Bildungsmoratorium" um Zinnecker (Projektgruppe Bildungsmoratorium 1994) sowie jene der Gruppe um Büchner (du Bois-Reymond et al. 1994) anzuführen.

Die Studie, von der hier berichtet werden soll, stellt einen Versuch dar, die Lebenssituation von zehnjährigen österreichischen Kindern, so wie diese sie wahrnehmen, erleben und beurteilen, zu erfassen.

Die Studie „Kindsein in Österreich"

Die Arbeit wurde 1991 bis 1992 am Institut für Soziologie der Universität Linz durchgeführt. In die Studie waren ca. 3000 zehnjährige Kinder und 16 wissenschaftliche Mitarbeiter unterschiedlicher Disziplinen einbezogen (Wilk/Bacher 1994).

Zielsetzung der Studie

Das Ziel der Studie war es, das lückenhafte Wissen über die Lebenssituation zehnjähriger Kinder zu erweitern und aufgrund dieses vertieften Wissens den aktuellen kindheitspolitischen Handlungsbedarf zu erkennen. Dieses Ziel sollte erreicht werden

- durch eine umfassende Beschreibung der kindlichen Lebenssituation, so wie sie von Kindern als ihre alltägliche Lebenswelt im Bereich Familie, Schule, Freizeit und Freunde, Wohnung und Medien erfahren wird,

- durch die Erfassung des psychosozialen Befindens der Kinder und der Handlungsmöglichkeiten, die ihnen aus ihrer subjektiven Sicht zur Gestaltung ihrer Lebenswelt zur Verfügung stehen,

- durch eine Analyse jener Faktoren, die das psychosoziale Befinden von Kindern mitbestimmen.

Der Studie zugrundeliegende Konzeptionen

Die Auffassung von Kindsein und Kindern als handelnden Subjekten

Die Studie geht von einem Bild des Kindes aus, das dieses nicht vorrangig als „Werdendes" bzw. als zukünftigen Erwachsenen sieht, sondern als hier und jetzt so „Seiendes", als Subjekt, als vollwertiges Mitglied der Gesellschaft (Qvortrup 1990). Kindern gebührt demnach wissenschaftliches Interesse als Kinder und nicht nur als zukünftige Erwachsene. Die Sicht und das Erleben der Kinder, ihre aktuell erlebten Probleme, ihre Bedürfnisse, Wünsche und Interessen, ihr aktuelles Wohlbefinden bilden den Gegenstand der Betrachtung. Nur Kinder werden als kompetent angesehen, über all dies zu berichten. Dabei wird von einem Modell wechselseitiger Beziehungen zwischen Subjekt und gesellschaftlich vermittelter Realität ausgegangen. Kinder nehmen den sozialen und ökologischen Kontext, der auf sie einwirkt, subjektiv wahr und verarbeiten ihn. Zugleich aber wird dieser Kontext von ihnen beeinflußt, mitgestaltet und verändert. Nach diesem Modell der „produktiven Realitätsverarbeitung" (Hurrelmann 1986, S. 84) beschäftigen sich Kinder suchend, sondierend, konstruktiv eingreifend und gestaltend mit ihren Lebenswelten und sind darum bemüht, zu einer Abstimmung zwischen ihren eigenen Bedürfnissen, Interessen und Fähigkeiten und den Umweltanforderungen zu gelangen.

Die neuere Kindheitsforschung sieht Kinder als Akteure, die nicht nur ihr eigenes Leben handelnd gestalten können und als Folge des Modernisierungsprozesses das eigene Handeln und den eigenen Alltagsablauf auch selbst bestimmen müssen (Zeiher/Zeiher 1994, S. 11), sondern die auch damit zugleich die Lebensform Kindheit mitbestimmen und so zu Akteuren im Prozeß der Modernisierung von Kindheit werden (Preuss-Lausitz et al. 1990). Auch wenn man aber von einer solchen Konzeption des Kindes ausgeht, so bleibt die Tatsache bestehen, daß das Kind aufgrund seines jeweiligen Entwicklungsstandes andere Möglichkeiten und Fähigkeiten als der Erwachsene hat, durch Handeln seine Lebenswelt zu gestalten und zu verändern. Unsere Welt ist weitgehend eine von Erwachsenen gestaltete, von Erwachsenen definierte und interpretierte Welt. Sie ist auch eine von Erwachsenen bewertete und beurteilte Welt. Kindern wird nur beschränkt Gelegenheit gegeben, Gesellschaft mitzugestalten. Ihre Chance der Mitgestaltung der meisten Lebensbereiche ist nicht gesetzlich abgesichert und ist abhängig von der Bereitschaft der Erwachsenen, innerhalb der ihnen selbst auferlegten strukturellen oder situativen Handlungs- und Gestaltungsmöglichkeiten die Bedürfnisse und Interessen des Kindes angemessen zu berücksichtigen.

Lebenswelt als wissenschaftliches Konzept zur Erfassung der Lebenssituation von Kindern
Die erkenntnistheoretische Orientierung der Arbeit lehnt sich an ein „interpretatives Paradigma" (Wilson 1973) an. Diese Grundorientierung geht davon aus, daß soziale Wirklichkeit eine von Handelnden geschaffene, interpretierte und als solche ihnen wieder als externe Kraft gegenübertretende, subjektive Wirklichkeit ist und nur als solche beschreibbar und verstehbar ist. Die Analyse von Kindsein soll demnach erfolgen durch die Beschreibung der kindlichen Lebenssituation, so wie sie von dem Kind als seine alltägliche Lebenswelt erfahren wird.

Geht man davon aus, daß alle Wirklichkeit als subjektiv erlebte auf individuelles Handeln Einfluß nimmt, so schließt dies nicht aus, daß dieses subjektive Erleben der Realität gewissen Regeln folgt und mitbestimmt wird von bestimmten Strukturmerkmalen einer Realität. Als solche werden insbesondere sozialstrukturelle Faktoren von Bedeutung, die vorgegeben und vom Kind nicht beeinflußbar sind.

Kinder werden kaum gefragt, wie sie die von ihnen und den Erwachsenen geteilte Welt erleben. Dennoch sind diese Lebenswelten der Kinder ihre alltägliche Realität, die sie mit den Erwachsenen täglich handelnd gestalten. Kinder als vollwertige Mitglieder der Gesellschaft zu begreifen verlangt, daß ihre Sichtweise und Interpretation von Lebenswelten ebenso akzeptiert werden wie die der Erwachsenen, und dies setzt voraus, daß man sie kennt und versteht.

Ziel der vorliegenden Studie ist es, die für Kinder bedeutsamsten Lebenswelten, nämlich Familie, Wohnen, Schule, das soziale Netz der Peers und den Bereich der Freizeit und der Medien differenziert zu erfassen und zu beschreiben. Dabei wird, wie oben dargestellt, davon ausgegangen, daß die Alltagswirklichkeit von Kindern sowohl von sozialstrukturellen Faktoren, also der „objektiven" Wirklichkeit, als auch von der subjektiven Wahrnehmung und Interpretation der Kinder konstituiert wird. Ziel ist es daher, die für jede Lebenswelt zentralen „objektiven" Charakteristika zu beschreiben und die bedeutsamsten Dimensionen, in denen Lebenswelt subjektiv wahrgenommen wird, zu erfassen.

Das psychosoziale Befinden der Kinder als Gegenstand wissenschaftlicher Forschung
Ob Kinder sich wohl oder nicht wohl fühlen, ob sie traurig oder fröhlich sind, diese Fragen wurden in wissenschaftlichen Studien nur selten gestellt. In der Sozialisationsforschung erscheint das Kind vielfach als „homo intellectus", und auch in der Gesundheitsforschung, die ja das umfassende psychosoziale Befin-

den zum Thema hat, widmen sich nur wenige Autoren solchen Fragen (Hurrelmann 1990, S. 2).

Anders als es das Ziel der Gesundheitsforschung ist, nämlich umfassend das soziale, körperliche und psychische vorhandene oder fehlende Wohlbefinden einer Person zu erfassen und dessen Ursachen zu analysieren, war der mit dem vorliegenden Survey angestrebte Anspruch bedeutend eingeschränkter. Es sollte nur erfaßt werden, wie Kinder ihr Wohlbefinden in den verschiedenen Lebensbereichen, an denen sie teilhaben, und die für sie bedeutend sind, einschätzen, wie sie sich in diesen Lebensbereichen fühlen und in welchem Zusammenhang dieses Wohlbefinden mit einzelnen objektiv gegebenen und subjektiv wahrgenommenen und interpretierten Merkmalen ihrer Lebenswelten steht. Dabei wird davon ausgegangen, daß die Erfüllung der kindlichen Bedürfnisse die Voraussetzung für die Entstehung und Aufrechterhaltung des Wohlbefindens ist (Schmidtchen 1989). In welchem Ausmaß diese Bedürfnisse erfüllt werden, hängt von den Merkmalen der Lebenswelten ab.

Die normative Ausgangsbasis

Die normative Basis, die zur Grundlage der Studie gemacht wurde, ist dadurch gekennzeichnet, daß es als eine zentrale Aufgabe jeder Gesellschaft angesehen wird, die Rahmenbedingungen für das Leben von Kindern so zu gestalten, daß diese sich in dieser Gesellschaft wohl fühlen und ihre Entwicklung zu autonomen Erwachsenen gefördert wird.

Die explizite Wahl einer normativen Ausgangsbasis steht in keinem Widerspruch zur „wissenschaftlichen Wertfreiheit". Es soll hier der Auffassung Poppers gefolgt werden, daß wissenschaftliches Arbeiten ohne (außerwissenschaftliche) Wertungen und Bewertungen der Ergebnisse unmöglich ist, daß diese Wertungen aber von der eigentlichen wissenschaftlichen Diagnose und Erklärung strikt zu trennen sind (Popper 1984, S. 89 ff., ähnlich Prim/Tillmann 1973). Hierzu kann eine Explikation der gewählten außerwissenschaftlichen normativen Wertbasis beitragen, wie sie hier durchgeführt wurde.

Das methodische Design

Erhebungsmethoden
Bei der Anlage der Studie wurde ein Mehrmethodenansatz gewählt. Als Datengewinnungsverfahren wurden eingesetzt: standardisierte Fragebögen für Kinder, Eltern und Lehrer, mündliche Leitfadeninterviews mit Kindern, projektive Testverfahren (Aufsätze und Zeichnungen).

Der Mehr-Methodenansatz wurde gewählt, um die Nachteile der einzelnen Erhebungsmethoden zu beseitigen und dadurch die Vorteile der verwendeten Verfahren optimal zu nutzen. Die Vorteile seien hier nur kurz angeführt, da sie in der methodischen Literatur hinlänglich dokumentiert sind: Die Vorteile der

Verwendung eines standardisierten Fragebogens bestehen u.a. darin, daß er zur Befragung einer größeren Befragtengruppe eingesetzt werden kann. Dadurch können „repräsentative", statistisch abgesicherte Aussagen über bestimmte Befragungsgruppen (z.B. Volksschulkinder) getroffen und kausalanalytische Untersuchungen durchgeführt werden. Durch den Einsatz der standardisierten Fragebögen sollten vornehmlich folgende Forschungsziele erreicht werden:

– deskriptive Aussagen über die untersuchten Lebensbereiche, z.B. über die Familienform, in der die Kinder leben, oder über ihre Spiel- und Freizeitmöglichkeiten oder ihre Schulsituation;

– kausalanalytische Aussagen über den Zusammenhang von Merkmalen der Lebenswelten und das Wohlbefinden der Kinder, so z.B. welchen Einfluß bestimmte Merkmale der Wohnumgebung auf das Wohlbefinden in dieser haben.

Darüber hinaus sollte die Analyse der standardisierten Befragung einen Vergleich darüber ermöglichen, ob und gegebenenfalls in welcher Richtung Erwachsene (Eltern, Lehrer) die Lebenswelten der Kinder anders wahrnehmen, als Kinder dies tun.

Entsprechend der Zielsetzung des Projektes sollten in der standardisierten Befragung die Lebensbereiche Wohnen und Wohnumgebung, Familie, Schule, Medien sowie Freunde und Freizeit erfaßt werden. Eine detaillierte Befragung jedes Kindes zu allen Lebensbereichen war praktisch nicht durchführbar, da in diesem Fall die Befragung auf mehrere Tage hätte verteilt werden müssen, um die Konzentrationsfähigkeit der Kinder nicht zu überfordern. Aus diesem Grund wurde ein Teil der Fragen, nämlich demographische Fragen und solche nach Schlüsselvariablen der Lebensbereiche und dem Wohlbefinden, an alle Kinder gerichtet (d. h. alle Kinder füllten den sogenannten „Allgemeinen Fragebogen" aus); spezifische Fragen zu bestimmten Lebensbereichen wurden jeweils nur einem Teil der Kinder gestellt.

Auch die Eltern und Klassenlehrer der Kinder wurden mit einem standardisierten Fragebogen befragt. Eltern- und Kinderfragebogen waren durch den jeweils gleichen anonymen Code miteinander verknüpfbar. In die Auswertung konnten schließlich 2745 Allgemeine Kinderfragebögen und 2347 Allgemeine Elternfragebögen, 837 Kinder- und 737 Elternfragebögen zum speziellen Thema Familie, 852 bzw. 763 zum Thema Medien/Schule und 753 bzw. 677 zum Thema soziale Netzwerke/Wohnen einbezogen werden sowie 218 Lehrerfragebögen.

Die schriftliche Befragung der Kinder erfolgte in der Schulklasse; die Interviewer lasen jede Frage vor; die Lehrperson war nicht anwesend. Die Elternfragebögen wurden von den Kindern mit nach Hause genommen und ausgefüllt wieder zur Schule gebracht. Anläßlich der Befragung der Kinder wurde der Lehrerfragebogen an die Klassenlehrer verteilt und später an das Untersuchungsteam geschickt.

Trotz der unbezweifelbaren Vorteile der standardisierten Befragung besteht ein Nachteil dieser Datenerhebungsmethode darin, daß bei der Interpretation der Ergebnisse oft auf theoretische angenommene Zusammenhangsmuster und gemeinsame Bedeutungsstrukturen zurückgegriffen werden muß, die empirisch mit Hilfe der erhobenen standardisierten Daten nicht geprüft werden können. Um diesen Mangel auszugleichen, wurden mit ca. 100 Kindern Leitfadeninterviews durchgeführt.

Mit diesen mündlichen Interviews sollten offene Interpretationsfragen geklärt werden, die bei der Auswertung der standardisierten Befragungsergebnisse auftraten. So wurden z.B. im allgemeinen Kinderfragebogen die Kinder anhand einer Liste kritischer Lebensereignisse danach befragt, welche davon für sie in den letzten beiden Jahren zutrafen. In den mündlichen Interviews wurde die „Bedeutung" dieser Ereignisse für die Kinder offensichtlich, indem sie erzählten, was für sie das Schlimmste wäre, was in der Familie geschehen könnte. Der weitgehend offen gehaltene Leitfaden der mündlichen Interviews wurde aufgrund der ersten Auswertungsergebnisse der standardisierten Befragung erstellt.

Als dritte Datengewinnungsmethode schließlich wurden projektive Techniken eingesetzt: Ein Teil der mit dem standardisierten Fragebogen befragten Kinder sollte eine begonnene Geschichte zu Ende schreiben, einen Aufsatz über die Traumschule oder eine Zeichnung über die Familie oder Schule anfertigen. Der Einsatz der projektiven Techniken hatte ebenfalls primär eine ergänzende Funktion, aber nicht in dem Sinn, daß offene Interpretationsfragen geklärt werden sollten, sondern daß Zusatzinformationen über „heikle" Themenbereiche gewonnen wurden, die nur schwer direkt befragbar sind bzw. bei deren Befragung die Gefahr sozial erwünschter Antworten nicht ausgeschlossen werden kann. Innerfamiliale Konflikte sind ein Beispiel für einen „heiklen" Themenbereich. Bei der standardisierten Befragung tendierten die Kinder dazu, ihre Familie relativ konfliktarm zu beschreiben. Bei den Aufsätzen hingegen spielten familiäre Konflikte als Thema eine ganz zentrale Rolle. Auf diese Weise wurde in der vorliegenden Arbeit versucht, durch eine Ergänzung und Verknüpfung der standardisierten Befragung mit mündlichen Interviews und projektiven Techniken die Aussagekraft der Ergebnisse zu erhöhen. Abbildung 1 faßt nochmals die Zielsetzungen und Schnittstellen der drei Erhebungsmethoden sowie das dabei gewonnene Datenmaterial zusammen.

Die Stichprobe
Als Grundgesamtheit wurde von der Zahl aller Kinder, die in Österreich im Schuljahr 1990/91 eine 4. Klasse einer (öffentlichen) Volksschule oder einer (öffentlichen) Allgemeinen Sonderschule besuchten, ausgegangen. Es wurde ein mehrstufiges Verfahren angewandt. Insgesamt konnten 2745 Kinder in 218 Klassen mit dem standardisierten Fragebogen befragt werden.

Auswertung der Daten

Die Auswertung des standardisierten Materials erfolgte mit Hilfe der Statistikprogramme ALMO (Holm 1993) und SPSS. Als Analysemethoden wurden Tabellenanalysen sowie multivariate Analyseverfahren eingesetzt, wie z.B. allgemeines lineares Pfadmodell, Clusteranalyse, Korrespondenzanalyse und Faktorenanalyse. Die Analyse der mündlichen Leitfadeninterviews sowie die Auswertung der Aufsätze orientierten sich an dem bei Mayring (1988) dargestellten inhaltsanalytischen Verfahren und wurden mittels eines im Rahmen dieses Projektes entwickelten Textanalyseprogramms durchgeführt.

Abbildung 1:

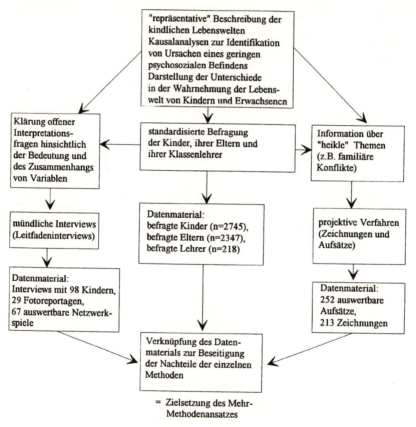

Einige ausgewählte Ergebnisse

Beispielhaft sollen im folgenden einige Ergebnisse zur Lebenssituation der Kinder in verschiedenen Bereichen, zu ihrem Wohlbefinden und ihren Handlungsmöglichkeiten angeführt werden, wobei vorwiegend auf Ergebnisse der standardisierten Befragung bezug genommen wird.

Wohn- und Wohnumgebungsbedingungen der Kinder
Etwa zwei Drittel der Kinder wohnen in einem Ein- bzw. Zweifamilienhaus, in einem Reihenhaus oder auf einem Bauernhof, ein Drittel der Kinder lebt in Mehrfamilien- und Hochhäusern. Der Wohnungsstandard kann bei 86 % der Kinder als gut bezeichnet werden, die Wohnungsgröße als ausreichend (mehr als 15 m^2 pro Person). Rund die Hälfte der Kinder hat ein eigenes Kinderzimmer.

Insgesamt bestehen nur geringfügige Unterschiede in der quantitativen Ausstattung (Zahl der verfügbaren Grünflächen, Zahl verfügbarer anderer Spielmöglichkeiten sowie Zahl belastender Faktoren) der Wohnumgebung zwischen Stadt- und Landkindern. Qualitativ unterscheiden sich die Wohnumgebungsbedingungen von Stadt- und Landkindern aber dahingehend, welche Grünflächen und andere Spielmöglichkeiten verfügbar sind und welche Belastungen auftreten. Stadtkinder sind z.B. fast zur Hälfte von einer verkehrsreichen Straße in ihrer Nähe betroffen, Landkinder zu einem Fünftel.

Ausländische Kinder müssen unter bedeutend schlechteren Wohn- und Wohnumgebungsbedingungen aufwachsen. Ihre Wohnungen weisen vielfach einen niedrigeren Standard auf als jene der inländischen, und diese Kinder sind bedeutend häufiger belastenden Wohnumgebungsfaktoren ausgesetzt. Die Benachteiligung findet auch deutlich ihren Niederschlag im Wohlbefinden. Während sich 81 % der inländischen Kinder in ihrer Wohnung und 73 % in ihrer Wohnumgebung sehr wohl fühlen, sind dies bei den ausländischen Kindern jeweils nur 59 %. Dabei zeigt sich, daß für das Wohlbefinden sowohl in der Wohnung als auch der Wohnumgebung vorwiegend der Handlungsspielraum und die Spielmöglichkeiten, die diese den Kindern ermöglichen, von Bedeutung sind.

Schule als Lebenswelt
Zehnjährige erleben ihre Lehrerinnen und Lehrer überwiegend als freundliche, hilfsbereite, geduldige und humorvolle Personen und haben sie meist sehr gern. Für viele Kinder sind sie auch Vertrauenspersonen. Bei den Strafmaßnahmen nehmen „Strafaufgaben" einen dominierenden Platz ein. Von verbotenen Strafen (in die Ecke stellen, körperliche Strafen) berichten etwa 15 % der Kinder. Bestraft werden Kinder in erster Linie für Ungehorsam, belohnt werden sie vor allem für eine ordentliche Arbeitshaltung und für gute bzw. fehlerlose Leistungen. Die Kinder werden von ihren LehrerInnen relativ oft belohnt und selten bestraft. Aus Sicht der Kinder legen die LehrerInnen bedeutend mehr Wert auf Einordnung und Leistung als auf Selbständigkeit und aktive Mitgestaltung der Kinder.

Ca. zwei Drittel der Kinder fühlen sich in der Grundschule im allgemeinen recht wohl. Etwa die Hälfte der Schüler geht sehr gerne oder gerne zur Schule, ca. ein Fünftel sehr ungern. Wie Kinder sich in der Schule fühlen, dies wird direkt vorwiegend beeinflußt vom Ausmaß der schulischen Angst, der Strafhäufigkeit sowie der Beziehung zum Lehrer. Schulangst wiederum erleben vor allem jene Kinder, die wenig in die Klassengemeinschaft integriert sind.

Die Veränderungswünsche der Kinder hinsichtlich ihrer Schule beziehen sich vor allem auf die bessere Ausgestaltung von Schule und Schulräumen und auf die Reduktion von Leistungsanforderungen.

Ca. die Hälfte der Eltern ist gut in der Lage, die schulische Situation ihrer Kinder (Freude am Schulbesuch, Schulangst, Überlastung, Verhältnis zu den Mitschülern) einzustufen. Eltern, denen das nicht gelingt, tendieren dazu, die Situation ihrer Kinder insgesamt in einem günstigeren Licht zu sehen, als das nach den Angaben der Kinder der Fall ist. Auch den LehrerInnen gelingt es im allgemeinen gut, die Situation der Kinder zu diagnostizieren; wo es Abweichungen gibt, tendieren sie auch dort zu einer Beschönigung der Situation.

Freunde und Freizeit
Beinahe alle befragten Kinder (98 %) gaben an, daß sie Freunde hätten, wobei die Hälfte sich täglich, und 30 % mehrmals die Woche trifft. Der Großteil der Kinder (87 %) kann seine Freunde zu Fuß oder mit dem Rad erreichen, nur für ein Zehntel ist dies umständlich oder kompliziert. Die These, daß die Verinselung des kindlichen Lebensraumes die Kinder zu erhöhter Mobilität zwingt, wenn sie ihre Freunde erreichen wollen, bestätigt sich, nimmt man die Wahrnehmung der Kinder als Kriterium, nur für einen kleinen Prozentsatz der befragten Kinder. Der Schule kommt als freundschaftsstiftender Ort großer Stellenwert zu, 85 % lernen dort ihre Freunde kennen. Treffen mit Freunden finden bevorzugt zu Hause statt (79 %), aber immerhin 35 % treffen sich auch am Spielplatz, in der freien Natur (31 %) oder in Vereinen (25 %).

Wenn auch fast alle befragten Kinder angeben, Freunde zu haben, ist der Wunsch nach noch mehr Freunden groß. Die Kinder wünschen sich in erster Linie mehr wirklich gute Freunde (51 %), gefolgt vom Wunsch nach mehr Spielkameraden (36,5 %). Besonders ausländische Kinder, die am häufigsten angeben, nicht genug Freunde zu haben, wünschen sich mehr wirklich gute Freunde.

Die häufigsten Aktivitäten in der freien Zeit sind Rad zu fahren, mit Freunden zu spielen, fern zu sehen, Musik zu hören, Bücher zu lesen und Sport zu betreiben. Bei den Lieblingsbeschäftigungen steht an erster Stelle Sport betreiben, gefolgt vom Medienkonsum (einschließlich der Print- und Hörmedien) und dem Spielen im allgemeinen. Es zeigt sich, daß zehnjährige Kinder in ihrer Freizeit äußerst aktiv sind. So geben etwa zwei Drittel der Kinder an, in den letzten 14 Tagen vor der Befragung acht bis 14 Tätigkeiten ausgeübt zu haben. Der überwiegende Teil der Kinder hat „immer" (42%) oder „meistens" (50 %) genügend Zeit für seine Lieblingsbeschäftigung.

Sowohl bezüglich der Zahl und der Art der Freizeitaktivitäten als auch des Ausmaßes der Zeit, die in Institutionen verbracht wird, zeigen sich deutlich geschlechtsspezifische Unterschiede. Mädchen führen mehr verschiedene Freizeittätigkeiten an, betätigen sich häufiger im musischen Bereich, lesen häufiger Bücher und verbringen mehr Zeit in Institutionen. Bei Knaben stehen Sport und Tätigkeit in Sportvereinen im Vordergrund, darüber hinaus verbringen sie mehr Zeit vor dem Fernseher und Computer.

Umgang mit Medien
Erwartungsgemäß zeigen die Kinder ein reges Interesse für Fernsehen und Video. Mehr als die Hälfte der befragten Kinder sitzt an Wochentagen zwei Stunden und mehr vor dem Fernseher (am Samstag erhöht sich der Prozentsatz derer, die über zwei Stunden fernsehen, auf 68 %).

Vielseher sind überwiegend die Buben und solche Kinder, die alleine, also ohne Einmischung der Eltern, über Inhalt und Dauer der Sendungen entscheiden können. Vielseher haben mangelnde Möglichkeiten zur Freizeitbetätigung in der Wohnumgebung und weniger Rückzugsmöglichkeiten in ihrer Wohnung (kein Kinderzimmer). Andererseits sind unter den Vielsehern Kinder mit einer auffällig hohen Mobilität in bezug auf ihre Freizeitgestaltung: sie weisen mehr Aktivitäten außer Haus auf, gehen öfter ins Kino und sind bei anderen Kindern eingeladen. Sie sind außerdem an Computerspielen interessiert und weniger an Büchern.

Vielseher wiederum lassen sich von Spätsehern unterscheiden. Das sind Kinder, die nach zehn Uhr abends noch beim Fernseher sitzen (das ist immerhin bei zwei Drittel aller befragten Kinder mindestens einmal pro Woche der Fall). Sie schauen sich Action- und Horrorfilme, Krimis und Western an. Warum die Kinder sich so gern dem Fernsehen widmen, hat vornehmlich mit Langeweile und Alleinsein zu tun. Es hängt aber auch mit der Beliebtheit bestimmter Sendungen zusammen und damit, daß das Fernsehen Kindern Unterhaltung, Spannung, Aufregung und Abenteuer bietet.

Zwischen den Angaben der Eltern über das Fernsehverhalten ihrer Kinder und den Angaben der Kinder selbst sind große Unterschiede feststellbar. Eltern schätzen die Fernsehdauer ihrer Kinder bedeutend geringer ein, als diese sie angeben. Es drängt sich die Annahme auf, daß die Eltern sich in ihrer Antwort daran orientiert haben, was in unserer Gesellschaft für Kinder als angemessen gilt, und nicht daran, wie ihre Kinder sich tatsächlich verhalten.

Familie als kindliche Lebenswelt
Der Großteil der befragten Kinder (zwei Drittel) lebt in einer Kernfamilie, weitere 15 % in einer Dreigenerationenfamilie. In einer Einelternfamilie wachsen 7,5 % der Kinder auf, etwas weniger (knapp 6 %) in einer Stieffamilie. Nur 14 % der Volksschulkinder und 7% der Sonderschulkinder haben keine Geschwister, knapp die Hälfte der Volksschüler (45%) und ein Viertel der Sonderschüler wachsen mit einem Geschwister auf, 41 % der Volksschüler bzw. 67 % der Sonderschüler haben zwei und mehr Geschwister.

Kinder werden am Nachmittag vorwiegend innerfamilial betreut, wobei neben den Eltern insbesondere die Großeltern diese Aufgabe übernehmen: drei Viertel aller Kinder werden von den Eltern, ein Fünftel von den Großeltern und ca. ein Siebtel von den Geschwistern betreut. Weniger als 7 % der Kinder werden in einer öffentlichen Institution betreut, aber immerhin ein Achtel der Kinder ist nachmittags sich selbst überlassen. In der Familie Zeit zum Miteinandersein zu finden und als Vater oder Mutter den Kindern soviel Zeit zu widmen, wie es deren Bedürfnissen entspricht, scheint in einer Gesellschaft, die gekennzeichnet ist durch das Vorherrschen einer rationellen Zeitorganisation, eines der zentralen Probleme geworden zu sein. Nur etwas mehr als ein Drittel der Kinder gibt an, daß es in seiner Familie immer genug Zeit gibt, um beisammen zu sein und gemeinsam etwas zu unternehmen. Bei ca. einem Viertel ist hierfür selten oder fast nie Zeit. Zeit, als dem Kind von seiner Mutter oder seinem Vater zur Verfügung gestellte Ressource, erlebt das Kind bedeutend häufiger von seiner Mutter als von seinem Vater. Beinahe ein Drittel der Väter hat an Wochentagen „fast nie" Zeit für sein Kind, nur ein Fünftel „oft". Von den Müttern hingegen haben mehr als drei Fünftel auch wochentags „oft" Zeit für ihr Kind und weniger als ein Zehntel „nie". Am Wochenende steht den Kindern bedeutend mehr Zeit zur Verfügung als wochentags. Hier haben vier Fünftel der Mütter und etwas mehr als drei Fünftel der Väter „oft" Zeit für ihre Kinder. Wieviel Zeit eine Mutter für ihr Kind hat, ist erwartungsgemäß vom Stundenausmaß ihrer Erwerbstätigkeit abhängig. Aber auch vollerwerbstätige Mütter widmen ihren Kindern noch bedeutend mehr Zeit als dies vollerwerbstätige Väter tun.

Der Großteil der Kinder erlebt in seiner Familie ein hohes Gefühl an Zusammengehörigkeit. Bei den gemeinsamen Tätigkeiten steht das gemeinsame Gespräch im Vordergrund, gefolgt von Fernsehen und gemeinsamer Tätigkeit im Haus oder Garten. Aber nur in jeder zehnten Familie wird oft miteinander gespielt. Eingeschränkte ökonomische Ressourcen der Familie reduzieren das Ausmaß gemeinsamer familiärer Tätigkeiten und erhöhen zugleich die Konfliktbereitschaft.

Der Anteil der Kinder, der in Entscheidungen, die die ganze Familie betreffen, einbezogen wird, ist relativ gering. Er ist am höchsten, wenn es um Freizeitgestaltung geht, hier dürfen ca. zwei Drittel der Kinder mitbestimmen, am geringsten bei der Festlegung der Höhe des Taschengeldes, wo weniger als ein Viertel mitreden darf.

Kinder charakterisieren ihre Eltern vorwiegend mit positiven Eigenschaften, aber sie beschreiben ihre Mütter und die Beziehung zu ihnen positiver als ihre Väter. Der Großteil der Kinder erlebt seine Mutter als einfühlend unterstützend (86 %), jedoch bei nur 62 % gilt dies auch für den Vater. Die Kinder werden von ihren Eltern bedeutend häufiger belohnt (90 % „oft" oder „manchmal") als bestraft (80 % „selten" oder „nie").

Der Großteil aller Kinder gibt an, sich in seiner Familie wohl zu fühlen. Mehr als zwei Drittel fühlen sich sehr wohl, circa ein Fünftel fühlt sich wohl. Nur

2 % sagen, daß sie sich in ihrer Familie schlecht fühlen. Allerdings ist etwas mehr als ein Viertel der Kinder zu Hause „manchmal" oder „oft" traurig, etwas weniger als ein Fünftel gibt an, sich „manchmal" oder „oft" zu Hause einsam zu fühlen.

Das Wohlbefinden der Kinder wird sowohl von den situativen Rahmenbedingungen des Familienlebens, der Qualität der Familie als Beziehungssystem, als auch der Qualität der Eltern-Kind-Beziehung mitbestimmt. Kritische Lebensereignisse während der letzten zwei Jahre, die Wahrnehmung ökonomischer Probleme in der Familie, wenig verfügbare Zeit von seiten der Eltern reduzieren das Wohlbefinden des Kindes. Aber auch geringer familialer Zusammenhalt und hohe Konflikthäufigkeit wirken sich negativ aus. Ebenso beeinträchtigt eine eher straforientierte und wenig von Einfühlung und Unterstützung getragene Eltern-Kind-Beziehung das psychosoziale Befinden des Kindes in der Familie. Kinder in Einelternfamilien, vor allem aber in Stieffamilien, fühlen sich schlechter als Kinder in anderen Familienformen.

Das psychosoziale Befinden der Kinder
Der Großteil der Kinder fühlt sich in seiner Familie (71 %), in seiner Wohnung (80 %) und in seiner Wohnumgebung (72 %) sehr wohl. Deutlich geringer ist das Wohlbefinden in der Schule: Weniger als ein Drittel der befragten Kinder (31 %) fühlt sich in der Schule sehr wohl.

Betrachtet man das psychosoziale Wohlbefinden in allen Lebensbereichen gleichzeitig, zeigen sich folgende typische Kombinationen:

– 22 % der Kinder fühlen sich in allen Lebensbereichen sehr wohl,

– 32 % der Kinder fühlen sich in allen Lebensbereichen mit Ausnahme der Schule sehr wohl,

– 12 % der Kinder fühlen sich nur in einem Lebensbereich sehr wohl, in allen übrigen nicht sehr wohl,

– 8 % der Kinder fühlen sich in keinem Lebensbereich sehr wohl.

Mit Hilfe einer Extremgruppenanalyse wurde der Frage nachgegangen, ob es signifikante Unterschiede in den objektiven Lebensbedingungen jener Kinder gibt, die sich in allen Bereichen sehr wohl fühlen, im Vergleich zu jenen, die dies in keinem tun. Die Ergebnisse des Extremgruppenvergleichs veranschaulicht Tabelle 1.

Die objektiven Lebensbedingungen von Kindern, die sich sehr wohl fühlen, und jene von Kindern, die sich nicht sehr wohl fühlen, unterscheiden sich. Es sind aber nicht in erster Linie die traditionellen sozialen Schichtungsmerkmale (Bildung, Pro-Kopf-Einkommen, berufliche Position), die zur Trennung der beiden Gruppen beitragen, sondern die Wohnumgebungsausstattung, die Familienform, fehlende Nachmittagsbetreuung und kritische Lebensereignisse. Die besondere Bedeutung der Wohnumgebungsausstattung, insbesondere von belastenden

Wohnumgebungsfaktoren, ist vor dem Hintergrund zu sehen, daß die Wohnumgebung jener Ort ist, in dem Zehnjährige vor allem - von Erwachsenen ungestört - spielen und ihre Freunde treffen können. Die Bedeutung der Familienform, aber auch der fehlenden Nachmittagsbetreuung sowie der kritischen Lebensereignisse verweisen auf die Bedeutung der mit dem Modernisierungsprozeß verbundenen familienstrukturellen Veränderungen für das Wohlbefinden der Kinder. Eine Mehrzahl kritischer Lebensereignisse scheint die Copingfähigkeit von Kindern zu stark zu belasten, fehlende nachmittägige Betreuung scheint bei zehnjährigen Kindern doch noch eine Überforderung, insbesondere ihrer Selbständigkeit, darzustellen.

Tabelle 1: Ergebnisse des Extremgruppenvergleichs

Kinder, die sich in allen Lebensbereichen nicht sehr wohl fühlen (n = 204), rekrutieren sich signifikant (a) häufiger aus...
- Einelternfamilien (16% vs. 6%) und - Stieffamilien (13% vs. 3%)
- einkommensschwachen Familien (mit einem Pro-Kopf-Einkommen zwischen 5.001 und 7.500 öS) (32 % vs. 22%)
- Städten mittlerer Größe (mit einer Einwohnerzahl von 50.001 bis 500.000) (16% vs. 9%)
- beengten Wohnverhältnissen (14% vs. 7%)
- einer Wohnumgebung mit weniger Grünflächen (2,25 vs. 2,49 von maximal 5)
- einer Wohnumgebung mit weniger Spielmöglichkeiten (0,41 vs. 0,59 von maximal 3)
- einer Wohnumgebung mit mehr belastenden Faktoren (z.B. wenig Radfahrmöglichkeiten, schimpfende Nachbarn, zu wenig Kinder usw.) (1,90 vs. 1,12 von maximal 7)
... und haben ...
- mehr kritische Lebensereignisse in den letzten zwei Jahren erlebt (1,91 vs. 1,25 von maximal 11)
- häufiger keine Nachmittagsbetreuung (18% vs. 11%)
- häufiger zwei und mehr Geschwister (48% vs. 40%)
... als Kinder, die sich in allen Lebensbereichen sehr wohl fühlen (n=518)

Alle diese ungünstigen, das Wohlbefinden beeinträchtigenden Faktoren werden - vorwiegend nicht direkt, sondern indirekt vermittelt - über den Interaktionsbereich wirksam, wie sich anhand von Pfadanalysen zeigen ließ.

Subjektiv wahrgenommene Handlungsmöglichkeiten der Kinder
Betont man die Bedeutsamkeit, die dem Kind als aktiv Handelndem zukommt, sowie die Aufgabe des Kindes, angesichts einer Pluralität von Optionen zwischen einer Mehrzahl von Handlungsmöglichkeiten immer wieder zu wählen und zu entscheiden, so ist die Frage danach, welche Handlungsmöglichkeiten Kinder jeweils für sich als effizient betrachten und welche Chance sie sich geben, durch ihr Handeln Einfluß auf ihre Lebenswelt nehmen zu können, von Interesse. In Anlehnung an die Konzeption der Persönlichkeitsdimension der „internalen vs. externalen Kontrollüberzeugung" (Rotter et al. 1972) wurde an die Kinder die Frage gestellt, ob sie glauben, daß sie etwas ändern können ... (in der Familie, der Schule, der Wohnumgebung, der Umwelt, der Politik, der Welt).

Jenen Bereich, bezüglich dessen Kinder im häufigsten annehmen, etwas ändern zu können, stellt die Umwelt dar (87 %), gefolgt von Familie (67 %), seltener bereits Schule (59 %) und Wohnumwelt (48 %). Am seltensten trauen sich Kinder zu, auf den Bereich der Politik (23 %) einwirken zu können.

Um zu erfassen, welche konkreten zielführenden Handlungsmöglichkeiten Kinder für sich sehen, wurden sie zu drei ausgewählten Handlungsbereichen - nämlich Familie, Schule und Umwelt - befragt:

„Wenn Du etwas verändern willst, wie glaubst Du, daß Du das am besten erreichst?" Als Handlungsmöglichkeiten waren folgende Handlungstypen vorgegeben:

– „nicht-konsensuales" Handeln: Jemand löst ein Problem für sich allein, indem er tut, was er will, und beharrlich lästig ist;
– „solidarisches" Handeln: Jemand löst ein Problem, indem er gleichrangige Partner sucht und mit ihnen gemeinsam handelt (ein Schüler z.B. mit Mitschülern oder das Kind mit Geschwistern);
– „konformes" Handeln: Jemand hofft auf die Lösung eines Problems, indem er sich besonders wohlangepaßt verhält;
– „föderatives" Handeln: Jemand versucht, Veränderungen zu erreichen, indem er sich mit (mächtigen) Verbündeten zusammentut (z.B. Eltern, Lehrer).

Die Befragten mußten sich in jedem der drei Bereiche für eine oder mehrere von diesen Handlungstypen entscheiden.

Eine Faktorenanalyse über die insgesamt 16 Items, die auf diese Weise zu den vier Handlungstypen vorgegeben wurden, ergab bei einer vierfaktoriellen Lösung mit Rotation eine relativ exakte Replikation dieser Typen.

Die meisten Kinder (ca. zwei Drittel) sehen ihre Chance, erfolgreich zu handeln darin, daß sie sich normkonform und angepaßt verhalten. Beinahe ebenso viele versprechen sich in der Familie sowie im Umweltbereich Erfolg davon, wenn sie sich mit erwachsenen Verbündeten zusammentun. „Solidarisches" Handeln erscheint zwar mehr als zwei Drittel der Kinder im Umweltbereich erfolgversprechend, in der Schule stellt solch ein Handeln noch für etwas mehr als die Hälfte effizientes Handeln dar, in der Familie jedoch nur für etwas mehr als ein Drittel. In „nicht-konsensualem" Handeln wird von etwas weniger als einem Drittel der Kinder in der Familie eine Chance gesehen, im Bereich der Schule gilt dies für weniger als 10 %.

Die Lebenssituation jener Kinder, die „nicht-konsensuales" Handeln bevorzugen, unterscheidet sich auf mehrfache Weise von der der übrigen Kinder. Diese Kinder leben häufiger in Familien mit drei und mehr Geschwistern, in solchen Familien, die über geringe ökonomische und soziale Ressourcen verfügen, werden von den Eltern wenig unterstützt und häufig bestraft und fühlen sich häufig in der Familie nicht sehr wohl. Diese Kinder haben auch die negativsten Schulerfahrungen: sie werden öfter bestraft und haben mehr Schulangst als die übrigen Kinder.

Zusammenfassend läßt sich feststellen, daß jene Kinder, die positive soziale Beziehungen zu ihren erwachsenen Bezugspersonen, sei es in Familie oder Schule, erleben, mehr darauf vertrauen, in Übereinstimmung mit ihren Beziehungspartnern, also durch „konsensuales" Handeln ein Ziel zu erreichen. „Nicht-konsensuales" Handeln wiederum, also der Versuch, durch Einsatz der verbliebenen Machtmittel etwas zu verändern, wird vorwiegend von Kindern eingesetzt, deren Beziehungen zu ihren erwachsenen Bezugspersonen negativ getönt sind. Solch ein Handeln aber wird unweigerlich zu einer weiteren Beeinträchtigung der Beziehungen führen und die Chance zu „konsensualem" Verhalten weiter verringern.

Chancen und Grenzen von Kindersurveys

Das Kind selbst als Informanten über sein eigenes Fühlen, sein Verhalten, seine Wahrnehmung und Bewertung der Welt, seine Fähigkeiten und seine sozialen Beziehungen zu behandeln, dies findet erst in letzter Zeit in die Sozialwissenschaften Eingang (Garbarino/Stott 1990). Dabei eine Survey-Befragung als Weg der Informationsermittlung einzusetzen, ist ein relativ neues Phänomen, das im deutschen Sprachraum erst in den letzten Jahren etwas verbreiteter auftritt. Eine Auflistung der Erfahrungen damit und deren wissenschaftliche Aufarbeitung stehen heute noch weitgehend aus. Im folgenden soll ein Beitrag zu dieser Aufgabe geleistet werden, indem aus den Erfahrungen, die bei der Durchführung der vorgestellten Kinderstudie gemacht werden konnten, einige Überlegungen zu den Chancen und Problemen, die mit einem Kindersurvey verbunden sind, abgeleitet werden.

Chancen einer Surveyerhebung mit Kindern

– Kindersurveys können eine Herausforderung im Bereich kindheitssoziologischer Theoriebildung darstellen. Sie ermöglichen es, spezifische Thesen aus dem Bereich der Kindheitssoziologie zu überprüfen und gegebenenfalls zu spezifizieren und erlauben es, Ergebnisse, die in Pilotstudien, meist qualitativer Art, gefunden wurden, an einem repräsentativen Sampel zu überprüfen. Dies mögen einige Beispiele aus unserer Studie illustrieren. So bestätigte sich zwar einerseits die These, daß sich Kinder zunehmend zu Hause treffen („Verhäuslichung"), jedoch kann andererseits nicht von einer Vernachlässigung des „natürlichen" offenen Raums gesprochen werden. Die Annahme, daß es die „Verinselung" der kindlichen Lebensräume mit sich gebracht hat, daß Kinder ihre Freunde und Freizeitplätze selbständig schwer erreichen, konnte als für Zehnjährige nur (mehr) im geringen Maß zutreffend eingeschränkt werden. Der Großteil der Kinder erreicht seine Freunde zu Fuß oder mit dem Fahrrad und bewertet dies als weder umständlich noch kompliziert.

– Kindersurveys versuchen, die Lebenswelten der Kinder so zu erfassen und zu analysieren, wie sie diese alltäglich wahrnehmen, erfahren, erleben und interpretieren. Geht man davon aus, daß die Realität als subjektiv erlebte handlungswirksam wird, so ist die Analyse der Lebenswelt, so wie diese sich aus kindlicher Sicht darstellt, die unverzichtbare Voraussetzung für das Verstehen der Kinder als Akteure und Gestalter ihres Alltags. Sie ist aber auch unentbehrlich für das Verständnis von Kindheit als spezifische Phase des Lebensverlaufs und als Ausdruck eines spezifischen Verhältnisses der Generationen zueinander. Insbesondere die Gegenüberstellung der Wahrnehmung und des Erlebens gemeinsamer Lebenswelten durch Erwachsene und Kinder kann dazu wertvolle Anregungen bieten und läßt gemeinsame Lebenswelten als interaktiv geschaffene analysieren und verstehen. So wurde z.B. in der vorliegenden Studie die unterschiedliche Auffassung von Kindern und Erwachsenen darüber, wer zur eigenen Familie gehört, deutlich sichtbar, ebenso die nicht übereinstimmende Wahrnehmung des Erziehungsverhaltens durch Eltern und Kinder oder deren differierende Sicht der Mediennutzung in der Familie.

– Repräsentative Surveys, durchgeführt mit Kindern einer bestimmten Altersstufe, können Bausteine einer anzustrebenden Sozialberichterstattung von Kindern sein. Sie können statistische kindbezogene Daten (seien sie nun demographischer Art, wie z.B. die Familienform oder die Zahl der mit dem Kind lebenden Geschwister oder ökonomischer Art, wie z.B. das pro Kind zur Verfügung stehende pro Kopf-Einkommen), von denen zu hoffen ist, daß sie im Rahmen der öffentlichen Statistik in Hinkunft erhoben werden, um solche sozialstrukturelle Variable erweitern, die für die Lebenssituation von Kindern bedeutsam sind. Insbesondere könnten solche Surveystudien in Verbindung mit kindlichen Gesundheitsstudien die Basis von kindlichen Lebensqualitätsstudien bilden. Die Erfassung der Merkmale der Wohnungen der Kinder ebenso wie der Wohnumgebung, wie sie in unserer Studie erfolgte, sei hier als Beispiel angeführt.

– Surveyerhebungen können dazu beitragen, jene Gruppen von Kindern aufzufinden, die in benachteiligten Situationen leben müssen und damit einen spezifischen sozialpolitischen Handlungsbedarf aufzeigen. Sie ermöglichen es aber darüber hinaus, auch jene Faktoren aufzuzeigen, die zum Entstehen solch benachteiligender Situationen beitragen. So zeigte sich in der vorliegenden Arbeit die ausgeprägte Schlechterstellung von Ausländerkindern nicht nur hinsichtlich ihrer Wohnbedingungen, sondern ebenso bezüglich ihrer schwierigen Stellung in der Schule und ihrer geringeren Chancen der Integration in ihre Gleichaltrigengruppe.

– Surveyerhebungen mit Kindern können schließlich Zeichen setzen, daß Kinder als vollwertige, kompetente und wissende Mitglieder der Gesellschaft zu sehen sind, daß sie als soziale Kategorie dieser Gesellschaft ihre Lebenssituation anders erleben als die Erwachsenen, daß aber der kindlichen Wahrnehmung und Bewertung derselbe Stellenwert einzuräumen ist wie jener der Erwachsenen.

Probleme einer Surveyerhebung mit Kindern

Hier soll nicht näher auf jene Fragen und Probleme eingegangen werden, die Surveystudien als Methode der empirischen Sozialforschung generell in sich bergen, vielmehr soll danach gefragt werden, welche Probleme sich bei deren spezifischem Einsatz in der Kindheitsforschung ergeben.

Die Probleme der Datenerhebung bei Kindern, insbesondere jene einer standardisierten Befragung wurden bisher in der sozialwissenschaftlichen Methodenliteratur noch kaum diskutiert (Petermann/Windmann 1993). Befragungen stellen zwar einen wichtigen Weg für Erwachsene dar, um Informationen über Kinder zu bekommen, aber sie sind eine den Erwachsenen gemäße Form der Untersuchung. Traditionelle Methoden der Befragung gehen davon aus, daß die Interviewpartner die gleichen, den Erwachsenen eigenen interaktiven und linguistischen Kompetenzen besitzen. Kinder unterscheiden sich aber hinsichtlich dieser Fähigkeiten und es kann nicht angenommen werden, daß die Befragungsmethoden, die Erwachsenen angemessen sind, auch für Kinder passen (Garbarino/Stott 1990, S. 170). Immer dann, wenn Kinder die Quelle der Information für Erwachsene darstellen, ist zu fragen, an welchen Stellen die Grenzen zwischen Erwachsenen und Kindern überschritten werden müssen und wie dies geschehen kann. Diese Notwendigkeit der Grenzüberschreitung zwischen der Welt der Erwachsenen und jener der Kinder schafft eine Reihe von Problemen.

– Es ist erforderlich, die gestellten Fragen und die erhaltenen Antworten aus der Perspektive des befragten Kindes zu sehen. Dies erweist sich jedoch als schwierig, da Erwachsene immer bis zu einem gewissen Grad Fremde in der Welt des Kindes sind. Eine Annäherung an die Welt des Kindes erfordert vom Untersuchenden nicht nur Erfahrung und Training, sondern insbesondere

Empathie, eine echte Wertschätzung der Wahrnehmung und Gefühle der Kinder und ein Interesse daran, die Welt der Kinder, so wie diese sie sehen und erleben, zu verstehen (Garbarino/Stott 1990, S. 189). Diese Fähigkeiten und Einstellungen sind auch bei SozialwissenschafterInnen nicht immer schon vorab gegeben, sie werden häufig erst in einem längerdauernden Prozeß erworben werden müssen. Sorgfältige Auswahl sowie intensive und umfassende Schulung der Interviewer erscheint deshalb bei Kinderbefragungen unabdingbar.

– Die standardisierte schriftliche Befragung von Kindern, sei sie nun mündlich oder schriftlich, setzt das Vorhandensein bestimmter kognitiver Fähigkeiten auf seiten der Befragten voraus. Ab welchem Alter diese bei Kindern normalerweise entwickelt sind, ist vermutlich schwer zu sagen. Es kann aber angenommen werden, daß dies kaum vor dem Schulalter der Fall ist. Schriftliche Befragungen setzen gut entwickelte Lese- und Schreibfähigkeiten voraus. Diese dürften kaum vor der dritten Schulstufe gegeben sein. Mündliche Surveyerhebungen stellen demzufolge frühestens ab dem Schulalter eine für Kinder geeignete Methode der Datenerhebung dar, schriftliche frühestens ab einem Alter von ca. acht bis neun Jahren. Als besonders schwierig gestaltet sich damit auch die Befragung älterer, aber in ihrer kognitiven Entwicklung retardierter Kinder. In unserer Studie zeigte sich dies sehr deutlich. Die Kinder in der allgemeinen Sonderschule waren teilweise nicht in der Lage, die Fragen, nachdem diese ihnen vorgelesen wurden, alleine schriftlich zu beantworten. Leseschwäche, Schwierigkeiten beim Verbalisieren, aber auch Verständnisprobleme und eingeschränkte Schreibfähigkeiten machten es mitunter erforderlich, daß der Interviewer Einzelinterviews mit den Kindern durchführte und gemeinsam mit ihnen den Fragebogen ausfüllte. Eine Surveyerhebung in Form einer schriftlichen Befragung stellt keine geeignete Methode für kognitiv retardierte Kinder dar. Schließt man diese Kinder jedoch von Surveybefragungen aus, so besteht damit die Gefahr, jene auszuschließen, die auch gesellschaftlich vielfach ausgegrenzt werden.

– Kinder haben, entsprechend ihrem kognitiven Entwicklungsstand, eine unterschiedliche Wahrnehmung und ein unterschiedliches Verständnis von Zeit und Zeiträumen, ebenso wie von geographischen Entfernungen. Dies erfordert es, Zeiträume und geographische Entfernungen möglichst konkret zu formulieren bzw. das kindliche Verständnis derselben durch ergänzende qualitative Untersuchungsmethoden zu erkunden. So zeigten die Erfahrungen des Pretests, daß Begriffe wie „am Wochenende" für Kinder vieldeutig waren.

– Kinder sprechen, nicht nur je nach Milieuzugehörigkeit, sondern auch je nach Alter ihre spezifische Sprache. Voraussetzung für Validität von Befragungsdaten aber stellt übereinstimmendes sprachliches Verständnis von Befragten und Sozialforscher dar. Auch wenn diese Übereinstimmung bei Erwachsenenbefragungen nicht immer überprüft wird und mitunter nicht gegeben ist, muß angenommen werden, daß diese Diskrepanzen bei Befragungen von Kindern im erhöhten Maß auftreten werden. Selbstverständliche Begriffe der Erwachsenenwelt gehören mitunter nicht zum Vokabular von Kindern oder besitzen für Kinder eine andere Bedeutung als für Erwachsene. So mußten wir bei den Pretests erfahren, daß der Begriff „Problem" von den Kindern mit „Wissensdefizit" gleichgesetzt wurde, dessen bevorzugte Lösung in Zuhilfenahme eines Lexikons oder im Befragen eines kompetenten Erwachsenen bestand.

– Das alltägliche Vokabular der Kinderwelt weist nicht nur eine hohe Altersspezifität auf, sondern ist auch einem schnellen Wandel unterworfen und kann als ganz spezifischer Ausdruck kindlicher Wahrnehmung, Empfindung und Bewertung gesehen werden. Diese sind uns Erwachsenen teilweise fremd und erfordern subtile Interpretationsleistung. Wie soll man z.B. Ausdrücke wie „affengeil" oder „ultracool" in unsere Erwachsenensprache übersetzen?

– Die Bereitschaft und Fähigkeit des Kindes, Information zu geben, wird ebenso mitbestimmt vom Wunsch des Kindes, kompetent zu sein und den Untersuchern zu gefallen, wie von dem Bedürfnis, belastende und bedrohliche Gefühle abzuwehren. Dies bedingt, daß Kinder bei Fragen nach emotionalen Beziehungen und Beziehungspartnern, die für sie sehr wichtig sind, dazu tendieren, diese möglichst positiv zu beantworten. So zeigten in unserer Studie die Antworten auf Fragen nach Konflikten und Spannungen in der Familie großteils überaus harmonische Familienverhältnisse, in den mündlichen Interviews hingegen (in denen überwiegend eine vertrauensvolle persönliche Beziehung zwischen Kind und Interviewer bestand) berichteten Kinder häufiger von familiären Konflikten, und insbesondere in den Aufsätzen stellten diese ein zentrales Thema dar. Wie weit reine Surveyerhebungen mit Hilfe einer standardisierten Befragung bei Kindern, sofern sie für Kinder hoch emotional aufgeladene Bereiche erfassen, valide Ergebnisse bringen, muß zumindest in Frage gestellt werden.

– Kinder erleben in ihrem Alltag (der Schule, der Familie) Befragungssituationen vorwiegend als Situationen, in denen sie ihr Wissen beweisen, sich rechtfertigen müssen, als Situationen, die von sozial mächtigen Beziehungspartnern gestaltet werden, die ihnen in ihrem Wissen überlegen sind. Sie neigen dazu, anzunehmen, Interviewer wüßten die „richtigen" Antworten (Garbarino/Stott 1990, S. 182). Es besteht die Gefahr, daß die Interviewsituation von Kindern somit ähnlich gesehen wird wie eine Prüfungssituation. Da insbesondere bei Kindern die Definition einer Situation die Antworten auf Fragen stärker mitbestimmt als bei Erwachsenen, muß ein Setting geschaffen werden, das dazu beiträgt, daß Kinder sich nicht als „Überprüfte" sondern als „Experten" fühlen, daß ein Verhältnis zwischen Interviewer und Kind geschaffen wird, das Gleichberechtigung herstellt (Oswald/Krappmann 1991, S. 356). Solch ein Verhältnis bei einer Befragung im Klassenzimmer herzustellen, bedarf einiger Vorkehrungen. So wurden bei der von uns durchgeführten

Befragung die Lehrer gebeten, das Klassenzimmer während der Befragung zu verlassen. Die Kinder wurden von den Interviewern in der der Befragung vorausgehenden Vorstellung und Einführung als Experten angesprochen. Es wurde versucht, den Kindern zu vermitteln, daß sie über Wissen verfügen, das die erwachsenen Wissenschafter nicht besitzen, das aber für diese sehr wertvoll ist.

Zusammenfassung

Kindersurveys mit Zehnjährigen ermöglichen es, das Wissen über die Lebensverhältnisse und die Lebensqualität von Kindern zu erweitern und damit politischen Handlungsbedarf aufzuzeigen. Der sorgfältige Einsatz dieser Methode in der Kindheitsforschung setzt aber voraus, daß die spezifischen psychischen, interaktiven, kognitiven und linguistischen Kompetenzen der Kinder ebenso Berücksichtigung finden wie die eingeschränkten Fähigkeiten von uns erwachsenen Wissenschaftlern, uns in diese hineinzuversetzen, und daß die damit gegebenen Grenzen der Forschungsmethode des Surveys bei Kindern akzeptiert werden.

Literatur

BERTRAM, Hans: Sozialberichterstattung zur Kindheit. In: MARKEFKA, M./NAUCK, B. (Hrsg.): Handbuch der Kindheitsforschung. Weinheim und Basel 1993, S. 91-107

DuBOIS-REYMOND, Manuela et al: Kinderleben. Modernisierung von Kindheit im interkulturellen Vergleich. Opladen 1994

ENGELBERT, Angelika: Kinderalltag und Familienumwelt. Eine Studie über die Lebenssituation von Vorschulkindern. Frankfurt am Main und New York 1986

GARBARINO, James/STOTT, Frances M.: What children can tell us. Eliciting, Interpreting and Evaluating Information from Children. San Francisco, Oxford 1990

HOLM, Kurt: ALMO-Statistiksystem. Linz 1993

HONIG, Michael-Sebastian: Kindheit als soziales Phänomen. Zum Stand der soziologischen Kindheitsforschung. Vortrag anläßlich des 27. Kongresses der Deutschen Gesellschaft für Soziologie in Halle. April 1995

HURRELMANN, Klaus: Einführung in die Sozialisationstheorie. Weinheim 1986

HURRELMANN, Klaus: Familienstreß, Schulstreß, Freizeitstreß. Weinheim und Basel 1990

LANG, Sabine: Lebensbedingungen und Lebensqualität von Kindern. Frankfurt am Main und New York 1985

MARKEFKA, Manfred/NAUCK, Bernhard (Hrsg.): Handbuch der Kindheitsforschung. Weinheim und Basel 1993

MAYRING, Philipp: Qualitative Inhaltsanalyse. Grundlagen und Techniken. Weinheim 1988

NAUCK, Bernhard: Familien- und Betreuungssituationen im Lebenslauf von Kinder. In: BERTRAM, H. (Hrsg.): Die Familie in Westdeutschland. Stabilität und Wandel familialer Lebensformen. DJI Familiensurvey 1. Opladen 1991, S. 389-428

OSWALD, Hans/KRAPPMANN, Lothar: Kinder. In: FLICK, U. et al. (Hrsg.): Handbuch qualitativer Sozialforschung. München 1991, S. 355-358

PETERMANN, Franz/WINDMANN, Sabine: Sozialwissenschaftliche Erhebungstechniken bei Kindern. In: MARKEFKA, M./NAUCK, B. (Hrsg.): Handbuch der Kindheitsforschung. Weinheim und Basel 1993, S. 125-139

POPPER, Karl: Objektive Erkenntnis. Hamburg 1984

PREUSS-LAUSITZ, Ulf/RÜLCKER, Tobias/ZEIHER, Helga (Hrsg.): Selbständigkeit für Kinder - die große Freiheit? Weinheim 1990

PRIM, Rolf/TILLMANN, Herbert: Grundlagen einer kritisch-rationalen Sozialwissenschaft. Heidelberg 1973

PROJEKTGRUPPE KINDERMORATORIUM (Hrsg.): Kindersurvey 1993. Grundauszählung und Skalen. Siegen 1994

QVORTRUP, Jens: Childhood as a Social Phenomenon - An Introduction to a Series of National Reports. In: Eurosocial Report, 1990, Vol. 36

ROTTER, Julian, O./CHANCE, June, E./PHARES, E. Jerry (eds.): Application of Social Learning Theory of Personality. New York 1972

SCHMIDTCHEN, Stefan: Kinderpsychotherapie. Stuttgart 1989

WILK, Liselotte/BACHER, Johann (Hrsg.): Kindliche Lebenswelten. Eine sozialwissenschaftliche Annäherung. Opladen 1994

WILSON, Thomas: Theorien der Interaktion und Modelle soziologischer Erklärung. In: ARBEITSGRUPPE BIELEFELDER SOZIOLOGEN (Hrsg.): Alltagswissen, Interaktion und gesellschaftliche Wirklichkeit. Reinbek b. Hamburg 1973

ZEIHER, Hartmut/ZEIHER, Helga: Orte und Zeiten der Kinder. Soziales Leben im Alltag von Großstadtkindern. Weinheim und München 1994

ZEIHER, Helga: Die Entdeckung der Kindheit in der Soziologie. Vortrag anläßlich des 27. Kongresses der Deutschen Gesellschaft für Soziologie in Halle, April 1995

ZINNECKER, Jürgen: Kindersurveys. Ein neues Kapitel Kindheit und Kindheitsforschung. Vortrag anläßlich des 27. Kongresses der Deutschen Gesellschaft für Soziologie in Halle, April 1995

Andreas Lange

Kinderalltag in einer modernisierten Landgemeinde

Befunde und weiterführende Überlegungen zur Untersuchung der Lebensführung von Kindern

Der Diskurs um die Lebensbedingungen von Kindern in der „postmodernen" Gesellschaft ist vielfach von eingängigen, rhetorischen Formeln geprägt. Genaugenommen sind es mindestens zwei Arten von Formeln über Kindheit. Denken wir an Bezeichnungen wie „Verschwinden der Kindheit" (Postman 1982), „inszenierte Kindheit" (Beck-Gernsheim 1987), „Verinselung der Kindheit" (Zeiher 1983), „Liquidierung der Kindheit" (Hengst 1981) und „fürsorgliche Belagerung von Kindern" (Berg 1995), so sind dies Konzepte, die auf einer sozialwissenschaftlichen Analyse basieren und als solche der wissenschaftsimmanenten Kritik unterzogen werden können. Oftmals werden diese Konzepte aber zitiert und als Belege für einen Wandel angeführt, ohne ihre kontextuelle Einbettung zu berücksichtigen. Sie gewinnen so ein zweifelhaftes Eigenleben und werden oftmals einseitig als Verlustindikatoren zitiert. Davon zu unterscheiden ist eine zweite Spielart, die sich mit den Schlagworten „der Schlaraffisierung der Kindheit" (Friesen 1991) oder „die Gesellschaft verstößt ihre Kinder" (Aanderud 1995) exemplarisch verdeutlichen läßt. Hier handelt es sich um Formen der journalistischen und medienbezogenen Berichterstattung, die äußerst selektiv und holzschnittartig skandalisierende und einseitige Aussagen zur Kindheit heute in einer betont negativen Form und aus einer kulturkritischen Warte aus formuliert.

Diese prägnanten Schlagworte und ihre Zuspitzung vieler auch im Alltag sichtbaren Phänomene des Kinderlebens erzeugen eine öffentliche Aufmerksamkeit für das Thema Kindheit. Der innere, oftmals widersprüchliche Zusammenhang der Trends im Kinderleben sowie die gesellschaftliche Bedingtheit verlangen aber nach einer kontextuellen, übergreifenden Analyse des Kinderalltags. Andernfalls besteht die Gefahr, daß einzelne Phänomene zum Signum heutigen Kinderlebens hochstilisiert werden, während ihnen im Gesamtzusammenhang der kindlichen Lebensführung ein anderer, relativierter Stellenwert zukommen mag. Diese unterschiedlichen Facetten einer „Kindheitsrhetorik" (Lange 1995) sollten aus sozialwissenschaftlicher Sicht immer kritisch reflektiert werden. Die

Einseitigkeiten und Überbietungsspiralen der Kindheitsrhetorik waren denn auch ein Beweggrund, den Kinderalltag in seiner Vielschichtigkeit und in seiner zeitlichen Erstreckung etwas näher zu untersuchen. Wie sieht Kinderalltag heute, jenseits dieser genannten Formeln, konkret aus?

Die Bedeutung von Raum und Region für die soziologische Diskussion um Kindheit heute

Derzeit lebt die Debatte um die generelle Bedeutung der Variablen "Raum" für die sozialwissenschaftliche Theoriebildung wieder auf (Castells 1994; Giddens 1988; Dangschat/Blasius 1994), speziell in der neueren regional- und dorfsoziologischen Forschung (Bodenstedt/Nebelung 1994). „Nach einer Phase der Nivellierung bzw. Angleichung von sozialen Unterschieden zwischen verschiedenen Raumtypen (Stadt/Land) gewinnen im Zuge der Auflösung traditioneller Sozialstrukturen sozialräumliche Konfigurationen offensichtlich eine neue Bedeutung. Dies führt zu einer Rethematisierung von Raum und Lokalität in der Soziologie" (Häußermann/Siebel 1994, S. 384/385).

Zeitdiagnostisch interessant ist in diesem Zusammenhang, daß gerade die aktuelle Diskussion um postmoderne Lebensbedingungen räumlichen Umständen, insbesondere dem Widerspruch zwischen der gleichzeitigen Zunahme von lokalen und globalen Perspektiven, verstärkte konzeptuelle Aufmerksamkeit schenkt (Harvey 1994). Grundlegende Fragen der Selbstvergewisserung von Identität werden (wieder) im Kontext räumlicher und geographischer Bezüge diskutiert; die Diskussion um die angemessene Selbstverortung in eine „Heimat" bildet den Stoff für interdisziplinäre Diskurse (Belschner 1995; Greverus 1995).

Was die sozusagen bodenständigeren Disziplinen der Dorf- und Agrarsoziologie betrifft, läßt sich im Rückblick folgende Entwicklung bilanzieren: Ein Abrücken von einseitigen, d.h. in erster Linie unilinearen Modernisierungskonzeptionen, was allerdings nicht mit einer pauschalen Aufgabe der Einsichten der Modernisierungstheorien verknüpft sein muß, hat zu einer Renaissance des Regionalen und des Lokalen beigetragen, so paradox dies zunächst klingen mag. Der Blick wurde geschärft für zwei Phänomene, die ich als die äußere und innere Heterogenität des ländlichen Raums bezeichnen möchte. In den Regionalwissenschaften, zunehmend aber auch in der Soziologie wurde immer stärker deutlich, daß es wieder einer verstärkten konzeptuellen und empirischen Differenzierung bedarf, wenn man Substantielles über die Lebensbedingungen auf dem Land sagen will. Statistische Untersuchungen zeigen, daß Wirtschaftskraft, geographische Lage sowie kulturelle Eigenarten schon auf der Mesoebene bedeutsame Unterschiede zwischen ländlichen Räumen schaffen können (Struff 1992). Der regionale Ansatz ist am Deutschen Jugendinstitut am prominentesten wohl in der Form des Familienatlas (Bertram/Bayer/Bauereiß 1993) vehement vertreten und z.T. sehr vielversprechend umgesetzt und operationalisiert worden. Auch die spezifischen kindbezogenen Auswertungen unterschiedlicher

Datensätze durch Nauck (1995) haben aufgezeigt, wie unsinnig es ist, weiter der einfachen Dichotomie von Stadt und Land anzuhängig; wir haben es vielmehr mit einer Vielfalt struktureller Mesobedingungen für das Aufwachsen in ländlichen Räumen zu tun. Dazu kommen qualitativ-induktive Typologien und Beobachtungen, die endgültig mit der Vorstellung aufräumen, „das Dorf" als Lebensraum sei im Regelfall ein homogenes Sozialgebilde mit festen, ehernen Strukturen und in allen Belangen zwar rückständiger, aber gesünder. Genauso wenig haltbar ist allerdings die Konzeption einer Nivellierung des Stadt-Land-Unterschiedes, die eine reine quantitative Differenz zwischen beiden Sozialgebilden annimmt. Vielmehr weisen Dörfer, natürlich je unterschiedlich ausgeprägt, Momente von Heterogenität und ansatzweise kultureller Vielfalt auf.

Einen sehr schönen Einblick in mögliche Quellen der unterschiedlichen Lebensbedingungen vermittelt Herrenknecht (1989, S. 14) „Das Dorf der 90er Jahre befindet sich in einer neuen Phase realer Vergesellschaftung, der nicht mehr allein mit dem Terminus Verstädterung erfaßt werden kann, sondern verschiedene Entwicklungstendenzen nebeneinander produziert. Da gibt es den Hang zur 'Verkleinstädterung' der Dörfer durch den Bau von Marktplätzen und Fußgängerzonen, den Trend zur 'Vervorstädterung' der Dörfer durch ihren Umbau zu Wohn- und Schlafdörfern, aber auch den Gegentrend zur 'Verdörflichung' der Dörfer durch Neuansiedlung von Handwerk und Gewerbe in der Dorfmitte, oder den Versuch der 'Verländlichung' der Dörfer durch rustikale Baurestaurierungen und ökologische Begrünungsmaßnahmen." Der Autor offeriert auch eine erste Typologie der unterschiedlichen Bevölkerungsgruppen, die man heute in Landgemeinden antreffen kann. Da gibt es die von ihm als Altdörfler bezeichneten Personen und Familien, die im Kerndorf wohnen und über ein dichtes Verwandtschafts- und Bekanntennetzwerk verfügen. Zum Teil haben sie auch noch ihre Arbeitsplätze im Dorf, nicht zuletzt, weil sie Landwirtschaft oder ein Handwerk betreiben. Sie sind in traditionellen Vereinen (Musik, Feuerwehr, Kirchenchor) vertreten. Die Wohnort- und Wohnstandarddörfler wohnen in den Neubaugebieten, sind entweder „zugezogen" oder sie stammen teilweise aus dem Kerndorf. Sie gehen meist einer Arbeit im Dienstleistungsbereich nach und nehmen für die Realisierung ihres Wunsches, im Grünen zu wohnen, teilweise hohe Pendelzeiten in Kauf. Sie sind meist in den neuen Vereinen vertreten, die sie zum Teil sogar selber wesentlich mitinitiiert haben. Die emanzipierten Dörfler sind Vertreter der neueren Bildungsschicht, die sich vor allem dadurch auszeichnen, daß sie als Individuen auf dem Dorf leben und nicht mehr automatisch Funktionen im Dorf übernehmen. Die Randdörfler schließlich sind Aussiedler und Zugezogene, die gar keinen Kontakt zum Dorf haben. Das Zusammenspiel von übergreifenden Modernisierungsbedingungen und lokalen Ressourcen im sozialen, aber auch mentalen und kulturellen Bereich, das hier kurz angedeutet wird, sollte, so die forschungsleitende Überlegung, nicht ohne Folgen für das Aufwachsen von Kindern und Jugendlichen bleiben.

Während die urbane Kindheit schon mehrfach untersucht worden ist (Berg-Laase/Berning/Graf/Jacob 1985; Harms/Preissing/Richtermeier 1985; Zeiher/

Zeiher 1994), lagen bis in jüngster Zeit kaum empirische Daten über Kindheit in ländlichen Räumen vor (s. aber Schick 1992). Dies war ein weiterer Grund, eine Fallstudie über die von mir ausgewählte Gemeinde durchzuführen.

Eine Explorativstudie zum Kinderalltag auf dem Lande

Ziel der Studie

Zielsetzung war, etwas über die Wirkungen der Modernisierung, eben nicht verstanden als großer Gleichmacher, in den Alltagsbedingungen der Kinder und ihrer Familien entdecken zu können. Für die Auswahl der Gemeinde sprach unter anderem auch die Tatsache, daß die bei Herrenknecht (1989) u.a. skizzierten Bedingungen für eine Heterogenisierung der Dorfbevölkerung im vollen Umfang gegeben waren. Besonders in den 60er und 70er Jahren siedelten sich nämlich in Folge eines Aufschwungs der Luft- und Raumfahrtindustrie am Bodensee sehr viele Familien in der Umgebung von Friedrichshafen an und bildeteten damit den Ausgangspunkt für eine Reihe von infrastrukturellen, aber auch kulturellen Veränderungen in diesem Gebiet.

Daten und Erhebungsmethoden

Dem explorativen Charakter des Projektes entsprechend wurden mehrere Arten von Daten erhoben und genutzt:

– Die sozialstrukturelle und demographische Entwicklung der Landgemeinde Bermatingen wurde mit Daten des Statistischen Landesamtes Baden-Württemberg skizziert und in den Kontext der Landesentwicklung eingegliedert.

– Eine Gruppendiskussion mit jungen Erwachsenen ermöglichte eine Rekonstruktion wichtiger Merkmale des Kinderalltages in den 60er und 70er Jahren. Ergänzt wurde diese Gruppendiskussion um zwei ausführliche Interviews mit zwei lange am Ort „eingesessenen" Informanten.

– Leitfadengestützte Interviews mit zwölf Kindern im Alter von neun bis vierzehn Jahren wurden zum Wochenablauf und zur Einschätzung ihres Wohnortes durchgeführt; jeweils mindestens ein Elternteil wurde zusätzlich befragt.

– Unstrukturierte Beobachtungen über einen Zeitraum von drei Jahren an ausgewählten Plätzen im Dorf wurden protokolliert. Dazu kamen teilnehmende Beobachtungen in einem Sportverein, u.a. auch als Jugendtrainer.

Dieser Methoden-Mix gewährleistete eine „dichte Beschreibung" des Kinderalltags. Insbesondere der Zugriff über die Wochenpläne aus Sicht der Kinder erwies sich als erfolgreicher methodischer Kunstgriff, um mit den Kindern in ein Gespräch über ihren Alltag zu kommen. Dabei wurde nicht eine minutiöse, zeitbudgetartige Erhebung angestrebt, sondern eine alltagsnahe Beschreibung der Aktivitäten und sozialen Zeitmarken.

Die Kinder rekonstruierten ihren Wochenplan nicht alleine nach äußerlichen objektiven Gegebenheiten, sondern auch orientiert an für sie bedeutsamen Ereignissen, wovon Wendungen wie „Nach der Sendung XY gehe ich dann..." oder „Vor dem Training..." Zeugnis ablegen. Auch variable Bedingungsgeflechte scheinen auf dieser Analyseebene auf, d.h. Wenn-dann-Verknüpfungen über mehrere Termine im Wochenverlauf (wenn ich die Hausaufgaben am Freitag mittag erledigt habe, dann gehe ich am Samstag morgen nach Friedrichshafen zum Einkaufsbummel).

Einige ausgewählte Resultate

Eine Annäherung an Prozesse des sozialen Wandels

Um nicht nur etwas über aktuelle Kindheitsbedingungen aussagen zu können, habe ich, angelehnt an die Arbeiten von Preuss-Lausitz u.a. (1983), versucht, über eine Gruppendiskussion die Kindheitsbedingungen während der späten 60er und 70er Jahre als Vergleichsfolie für die aktuellen Formen zu erfassen. Dabei handelt es sich um eine Gruppe von jungen Erwachsenen zwischen 18 und 32 Jahren, die zum Zeitpunkt der Erhebung Mitglieder eines Kulturvereins waren. Die Ausgangsfragestellung lautete: „Wenn Ihr einmal vergleicht, wie die Kinder heute im Dorf aufwachsen, und wie wir damals als Kinder gelebt haben, was fällt Euch da am meisten auf?"

Mir ist bewußt, daß die Ergebnisse der Gruppendiskussion und der beiden Informanteninterviews keine unverzerrte, rein objektive Darstellung der Kindheit während der 70er Jahre abgeben, sondern perspektivische soziale Konstruktionen darstellen. Dennoch erhellen sie einige plausible Entwicklungstrends. Folgendes Schaubild zeigt - auf der Basis der Gruppendiskussion und der Interviews, angeregt durch eine ähnliche Darstellung aus dem DJI-Projekt „Landkindergärten" (Berger u.a. 1992) - Veränderungen der Kontextfaktoren und der Formen des Kindseins.

Statistische Daten ergänzen und untermauern diese qualitativen Eindrücke eines profunden Umbruchs der Kindheitsbedingungen.

– Es vollzog sich in der Gemeinde ein starker Anstieg der Bevölkerung von 1789 Einwohnern im Jahr 1961 über 2540 im Jahr 1979 bis auf einen Höchstwert von 3450 Personen im Jahr 1984.

– Damit einher ging eine hohe Fluktuation der Bevölkerung (viele Zu- und Fortzüge pro Jahr). Diese führte zu einer sozialen Heterogenisierung der Dorfpopulation, die ihrerseits Anlaß für dorfinterne Diskussionsprozesse war, u.a. mit Blick auf die Erfahrungsmöglichkeiten von Kindern, aber auch mögliche Integrationsschwierigkeiten. Parallel dazu vollzog sich eine Veränderung der Altersstruktur: Der Anteil der unter 15 Jahre alten Einwohner sank von 32 % im Jahre 1961 auf 18,3 % im Jahr 1987.

Übersicht 1: Veränderungen der Kontextfaktoren und der Formen des Kindseins

Vergleichskriterium	1950-1970	1980 bis heute
Ökologische Bedingungen	Freie, unbebaute Flächen, auch im Ortskern	Dichte Bebauung
	Vielzahl unkontrollierter Räume und Plätze	Kaum mehr vorhanden
	Natürliche Umwelt als Spielresource	Nur noch marginal bedeutsam
	Eingeschränkte Infrastruktur	Breit ausgebaute Infrastruktur, insbesondere auch im Sport- und Freizeitbereich
Sozialstruktur im Alltagsleben	Starke Altersmischung	Starke Alterssegregation
Erziehungsformen und Erziehungsnormen	Strenge und praktische Permissivität	Behütung, Diskurs
Soziale Kontrolleure	Autoritätspersonen: Lehrer, Pfarrer, aber im Prinzip auch andere Erwachsene	Bedeutung von Erwachsenen aus dem Dorf abnehmend
Alltagsleben (nach der Schule)	Weitgehend unbeaufsichtigt, im Verbund mit anderen Kindern und Jugendlichen	Tendenz: individualistisches Handeln, Zweier- und Dreier-Freundschaften
Spektrum der Aktivitäten	Sehr viel eigenbestimmte „kindliche" Handlungsformen	Tendenz zu einem geplanten, teilweise an übergeordneten Zielen orientierten Tätigkeitsablauf
	Längerer Aufenthalt im „Dorf" und der natürlichen Umgebung	Trend zu spezialisierter Raumnutzung

— Es ergab sich eine deutliche Verbesserung der Wohnsituation, ausgedrückt in verfügbaren Wohnflächenquadratmetern und Räumen pro Kopf und verbunden mit einer Steigerung der Wohnqualität.

— Eine wichtige Gewichtsverlagerung in der Sozialstruktur der Dorfpopulation konnte in Form einer Abnahme der Bedeutung der Landwirtschaft festgestellt werden - ein Phänomen, dessen Bedeutung in der ländlichen Soziologie intensiv diskutiert wird (Endruweit 1990). Der Anteil der in der Landwirtschaft Tätigen ging von 1970 bis 1987 von 18,4 % auf 6,3 % zurück.

Soweit eine kurze skizzenhafte Beschreibung der Veränderungen der Ökologie und ansatzweise der Formen des Aufwachsens. Im nächsten Abschnitt wird es darum gehen, die Strukturen des Kinderalltags freizulegen.

Strukturen und Bedeutungen des Kinderalltags im Dorf heute
Mir ging es bei der Erhebung darum, Material zusammenzustellen, das den kindlichen Alltag in seiner sozial-zeitlichen Dimension möglichst detailgetreu abbildet. Angestrebt war nicht, wie bei den standardisierten Zeitbudgeterhebungen, die auch für Kinder schon mehrfach durchgeführt worden sind, eine statistische Quantifizierung, etwa nach Alter, Geschlecht im Profil der Tätigkeiten (Meeks/Mauldin 1990; Krekeler 1995). Vielmehr sollte der „tatsächlich bedeutsame", erlebnismäßig wichtige Wochenablauf eingefangen werden. D.h. die Intervalle der Erhebung orientierten sich an den Zeitmarken, die für die Kinder plausibel und gut abfragbar waren, wobei die Uhrzeit natürlich als ein Orientierungssystem zur Geltung kam. Die detaillierten Erhebungen der Wochenpläne der Kinder lassen dabei folgende generalisierbare Einsichten zu: Der Wochenverlauf besitzt eine deutlich rhythmisierte, dreigeteilte Struktur, wobei die wichtigsten Impulsgeber Schule, Familie und andere, zumeist freizeitbezogene Institutionen sind. Diese äußerlich induzierten Rhythmen finden sich bei den meisten Kindern auch im erlebnismäßigen Wiedergeben des Wochenablaufs. Die Schulwoche gibt die Zeiten des Schlafengehens vor; sie schlägt auch in den Beschreibungen anhand von Bemerkungen über die emotionalen Profile einzelner Tage immer wieder durch. Das Aktivitätsspektrum der Kinder ist, wie in den großflächigen Erhebungen des Deutschen Jugendinstitutes (DJI 1992) und in der kulturvergleichenden Untersuchung von du Bois-Reymond/Büchner/Krüger et al. (1994) ebenfalls nachgewiesen, breit gestreut und wird von den Kindern in der Regel nicht als Streß oder Belastung thematisiert. Traditionale dörfliche Aktivitäten (z.B. auf der Straße und im Feld spielen) und moderne Aktivitäten (z.B. Computerspiel und Sport im Verein) schließen sich nicht aus, sondern lassen sich in den Einzelfällen parallel nachweisen.

Das Dorf als Sozialraum hat für die Kinder unterschiedliche Bedeutungen. Die Spanne reicht von einem ausdifferenzierten, reichlich symbolisch besetzten Konzept bis hin zu einem eher nüchtern-pragmatischen Verständnis. Ich möchte dies anhand von zwei Fallbeispielen erläutern: So macht es beispielsweise für Ernst (Porträt 2) keinen Unterschied, ob man im Dorf oder der Stadt aufwächst.

Vielmehr sind für ihn die Leute wichtig, die man um sich hat. Seine Kontakte im Dorf beschränken sich auf gelegentliches Ausführen des Hundes und Einkäufe. Demgegenüber ist für Joachim (Porträt 6), der nicht nur Ministrant, sondern in zwei weiteren Vereinen aktiv ist, das Dorf ein reiches Reservoir an Gelegenheiten zum Spielen und zum Treffen mit Freunden. Er nutzt nicht nur die neuen institutionellen Angebote wie das Hallenbad und die Computer-AG in der Mittelpunktschule, sondern er ist zum Zeitpunkt des Interviews auch jeden Samstagnachmittag am Weiher und im Wald, um mit seinen Freunden eine Hütte zu bauen. Er möchte später im Dorf wohnen bleiben und kann es sich nicht vorstellen, daß man als Kind in einer Stadt aufwächst.

Geschlechtsunterschiede lassen sich in den elterlichen Verhaltensregeln für das räumliche Explorieren nachweisen. So sind die Regeln für die Mädchen deutlich strenger, besonders Gebiete wie Wald und Weinberge sind für sie von den Eltern als Aufenthalts- und Spielräume nicht erwünscht. Primäres Motiv hierfür ist die Angst vor sexuellen Übergriffen; in zwei Interviews wird explizit auf Vorfälle verwiesen, von denen man schon gehört haben will.

Die unstrukturierten Beobachtungen ergänzen diese Befunde und lassen folgende Schlußfolgerungen über das Dorf als „Soziotop" zu: Man kann, nimmt man die Ergebnisse der Gruppendiskussionen und weiterer Materialien als Referenzfolie, eine Bedeutungsverlagerung einzelner Plätze des Kinderalltags festhalten. Natürliche Plätze wie Wald und Felder verlieren, Sportanlagen und andere spezialisierte Räume gewinnen an Bedeutung. Das heißt nun aber nicht, daß Kinder nur die mit einzelnen spezialisierten Orten offiziell definierten Nutzungen in Anspruch nehmen. Vielmehr gebrauchen sie diese Plätze oftmals für ihre Zielsetzungen in kreativer Weise: So wird die 100-Meter-Bahn eben nicht nur zweckgebunden zum Training der Lauffertigkeit genutzt, sondern auch für das Skateboard-Fahren und für das Murmelspiel - sprich, für alle Gelegenheiten, in denen spielende Kinder sich von einer ebenen Fläche Vorteile für ihre Spielunternehmungen versprechen. Das Hallenbad dient nicht nur zum Schwimmenlernen, sondern auch dem sozialen Kontakt und dem Herumtoben. Spielplätze spielen interessanterweise in der hier untersuchten Altersgruppe kaum eine Rolle. Dies ist einerseits auf deren geringe baulich-morphologische Attraktivität, andererseits auf die zweckfremde Nutzung durch Jugendcliquen zurückzuführen; ein Phänomen, das auch in der städtischen Lebenswelt oftmals festgestellt worden ist. Andererseits sind die Kinder durch Lernen, feste Vereinstermine und andere regelmäßige Termine auch so eingebunden, daß das einfache Herumstreunen zumindest ab dem zehnten Lebensjahr nicht mehr die Regel ist. Hinzu kommt, daß die Wohnbedingungen auch oftmals kindspezifische Arrangements erkennen lassen. Basketballkörbe, kleine Kinderhütten hinter dem Haus etc. sind Beispiele für solche kindgerechten Orte, die dazu führen, daß Spielplätze noch weniger Anziehungskraft entwickeln können. Nicht mehr wegzudenken ist für die Kinder das eigene Zimmer als wichtiger Lern- und Rückzugsort, was insbesondere der Vergleich mit den Personen nahelegt, die in den 60er und 70er Jahren im Dorf aufgewachsen sind. Die Ausstattung mit Cassettenrekordern, CD-Playern u.a. tut hier ein übriges, um dem eigenen Raum eine gewisse Attraktivität zu verleihen. Ein alltagsrelevanter raumbezogener Faktor, der hier nicht verschwiegen werden darf, ist das gewaltig gestiegene Verkehrsaufkommen in der untersuchten Landgemeinde. Dies schlägt sich vor allem als Risiko für die Überquerung der Ortsdurchfahrt (hier wurden Wartezeiten bis zu drei Minuten festgestellt), aber auch in einzelnen Wohngebieten nieder. In den von mir parallel durchgeführten Interviews mit den Eltern wurde dieser Punkt als der wichtigste Negativfaktor in der Untersuchungsgemeinde angesehen.

Die sozialen Strukturen, die Gesellungsformen und Verabredungsmuster der Kinder im Dorf wurden ebenfalls berücksichtigt. Anhand einer Quasi-Statistik ergibt sich der Befund, daß nicht so sehr große Kindergruppen, sondern die gleichgeschlechtliche Kind-Dyade die dominante alltägliche Gesellungsform von Kindern in der untersuchten Gemeinde darstellt. Diese Beobachtung wurde ebenfalls durch die Aussagen der Eltern gestützt. Wenn Kinder in größerer Anzahl anzutreffen sind, dann in einer besonders dörfliche Strukturen prägenden Sozialform: dem Verein; sei es im sportlichen (Binz 1988), sei es im sonstigen Aktivitätsbereich, wird er zu einem wichtigen Raum der Sozialerfahrung. Dabei ist es eine zu verkürzte Sichtweise, wenn bisweilen argumentiert wird, hier seien nur von Erwachsenen ausgehende Handlungen zu beobachten. Vielmehr gibt es eine breite Hinterbühne und Nebenschauplätze, in denen Kinder ihre Handlungsmotive durchzusetzen vermögen. Am Beispiel der Situation des Sportvereins läßt sich auch zeigen, daß sich aus der Modernisierung von Kindheitsbedingungen Konsequenzen für etablierte Formen des dörflichen Lebens ergeben. So müssen heute aufgrund eines erweiterten Optionsspektrums, das in der untersuchten Gemeinde beispielsweise durch ein Hallenbad und durch einen neuen Tennisverein gebildet wird, eher traditionale Vereine neue Formen des Angebots bzw. eine kindspezifische Form der Betreuung finden. Ging man früher als Junge entweder zum Fußballspielen in den Sportverein oder zum Turnen, so wird dies heute zur Entscheidung, die sich nicht zuletzt auch an den jeweiligen Attraktionen orientiert, die über das übliche, standardmäßige Vereinsprogramm hinaus geboten werden. So hat die Möglichkeit, im Rahmen der DLRG-Ortsgruppe auch Ausflüge und Aufenthalte in weiter entfernte Gebiete zu unternehmen, sicherlich dazu beigetragen, daß in anderen Vereinen ähnliche Angebote für Kinder offeriert werden.

Auf einer ähnlichen Linie der Modernisierungsachse liegt ein noch vor 15 Jahren nicht nachgefragtes, undenkbares Angebot in den Sommerferien: Seit vier Jahren gibt es in der Gemeinde ein umfangreiches Spieleprogramm während der Sommerferien, das von den Vereinen und interressierten Bürgern getragen und durchgeführt wird. Im letzten Jahr wurden die Ferienspiele dann zusätzlich von einer angehenden Sozialpädagogin begleitet und in Form einer Diplomarbeit evaluiert.

In diesem Zusammenhang nicht vergessen werden darf ein zentraler Modernisierungsagent des ländlichen Raumes (Rolff 1980), der in seiner Bedeutung oftmals unterschätzt wird: Die zentrale Mittelpunktschule, welche Hauptschule, Realschule und Gymnasium unter einem Dach beherbergt und ein typischer Ausläufer der Bildungsreform der 60er Jahre ist. Sie liegt in der Nachbargemeinde und dient nicht nur als Ort von Verabredungen, sondern stellt insgesamt eine wichtige soziale und kulturelle Ressource dar. Für die Modernisierung des Lebensstils im Einzugsgebiet dieser Schule, und das reicht bis hin zu neuen kommunalpolitischen Konstellationen, sind auch die Lehrer dieser Schule mitverantwortlich.

Soweit die wichtigsten Einzelbefunde meiner explorativen Studie. Zwei Modernisierungstrends haben hier, in Wechselwirkung mit den regionalen und lokalen Gegebenheiten, für das Alltagsleben der Kinder Wirkungen gezeitigt:

– ein „exogener" Modernisierungsausläufer in Form des Ausbaus von Infrastruktur und Wirtschaftsprogrammen, der die materiellen und sozialen Lebensbedingungen massiv verändert hat;

– ein „endogener" Modernisierungsschub, der durch den Zuzug neuer Bevölkerungsgruppen andere Einstellungen, Vorstellungen und Lebensstile importiert hat.

Nicht unerwähnt soll an dieser Stelle bleiben, daß derzeit einer der größten Betriebe im Bodenseeraum eine Krise durchmacht und daß sich hieraus auch wieder neue Konstellationen für die Umlandgemeinden ergeben könnten. Damit ist aber auch angedeutet, daß das in dieser Gemeinde vorfindbare Bündel von Kinderalltagen spezifisch sein dürfte für ein bestimmtes Profil von Landgemeinden, die in der Nähe zu weiterführenden Bildungseinrichtungen, in eher innovativen, wirtschaftsstarken Regionen mit einer dynamischen Bevölkerungsstruktur verortet sind. Man darf für andere Dorftypen, mit unterschiedlichen Ressourcenprofilen und anderen kulturellen Traditionen, andere Typen der kindlichen Alltagsgestaltung erwarten. Erste Indizien hierfür liefert die Monographie von Schick (1992). In der geographisch isolierten Gemeinde Niederau spielen die Kinder in altersgemischten Gruppen, sie halten sich mehr auf der Straße auf und jedes Kind wird noch von jedem Dorfbewohner gekannt. Schon aus dieser kurzen Gegenüberstellung eröffnen sich interessante neue Forschungsperspektiven im Schnittfeld von Kindheitsforschung und Regionalsoziologie.

Ein neuer Forschungsfokus: Lebensführungen von Kindern vor dem Hintergrund raschen sozialen Wandels

Alltag und Lebensführung als Prozeß der Aushandlung zwischen den Familiengenerationen

Auf der Basis meiner eigenen explorativen Studie sowie einer Auswertung und Neuinterpretation vorliegender Arbeiten zum Lebensstil und zur Lebensführung

Erwachsener möchte ich im folgenden einige Weiterentwicklungen des kindheitssoziologischen Diskurses skizzieren, die in ein neues theoretisches Konzept münden, desjenigen der Topologie der Kindheit. Als Zielvariable soll dabei nicht, zumindest nicht in erster Linie, die wie auch immer gefaßte Persönlichkeitsentwicklung oder Sozialisation des Kindes stehen. Diese ist zwar ein legitimer Untersuchunsgegenstand, der aber in interdiziplinären Projekten, wie sie beispielsweise am Max-Planck-Institut für Bildungsforschung in Berlin durchgeführt werden, gut aufgehoben ist. Durch eine kleine Hintertüre, die ich am Schluß dieses Beitrags öffnen werde, können sozialisationstheoretische Fragen allerdings wieder miteinfließen.

Im Hinblick auf sozialstrukturelle Zusammenhänge interessieren folgende Aspekte:

– die Struktur des Kinderalltags als dichte Beschreibung zeitlicher, örtlicher und sozialer Komponenten, sowie davon abgeleitet, von Mustern, Konstellationen, Konfigurationen, welche sich aus der Überlagerung und Wechselwirkung der Komponenten ergeben;

– die subjektiven Deutungen, Interpretationen, welche die Kinder bezüglich ihrer Alltagsorganisation sowie deren Rahmenbedingungen entwickeln;

– die subjektiven Deutungen und Interpretationsmuster der Eltern und von anderen praktisch mit Kindern Tätigen und denjenigen, die verantwortlich sind für Einrichtungen und Maßnahmen für Kinder.

Es geht also einerseits um „objektive" Beschreibungsdimensionen sowie daraus ableitbare Generalisierungen; andererseits um die Interpretation und Bewertung dieser Tätigkeitsspektren und vermuteter Zusammenhänge; beispielsweise zwischen vermehrtem Fernsehkonsum und stärkerer häuslicher Orientierung.

Annäherung an die Lebensraumstruktur: Kontrollierte Phänomenologien des Kinderlebens

Einen vielversprechenden Zugang zu einem Konstrukt der Lebensraumstrukturen hat die amerikanische Sozialpsychologin Lee (1985a, 1985b) erarbeitet. Zwar bezieht sich ihre Untersuchung auf Erwachsene, läßt sich aber auch für die Kindheit fruchtbar machen. Ausgangspunkt seiner Arbeit ist die Frage nach neuen Mustern der Lebensgestaltung im Schnittfeld von Erwerbsleben und Privatleben. Das explizite Ziel war es, Typen der Koordination beider Lebensbereiche herauszuarbeiten und dabei auch die subjektive Ebene miteinzubeziehen. Auf der Basis von detaillierten Tageslauferhebungen bei 39 Befragten ist es Lee möglich, Profile von Lebensraumtypen anhand von grundlegenden Dimensionen wie der „home centrality", der „home choice" und der Eigenschaften des sozialen Netzwerkes zu identifizieren. Da gibt es z.B. die „homesteaders" und die „architects", die sich primär daheim wohlfühlen und auch dort die meisten Aktivitäten selbstgewählt durchführen, die „gypsies", die an vielen Orten tätig sind und ein ausgedehntes Netzwerk aufweisen, die „work horses", die viel Zeit am Arbeitsplatz verbringen und sich dort wohl fühlen. Wichtig für den konzeptuellen Hintergrund einer Untersuchung von Lebensraumstrukturen ist der Befund: Externe demographische Rahmendaten sind nicht die alleinigen Prädiktoren für die Kristallisation eines bestimmten Lebensstils, also dafür, ob jemand als „homesteader" oder als „gypsie" agiert. Es gibt keine Automatismen der Umsetzung struktureller in handlungsförmige Gestalten.

Diesen Ansatz - methodisch und konzeptuell wäre er sicherlich noch zu verfeinern - auf kindliche Lebensraumstrukturen zu übertragen, stellt einen Weg dar, um eine nur auf Modernisierungsfolgen zentrierte Blickrichtung der Kindheitsforschung zu ergänzen. So haben beispielsweise du Bois-Reymond et al. (1994) den Weg verfolgt, individuelle Fallschilderungen von Kindern anhand eines zweidimensionalen Schemas modernitätstheoretisch zu modellieren. Demgegenüber ist im Raster der gerade zitierten Untersuchung mehr Platz für die Thematisierung und Vielfalt der Lebensführung von Kindern heute, im Sinne einer „kontrollierten Phänomenologie" des Kinderlebens. Das schließt nicht aus, die vorgefundenen Lebensraumstrukturen dann ebenfalls in Beziehung zu Modernitätsachsen zu setzen, erschöpft sich aber nicht darin.

Soziale Vorstellungen und Normen für den Kinderalltag und die Freizeittätigkeiten von Kindern
Ein weiterer besonderer Akzent soll neben der typologisierenden Beschreibung und Analyse von Lebensraumstrukturen auf die gesellschaftlichen Wissens- und Normenbestände gelegt werden, die den Kinderalltag in empirisch jeweils zu eruierender Art und Weise mit regulieren. Die Frage lautet dann: Wie wird der Alltag als Routine im Wechselspiel von Kindern, Eltern und evtl. Großeltern in unterschiedlichen sozialen Räumen konstituiert und dann aufrechterhalten? Welchen Entscheidungsspielraum haben dabei Kinder? Wie weit intervenieren Eltern auf der formalen und inhaltlichen Ebene? Welche Wissensbestände und Vorstellungen spielen dabei eine Rolle? Gibt es so etwas wie mentale „working models" des Kinderalltags?

Erste Hinweise auf die Existenz und die Struktur „naiver Theorien" über den Kinderalltag gibt hier eine explorative Studie von Schlömerkemper (1992). Er befragte 228 Erwachsene, ob und inwiefern sie bestimmte Aktivitäten in der Freizeit für Kinder als förderlich bewerten und welche Beurteilungsmuster dem zugrunde liegen. Um Effekte der sozialen Erwünschtheit zu vermeiden, wurden dabei nicht primär Eltern zu ihren eigenen Kindern befragt. Sechs Aktivitäten wurden zur Beurteilung ausgewählt, von denen angenommen werden konnte, daß sie für die oftmals diskutierte „Karriereförderlichkeit" unterschiedlich bedeutsam sind. Diese sechs Tätigkeiten sollten anhand von 22 Eigenschaften eingeschätzt werden. Als das wichtigste Ergebnis der ratings und ihrer faktorenanalytischen Reduktion arbeitet der Autor heraus: es lassen sich keine Hinweise auf die „Karriereförderlichkeit" als Motiv der Auswahl von angemessenen Tätigkeiten von Kindern finden. Entspannung, soziale Aktivitäten, Nützlichkeit - dies sind die Kriterien, welche die befragten Erwachsenen der Auswahl von Tätigkeiten zugrunde legen wollen. In einem weiteren Schritt sollten die Befragten einschätzen, nach welchen Gesichtspunkten Erwachsene Kinder bei der Auswahl ihrer Freizeittätigkeiten beraten sollten. Schlömerkemper faßt die diesbezüglichen Ergebnisse wie folgt zusammen: „Wer Kinder über deren Freizeittätigkeiten berät, sollte sich nach Meinung der Befragten vor allem von solchen Gesichtspunkten leiten lassen, die der Freizeit ihren spielerischen und sozialen Charakter erhalten; Funktionalität über dieses Tun hinaus sollte erst an zweiter bzw. dritter Stelle bedeutsam sein, während es deutlich abgelehnt wird, die Freizeit von Kindern in den Kontext von Leistung, Ehrgeiz und Erfolg zu stellen. In den manifesten Kriterien, nach denen die Befragten Kinder in ihrer Freizeit beraten würden, lassen sich also ebenfalls keine Hinweise auf eine Karriereorientierung finden" (a.a.O., 452).

Schlömerkempers Arbeit vermittelt erste, explorative Eindrücke zum Inhalt und zur sozialen Logik von sozialen Vorstellungen über die Angemessenheit und Akzeptanz von spezifischen Tätigkeiten für Kinder. Darüber hinaus müssen nachfolgende Forschungen nicht nur versuchen, über einzelne Tätigkeiten hinweg ganzheitliche Konzepte des kindlichen Alltags zu erfassen, sondern auch Variationen der jeweiligen „Beobachterpositionen" berücksichtigen: Wie unterscheiden sich Väter und Mütter, Angehörige unterschiedlicher Milieus und Berufsgruppen in ihren Auffassungen, und wie setzen sie diese im Umgang mit ihren Kindern um? Brückenschläge zur traditionsreichen angloamerikanischen, in Deutschland erst langsam zur Kenntnis genommenen Forschung über „parental belief systems" und „parental ethnotheories", also lebensweltlichen Theorien über Erziehung und Sozialisation (Goodnow 1988; Lüders 1993; Murphey 1992), bieten sich hier als wichtige Impulsgeber an.

Bis jetzt ging es um eine statische Betrachtungsweise, die Analyse von Lebensraumstrukturen und die Analyse von Wissensstrukturen. Im nächsten Schritt wird versucht, eine dynamisierende Sichtweise einzubringen. Denn gerade der Wechsel von einem Muster der Lebensführung zu einem anderen und die daran beteiligten Faktoren sind von hervorragender strategischer Bedeutung.

Konstanz und Dynamik von Lebensstilen

Eine entscheidende weiterführende Überlegung betrifft die Dynamik familialer und damit auch kindlicher Lebensführungsmuster. Sie weisen im Regelfall eine relativ konstante Struktur auf, sie fungieren so auch als Stabilisierungsmechanismen in einer von vielen Wahlmöglichkeiten geprägten zeitdiagnostischen Situation. Lebensstile als In-Einklang-Bringen von Verhaltensweisen, Orientierungen und Ressourcen bieten so gesehen (vgl. Abel/Rütten 1994, S. 229) eine Chance zur aktiven Bewältigung der komplexen Anforderungen in modernen Gesellschaften. Die Möglichkeit zur Ausgestaltung der Lebensstile ist jedoch nicht beliebig, sondern sie steht in einem empirisch jeweils zu ermittelnden Ausmaß in Wechselbeziehung zu sozialstrukturell verankerten Lebensbedingungen. Für bestimmte Lebenslagen läßt sich daher ein Spektrum typischer Lebensstile erwarten. In der neueren Lebensstildebatte wird betont (Michailow 1994), daß solcherart typische Lebensstile Abgrenzungsmöglichkeiten zu anderen sozialen Gruppierungen eröffnen, was mit Prozessen der sozialen Identitätsbildung in engem Zusammenhang zu sehen ist.

Die jeweils auch über sozialpsychologische Mechanismen (Spannungsreduktion) herbeigeführte Stabilität der Grundstruktur eines Lebensstils, eines Musters der Lebensführung, ist aber nicht von unbestimmter Dauer. Einzelne Bausteine sind sicherlich in einer gewissen Streubreite veränderbar und - wenn sie nicht gerade die tragenden Säulen eines Lebensstils darstellen - auch austauschbar. Diese Elastizität ermöglicht den Individuen, auf kleinere Veränderungen in den Alltagsanforderungen zu reagieren, ohne gleich die Gesamtstruktur des Lebensstils in Frage stellen zu müssen.

Für kindheits- und jugendsoziologische Überlegungen sind nun besonders jene Prozesse relevant, die *zu Transformationen des Lebensstils* bzw. *zu Mustern der Lebensführung* insgesamt führen. Diese können prinzipiell durch eigeninitiierte Handlungen und Entwicklungsprozesse innerhalb der Person zustande kommen oder aber durch Veränderungen außerhalb der eigenen Einflußmöglichkeiten angestoßen werden. Der Übergang vom Kindergarten zur Grundschule sowie danach zur weiterführenden Schule, eine Veränderung der familialen Lebenssituation, etwa die Scheidung der Eltern, die Geburt eines Geschwisters, die Arbeitslosigkeit des Vaters oder aber die mit der Pubertät einsetzenden Prozesse sind Beispiele für solche tiefgreifenden Veränderungsimpulse für die gesamte Lebensstilstruktur. Einschneidend dürften auch Ortswechsel infolge der beruflich bedingten Mobilität von Eltern sein, verstärkt dann, wenn das Kind mit einem neuen Ortstyp konfrontiert wird (Lalli/Hormuth 1990).

Eine besonders augenfällige Form der Transformation hat sich unlängst auf makrogesellschaftlicher Ebene abgespielt; gemeint ist die Wiedervereinigung. Kirchhöfer (1995) geht derzeit in einem Forschungsprojekt, das sich methodisch-konzeptuell eng an die Überlegungen von Zeiher/Zeiher (1994) anlehnt, den Folgen dieses Umbruchs für die Lebensführungen von Kindern nach. In den ersten Auswertungen kommt deutlich zum Tragen, wie sich die Umwälzungen auf der Makroebene markant in den Mikrostrukturen der Alltagsbewältigung niederschlagen. Ein sehr wichtiger Punkt, auch in bezug auf die angestrebte heuristische Systematik, scheint mir, wie die notwendig gewordene berufliche Umorientierung der Eltern auf die Optionen und Ressourcen des Kinderalltags durchschlägt: „Mit der beruflichen Neuorientierung und den existierenden Beschäftigungsmoratorien (Umschulung, Arbeitslosigkeit, Kurz-, Nachtarbeit) veränderten sich die Strukturen der elterlichen Zeitorganisation und wurden für die Kinder offener, aber auch unberechenbarer" (Kirchhöfer 1995, S. 203). Wichtig ist hierzu der Hinweis von Abel/Rütten (1994, S. 231ff.), daß das Versagen oder Scheitern beim Austarieren von Verhaltensweisen, Orientierungen und Ressourcen zu einer Erhöhung psychischer und sozialer Spannungen führen kann. Gelingender oder nicht gelingender Alltag kann also ein

Stressor per se sein. Wir dürfen weiter davon ausgehen, und dies ist die versprochene Hintertüre zur Thematik Sozialisation, daß der Erwerb von Kompetenzen und Identität eng mit der Realisierung und Etablierung selbstgewählter, befriedigender Alltagsarrangements zusammenhängt und weit weniger von einzelnen, besonders eklatanten Ereignissen und Begegnungen.

Wenn wir dem Muster der Lebensführung einen eigenständigen konzeptuellen Status zugestehen (vgl. auch Voß 1991), ihn also nicht mit der Persönlichkeit des Kindes gleichsetzen, scheint der Gedanke nicht so weit hergeholt zu sein, daß er ein eigenständig wirkendes *Medium der Sozialisation* darstellt. Es läßt sich also die *These* formulieren: Die jeweils kontingente, von einer Reihe von Faktoren abhängige Auswahl von Elementen und Präferenzen in der Lebensführung und die daraus für einen gewissen Zeitraum resultierende relativ stabile Lebensorganisation gewinnt unter den Bedingungen der Modernität ein eigenwertiges sozialisatorisches Gewicht. Die in der Familie und vom Kind partiell selbst gestaltete Lebensführung tritt damit als quasi-institutionelle Sozialisationsinstanz neben die etablierten Institutionen der Individuierung und Vergesellschaftung. Klassische Fragen der sozialstrukturellen Sozialisationsforschung stellen sich dann in einer neuen Form. Adler/Adler (1994) sind in ihrer Untersuchung der Nachmittagsaktivitäten von Kindern in den USA beispielsweise zu der folgenden Schlußfolgerung gelangt, welche in die Richtung einer möglichen additiven ungleichheitsfördernden Wirkung der Muster von Lebensführungen deutet: „Adult society is reproduced in miniature here, both culturally and structurally. Not only are the norms of adult culture embodied in organized afterschool activities, but the structural inequalities of race, class, and to a lesser extent gender are inherent as well" (a.a.O, S. 325).

Im Familienverband, so die schon oben formulierte forschungsleitende Überlegung, stellt der Austarierungsprozeß zwischen neuen Anforderungen und Gegebenheiten einen Gegenstand intensiver Aushandlungen dar. Eltern und Kinder versuchen, über das Medium persönliche Lebensführung bestimmte Ziele und Wertvorstellungen zu realisieren, wobei aus der unterschiedlichen Perspektivik der beiden Parteien konfligierende, teils auch real konflikthafte Entwicklungen resultieren können. Der zu bewältigende Alltag, gerade im Angesicht von Herausforderungen wie dem Ortswechsel, der neuen Schule etc. kann als „soziales Objekt" im Sinne Meads verstanden werden. Aus den neueren Untersuchungen von Stecher/Zinnecker/Georg (1993) geht hervor, daß dies nicht eine Einbahnstraße sein muß, sondern sich Eltern in ausgewählten Bereichen an ihren Kindern orientieren.

Bislang ist über diese wechselseitige Beeinflussung und Aushandlung kaum etwas bekannt. Inwiefern nehmen Eltern beispielsweise Entwicklungen ihrer Kinder wahr und versuchen, sie über Maßnahmen der Tagesablauf- bzw. Wochengestaltung zu fördern bzw. abzuschwächen? Welche Hintergrundannahmen über eine „gesunde" Zeiteinteilung" und korrespondierend dazu über Orte der Entwicklung verfechten sie? Welche Kompetenzen versuchen sie ihren Kindern mitzugeben? Hier ist für die derzeitige gesellschaftliche Situation verstärkt auch den über Massenmedien und andere Quellen zugänglichen Wissensbeständen über eine „altersgemäße" Entwicklung sowie der Diskussion, die in der Sozialpädagogik geführt wird, ob es eine neue Altersphase der „Jujus oder Kids" gibt, Rechnung zu tragen. Welche Fragmente und Argumentationsmuster werden übernommen und reflektiert? Welche führen dazu, daß es zu neuen institutionellen Entfaltungsmöglichkeiten kommt?

Aber auch die Perspektive der Kinder und Jugendlichen ist im Prozeß der Ausbildung einer eigenständigen Identität zu untersuchen: Welche Ziele und übergreifenden Werte suchen Kinder und Jugendliche? Inwiefern setzen sie schon bewußt auf eine strategische Einteilung ihrer Tages-, Wochen- und Jahrespläne? Welche Rolle übernehmen dabei die peers? Plausibel ist ein enger Zusammenhang mit der Identitätsentwicklung. Von außen an Kinder und Jugendliche herangetragene Anforderungen führen zu einer verstärkten Selbstaufmerksamkeit (Wicklund/Frey 1993), in der auch die Mittel der persönlichen Lebensführung vermehrt reflektiert werden. Daß Kinder über die Fähigkeit zur Reflexion auch auf der biographischen Lebenslinie verfügen, haben du Bois et al. (1994) aufgezeigt. In solchen Übergangssituationen können, so meine Vermutung, kontingente Angebotsstrukturen relativ großen Einfluß auf das Einschwingen in eine neue Form der Lebensorganisation nehmen.

Alle diese Fragen sind auch vor dem Hintergrund bestimmter vorgegebener Ressourcen und Restriktionen zu betrachten; denn diese entscheiden mit darüber, was überhaupt angestrebt und somit realisiert werden kann. Und hier sehe ich das Einfallstor für einige der in der soziologischen Zeitdiagnose diskutierten Phänomene, speziell der im ersten Abschnitt schon kurz angeschnittenen räumlichen Umstrukturierungsprozesse. Es bietet sich also zur Untersuchung dieser Prozesse der Entwicklung von Mustern der Lebensführung eine regionale Variation der Erhebungskontexte an, die jeweils struktur- und anregungsschwache städtische und ländliche Gebiete solchen gegenüberstellt, welche sich durch ein besonders günstiges regionales kinderspezifisches Ressourcenprofil ausweisen. Wie wird aktiv mit den vorgegebenen Möglichkeiten umgegangen, um Ziele und Aspirationen zu verwirklichen?

Zu den weiteren Hintergrundvariablen, die in einem Wechselverhältnis zu Prozessen der Modernisierung stehen, gehören im weitesten Sinne auch die oftmals sehr oberflächlich andiskutierten Auswirkungen neuer Familienformen und -konstellationen auf Kinder und Jugendliche. Die Verknüpfung zwischen den „Variablen" ist dabei ebenfalls nicht in einem quasi-deterministischen Rahmen zu modellieren. Die Vorstellung, bestimmte Familienkonfigurationen seien automatisch mit spezifischen Formen der Lebensführung von Kindern verknüpft, ist angesichts der bislang vorliegenden Evidenzen, nicht haltbar: Witjes/Altermann-Köster (1994) sind gerade dieser Thematik in ihren Pilotarbeiten näher nachgegangen. In diesen explorativen Studien wurden Kinder aus verschiedensten Familien- und Betreuungskonstellationen, mit stark unterschiedlichen Biographieverläufen befragt. Im Vordergrund dieser Interviews standen dabei die Alltagsorganisation sowie die subjektive Sichtweise der Kinder. Entgegen den vorab auf der Basis der einschlägigen kindheitstheoretischen Literatur formulierten Annahmen konnten in beiden Arbeiten weder die Familienstruktur noch der Sozialstatus der Eltern als eindeutige Bestimmungsfaktoren einer „Individualisierung" von Kindheit im Alltag oder in deren individuellen Deutungsmustern festgestellt werden. „Unkonventionelle" Familienformen können zwar entsprechende Prozesse fördern, sie müssen es aber nicht. Freiheitsgrade und Autonomiespielräume, keinesfalls aber Beliebigkeit sind somit eine kennzeichnende Eigenart der Relation von Sozialstruktur der Postmoderne zu Familienkonstellation und kindlicher Lebensführung. Die Autoren sehen denn auch im Aufweis der Vielschichtigkeit und des Wechselspiels individualisierender und „konservierender" Faktoren das wichtigste Resultat ihrer Forschungsarbeiten.

Eine vielversprechende Variante des Vorgehens stellen aus meiner Sicht schließlich Versuche dar, das Verhalten sozusagen „on-line" zu erfassen, um nicht alleine das objektive Tun, sondern auch die jeweiligen Befindlichkeiten der Kinder zu erheben. Man kann also auch affektive und erlebnismäßige Dimensionen mit in das Forschungsdesign einbeziehen. Die amerikanischen Psychologen Czikszentmihalyi und Larson (1984) haben 75 Jugendliche in einer Gemeinde am Rande von Chicago mit elektronischen Geräten ausgestattet, die sie, nach Zufallsprinzip gesteuert, dazu veranlaßten, in einem kurzen Fragebogen Aufenthaltsorte, Aktivitäten, die jeweils anwesenden Personen, Gefühle und Gedanken festzuhalten. Die teilnehmenden Jungen und Mädchen kamen aus der neunten bis zwölften Schulstufe. Die Ergebnisse stehen im Einklang mit denjenigen herkömmlicher Befragungen, ergänzen sie aber insbesondere um die Erlebnisqualitäten. Drei Lebensbereiche schälen sich konsistent heraus: ein unstrukturierter Bereich, in dem die Jugendlichen die Welt allein erleben, ein hoch strukturierter Bereich mit gezielten Anforderungen durch Schule und Eltern und letztlich ein Lebensbereich, in welchem es vor allem die Aushandlungen und Transaktionen mit den Freunden sind, die das Geschehen dominieren. Im letztgenannten Bereich fühlen sich die Jugendlichen auch am wohlsten, die negativsten Stimmungen werden in der Schule berichtet. Diese Methodologie ist jüngst auf den Familienkontext (Larson/Richards 1994) angewandt worden und fördert hier ergänzend die gravierenden erlebnismäßigen Differenzen zwischen Müttern, Eltern und Kindern zu Tage, ebenfalls ein Aspekt, der in der weiteren Forschung verstärkt thematisiert werden sollte.

Zusammengefaßt plädiere ich dafür, in zukünftigen Projekten der empirischen Kindheitsforschung eine verstärkte Aufmerksamkeit dem Zusammenspiel objektiv meßbarer Ressourcenprofile mit familial und individuell hergestellten und auf der Basis spezifischer Deutungsmuster ausgehandelten Lebensstilen im konkreten Handeln und affektiven Erleben der Kinder zu widmen und dabei ein besonderes Augenmerk auf solche Situationen zu richten, von denen angenommen werden kann, daß sie zu Veränderungen des Lebensführungsmusters führen. Das Konstrukt „Topologie der Kindheit" (Lange 1993, S. 315 ff.) soll dabei den Zusammenhang zwischen äußerer Lebensraumstruktur und sozialer Sinn- und Bedeutungsgebung umschreiben. Topologien der Kindheit lassen sich dann durch Parameter ihrer räumlich-zeitlichen Vielgestaltigkeit, ihrer Freiheitsgrade sowie ihrer sozialen Bedeutsamkeit und ihrer gesellschaftlichen Akzeptanz und Bewertung „vermessen."

Literatur

AANDERUD, Catharina: Die Gesellschaft verstößt ihre Kinder. Werteverlust und Erziehung. Hamburg 1995

ABEL, Thomas/RÜTTEN, Alfred: Struktur und Dynamik moderner Lebensstile. Grundlagen für ein neues empirisches Konzept. In: DANGSCHAT, J./BLASIUS, J. (Hrsg.): Lebensstile in den Städten. Konzepte und Methoden. Opladen 1994, S. 216-248

ADLER, Patricia A./ADLER, Peter : Social reproduction and the corporate other: The institutionalization of afterschool activities. The Sociological Quarterly 35, 1994, 3, pp. 309-328

BECK-GERNSHEIM, Elisabeth: Die Inszenierung der Kindheit. Psychologie heute 14, 1987, 12, S. 30-35

BELSCHNER, Wilfried: Anmerkungen zum Heimatbegriff. In: BELSCHNER, W./GRUBITZSCH, S./MÜLLER-DOOHM, S. (Hrsg.): Wem gehört die Heimat? Die Beiträge der politischen Psychologie zu einem umstrittenen Phänomen. Opladen 1995, S. 95-105

BERG, Christa: Kinderwelten zwischen fürsorglicher Belagerung und Selbstbehauptung. In: REIß, G. (Hrsg.): Schule und Stadt. Lernorte, Spielräume, Schauplätze für Kinder und Jugendliche. Weinheim und München 1995, S. 27-45

BERG-LAASE, Günter/BERNING, Maria/GRAF, Ulrich/JACOB, Joachim: Verkehr und Wohnumfeld im Alltag von Kindern. Eine sozialökologische Studie zur Aneignung städtischer Umwelt am Beispiel ausgewählter Wohngebiete in Berlin (West). Pfaffenweiler 1985

BERGER, Irene/COLBERG-SCHRADER, Hedi/KRUG, Marianne/WUNDERLICH, Theresia (Hrsg.): Land-Kinder-Gärten. Ein Projektbuch des Deutschen Jugendinstituts. Freiburg 1992

BERTRAM, Hans/BAYER, Hiltrud/BAUEREIß, Renate: Familien-Atlas: Lebenslagen und Regionen in Deutschland. Opladen 1993

BINZ, Roland: „Nur Borussia ist stärker." Zur Alltagsbedeutung des Fußballvereins, gestern und heute. Frankfurt am Main 1988

BODENSTEDT, Andreas/NEBELUNG, Andreas: Land- und Agrarsoziologie. In: KERBER, H./SCHMIEDER, A. (Hrsg.): Spezielle Soziologien. Problemfelder, Forschungsbereiche, Anwendungsorientierungen. Reinbek b. Hamburg 1994, S. 168-187

CASTELLS, Manuel: Space of flows - Raum der Ströme. Eine Theorie des Raums in der Informationsgesellschaft. In: NOLLER, P./PRIGGE, W./ RONNEBERGER, K. (Hrsg.): Stadt-Welt. Frankfurt am Main 1994, S. 120-134

CZIKSZENTMIHALYI, Mihalyi/LARSON, Reed: Being adolescent: Conflict and growth in the teenage years. New York 1984

DANGSCHAT, Jens/BLASIUS, Jörg (Hrsg.): Lebensstile in den Städten. Konzepte und Methoden. Opladen 1994

DEUTSCHES JUGENDINSTITUT (Hrsg.): Was tun Kinder am Nachmittag? München 1992

du BOIS-REYMOND, Manuela/BÜCHNER, Peter/KRÜGER, Heinz Hermann/ECARIUS, Jutta/FUHS, Burkhard: Kinderleben. Modernisierung von Kindheit im interkulturellen Vergleich. Opladen 1994

ENDRUWEIT, Günter: The chances of agricultural interests in local decisions. Sociologia Ruralis 30, 1990, 1, pp. 76-87

FRIESEN, Astrid von: Geld spielt keine Rolle. Erziehung im Konsumrausch. Reinbek b. Hamburg 1991

GIDDENS, Anthony: Die Konstitution der Gesellschaft. Frankfurt am Main 1988

GOODNOW, Jaqueline: Parents` ideas, actions, and feelings: Models and methods from developmental and social psychology. Child Development 59, 1988, 2, pp. 286-320

GREVERUS, Ina-Maria: Wem gehört die Heimat? In: BELSCHNER, W./GRUBITZSCH, S./LESZCZYNSKI, C./MÜLLER-DOOHM, S. (Hrsg.): Wem gehört die Heimat? Beiträge der politischen Psychologie zu einem umstrittenen Phänomen. Opladen, 1995, S. 23-39

HARMS, Gerd/PREISSING, Christa/RICHTERMEIER, Adolf: Kinder und Jugendliche in der Großstadt. Berlin 1985

HARVEY, David: Die Postmoderne und die Verdichtung von Raum und Zeit. In: KUHLMANN, A. (Hrsg.): Philosophische Aspekte der Kultur der Moderne. Frankfurt am Main 1994, S. 7-29

HAUßERMANN, Hartmut/SIEBEL, Walter: Gemeinde- und Stadtsoziologie. In: KERBER, H./SCHMIEDER, A. (Hrsg.): Spezielle Soziologie. Reinbek 1994, S. 363-386

HENGST, Heinz: Tendenzen einer Liquidierung von Kindheit. In: HENGST, H. et al.: Kindheit als Fiktion. Frankfurt am Main 1981, S. 11-72

HERRENKNECHT, Alfons: Die neue Provinz. Von der Krisenregion zur Weltstelle der Hoffnung. In: KLEMM, U./SEITZ, K. (Hrsg.): Das Provinzbuch. Kultur und Bildung auf dem Lande. Bremen 1989, S. 14-21

KIRCHHÖFER, Dieter: Biographische Brüche im Kindes- und Jugendalter - Risiken künftiger Entwicklung? In: KRÜGER, H. H./MAROTZKI, W. (Hrsg.): Erziehungswissenschaftliche Biographieforschung. Opladen 1995, S. 201-217

KREKELER, Gaby: Meßprobleme der Zeitbudgetforschung. Eine Untersuchung zur Reliabilität und Validität von Kindertagebucherhebungen. Münster 1995

LALLI, Marco/HORMUTH, Stefan E.: Wohnortwechsel. In: KRUSE, L/GRAUMANN, C. F./LANTERMANN, E. (Hrsg.): Ökologische Psychologie. Ein Handbuch in Schlüsselbegriffen. München 1990, S. 568-575

LANGE, Andreas: Kindsein heute: Theoretische Konzepte und Befunde der sozialwissenschaftlichen Kindheitsforschung sowie eine Explorativuntersuchung zum Kinderalltag in einer bodenseenahen Gemeinde. Unveröff. Dissertation. Konstanz 1993

LANGE, Andreas: Kindheitsrhetorik im Lichte ausgewählter Befunde der empirischen Kindheits- und Familienforschung. Arbeitspapier Nr. 19: Konstanz: Forschungsschwerpunkt „Gesellschaft und Familie"

LARSON, Reed/RICHARDS, Maryse H.: Divergent realities. The emotional lives of fathers, mothers and adolescents. New York 1994

LEE, Mary Dean: Probing behavioral patterns of structuring daily life. Human Relations 38, 1985a, 5, pp. 457-476

LEE, Mary Dean: Life space structure: Explorations and speculations. Human Relations 38, 1985b, 7, pp. 623-642

LÜDERS, Christian: Pädagogisches Wissen für Eltern. Erziehungswissenschaftliche Gehversuche in einem unwegsamen Gelände. In: KRÜGER, H. (Hrsg.): Erziehungswissenschaft. Die Disziplin am Beginn einer neuen Epoche. Weinheim und München, S. 162-183

LÜSCHER, Kurt: „Homo interpretans". On the relevance of perspectives, knowledge and beliefs in the ecology of human development. Arbeitspapier Nr. 14: Konstanz: Forschungsschwerpunkt „Gesellschaft und Familie" 1994

MEEKS, Carol B./MAULDIN, Teresa: Children`s time in structured and unstructured activities. Lifestyles 11, 1990, 3, pp. 257-281

MICHAILOW, Matthias: Lebensstilsemantik. Soziale Ungleichheit und Formationsbildung in der Kulturgesellschaft. In: MÖRTH, I./FRÖHLICH, G. (Hrsg.): Das symbolische Kapital der Lebensstile. Zur Kultursoziologie der Moderne nach Pierre Bourdieu. Frankfurt am Main 1994, S. 107-128

MURPHEY, David A.: Constructing the child: Relations between parents` beliefs and child outcomes. Developmental Review 12, 1992, 2, pp. 199-232

NAUCK, Bernhard: Sozialräumliche Differenzierung der Lebensverhältnisse von Kindern in Deutschland. In: GLATZER, W./NOLL, H. H. (Hrsg.): Getrennt vereint. Lebensverhältnisse in Deutschland seit der Wiedervereinigung. Frankfurt am Main 1995, S. 165-202

POSTMAN, Neil: Das Verschwinden der Kindheit. Frankfurt am Main 1982

PREUSS-LAUSITZ, Ulf u.a.: Kriegskinder - Konsumkinder - Krisenkinder. Weinheim und Basel 1983

ROLFF, Hans Günter: Soziologie der Schulreform. Weinheim und Basel 1980

SCHICK, Monika: Kindheit in einem Dorf. Fallstudien zur Alltagsorgansation zehnjähriger Kinder. Max-Planck-Institut für Bildungsforschung. Berlin 1992

SCHLÖMERKEMPER, Jörg: Freizeit und Karriere. Freizeitaktivitäten von Kindern im Urteil von Erwachsenen. Eine empirische Studie. Neue Sammlung 32, 1992, 3, S. 445-458

STECHER, Ludwig/ZINNECKER, Jürgen/GEORG, Werner: Kulturelle Orientierungen von Eltern an ihren jugendlichen Kindern. Variationen in gegenwärtigen deutschen Familien und deren Bedingungen. Arbeitspapier Nr. 2. Siegen: Projekt Bildungsmoratorium 1993

STRUFF, Richard: Regionale Lebensverhältnisse, Teil 1: Wohnen, Arbeiten und Sozialhilfe in Stadt und Land. Bonn: Forschungsgesellschaft für Agrarpolitik und Agrarsoziologie 1992

VOß, Gerd-Günther: Lebensführung als Arbeit. Über die Autonomie der Person im Alltag der Gesellschaft. Stuttgart 1991

WICKLUND, Robert A./FREY, Dieter: Die Theorie der Selbstaufmerksamkeit. In: FREY, D./IRLE, M. (Hrsg.): Theorien der Sozialpsychologie. Band I: Kognitive Theorien. Vollständig überarbeitete, aktualisierte und erweiterte Neuauflage. Bern 1993, S. 155-173

WITJES, Winfried/ALTERMANN-KÖSTER, Marita/LINDAU-BLANK, Detlev/ZIMMERMANN, Peter: Kindheit zwischen Individualisierung und Tradition. Dortmund: Institut für Schulentwicklungsforschung 1994

ZEIHER, Helga: Die vielen Räume der Kinder. Zum Wandel räumlicher Lebensbedingungen seit 1945. In: PREUSS-LAUSITZ, U. u.a.: Kriegskinder - Konsumkinder - Krisenkinder. Weinheim und Basel 1983, S. 176-195

ZEIHER, Hartmut J./ZEIHER, Helga: Orte und Zeiten der Kinder. Soziales Leben im Alltag von Großstadtkindern. Weinheim und München 1994

Lothar Krappmann

Streit, Aushandlungen und Freundschaften unter Kindern

Überlegungen zum Verhältnis von universellen und soziokulturellen Bedingungen des Aufwachsens in der Kinderwelt

Aushandlungen unter zehn- bis zwölfjährigen Kindern stehen im Mittelpunkt der Untersuchungen, die ich seit vielen Jahren zusammen mit Hans Oswald durchführe. Aushandlungen interessieren uns deswegen, weil sie zu den Prozessen gehören, in denen Menschen Grundlagen gemeinsamen Handelns schaffen. Dafür müssen die Handelnden sich des Sinns ihres Tuns vergewissern und prüfen, welche Regeln gelten sollen. Für Kinder stellen diese Aushandlungen zugleich die Aufgabe, Fähigkeiten auszubilden, die erforderlich sind, um an diesen Abstimmungen und Vereinbarungen teilnehmen zu können. Diese Fähigkeiten antworten auf ein universelles Problem: Kinder müssen die ursprüngliche Selbstverständlichkeit, mit der sie die Welt zu verstehen meinen, überwinden. Sie müssen die Verschiedenheit individueller und kollektiver Perspektiven erfahren und sich Möglichkeiten erarbeiten, mit der Verschiedenheit der Vorstellungen und Absichten umzugehen. Auf diesen universellen Aspekt haben wir uns in unseren Analysen konzentriert, obwohl in unseren Beobachtungen überaus deutlich ist, daß Kinder in ihrem Verhandeln, im Nachgeben oder trotzigem Beharren, bei aggressivem Streiten oder einfühlsamem Argumentieren, beim Sich-Einigen oder Im-Zorn-Auseinandergehen unter dem Einfluß der Umwelt stehen, in der sie leben. Wir glauben zwar Hinweise zu haben, daß diese Kinderwelt relativ eigenständig ist. Aber es ist nicht zu leugnen, daß es wichtige Bedingungen gibt, die die Aushandlungsprozesse der Kinder beeinflussen und somit den beteiligten Kindern erleichtern oder sie hindern, die Perspektiven anderer wahrzunehmen und aushandelnd zu koordinieren.

Dieser soziokulturellen Beeinflussung der Kinderaushandlungen will ich in diesem Aufsatz nachgehen. Ich will darstellen, wie das Aushandeln in der Kinderwelt und seine Resultate vom genügenden Vorhandensein anderer Kinder, von den Kindern eröffneten Möglichkeiten, ihre Beziehungen auszugestalten, und von Stilen der Auseinandersetzung über Probleme in ihrer Umwelt abhängen. Ich nehme unsere Ergebnisse wie einen Sonderfall und frage, inwieweit bestimmte äußere Bedingungen dafür verantwortlich sein mögen, daß Kinder sich in der Weise verhalten, wie wir es beobachtet haben. Diese Erkundung des Umfelds werde ich nicht nach der üblichen Begrifflichkeit für kulturelle Einflüsse ordnen wie zum Beispiel nach den Auswirkungen der Zugehörigkeit zu einem Milieu, einer Religion oder Ethnie, sondern gehe induktiv von den beobachteten Aushandlungen aus, indem ich überlege, welche Faktoren das Ausmaß und die Mittel des Aushandelns und welche Bedingungen die Bildung von Gruppen und Freundschaften, innerhalb deren ausgehandelt wird, beeinflussen.

Zwei Wege der Einwirkung umfassenderer Lebensmuster auf die Kinderwelt lassen sich unterscheiden. Der eine läuft über die Vorerfahrungen, die Kinder aus ihren Familien und insofern „von außen" in die Kinderwelt mitbringen. Es wird angenommen, daß die Kinder auftretende Probleme entsprechend den erlernten Fähigkeiten lösen. Die Kinderwelt ist nach dieser Auffassung eher ein Übungsfeld, das die soziokulturelle Welt, die die Kinder umgibt, widerspiegelt. Der andere Weg der Einwirkung bezieht ein, daß Kinder in ihrer Kinderwelt vor neuartige Probleme gestellt werden, die zu lösen ihre mitgebrachten Fähigkeiten nicht ausreichen. Zusätzliche Fähigkeiten zu erwerben, verlangt, daß die Kinderwelt ihre sozialisatorische Kraft entfalten kann. Soziokulturelle Bedingungen können jedoch die in der Kinderwelt enthaltenen Herausforderungen einschränken oder den Kindern zuwenig Gelegenheit bieten, mit Vorgehensweisen und Lösungen in ihrer gesamten Breite und ausführlich zu experimentieren und soziale Beziehungen verschiedener Qualität zu entwickeln. Auf diese Weise filtern und modifizieren sie den sozialisatorischen Ertrag der Kinderwelt.

Nach dieser Auffassung stellt die Kinderwelt nicht eine Kopie der umgebenden Kultur dar, sondern repräsentiert eine eigene Anpassungsleistung ihrer sozialen Prozesse an soziokulturelle Gegebenheiten. Hier können unter dem Einfluß dieser Bedingungen Verhaltensmuster entstehen, die nach dem Vorverständnis dieser Kultur gar nicht zu erwarten waren, etwa Rücksichtslosigkeit, obwohl Eltern zu Hause und Lehrerinnen in der Schule ständig zu gegenseitiger Hilfsbereitschaft auffordern. Gerade diese Möglichkeit, daß eigentlich nicht Vorgesehenes entsteht, macht diese zweite Vorstellung attraktiv, da Sozialisationsmodelle nicht nur Reproduktion, sondern auch Wandel verständlich machen sollen. Eine Quelle dieses Wandels ist die Aneignung der Kultur durch die nachwachsende Generation, die sich in den Kinder- und Jugendwelten vollzieht, denn in ihnen bearbeiten sie relativ autonom ihre entwicklungstypischen Aufgaben, jedoch unter Bedingungen, die die soziokulturelle Umwelt festlegt.

Die egalitäre Struktur der Kinderinteraktion

Als Gegenstand unserer Untersuchung haben wir die Aushandlungen von Kindern in der mittleren Kindheit gewählt, weil die Heranwachsenden in dieser Phase des Aushandelns sich allmählich aus dem Schutz und der engen Kontrolle der Eltern lösen. Mehr und mehr müssen sie selber die Unstimmigkeiten und Konflikte lösen, in die sie mit ihren Spiel- und Kooperationspartnern geraten.

Wahrnehmung der Verschiedenheit und Koordination der Perspektiven werden in der Kinderwelt mit ihren vielen offenen Situationen zu einer zentralen Aufgabe.

Diese Fragestellung beruft sich auf George Herbert Meads (1934) Vorstellungen sozialer Objekte, des role taking und des sinnvollen Handelns, das durch Identität gesichert wird. Diese Gedanken wurden kaum empirisch genutzt, bis Selman (1984) den schrittweisen Aufbau der Fähigkeit, die eigene Sichtweise von der anderer zu unterscheiden und diese verschiedenen Sichtweisen wieder in Verbindung zu setzen, zur Grundlage seiner Theorie des sozialen Verstehens gemacht hat.

Derartige Prozesse wollten wir unter Kindern beobachten und ihre Koordinationsleistungen analysieren, und zwar unter Kindern gleichen Alters. Es waren die Thesen Piagets (1923) und Youniss' (1980), die uns dazu angeregt haben, die Sozialwelt der gleichaltrigen Kinder als Untersuchungsfeld zu wählen. Sie haben dargelegt, daß die Kinderwelt ein Ort ist, an dem sich das Problem, Handlungen aufeinander abzustimmen, besonders scharf stellt. In den Interaktionen der Kinder untereinander, anders als im Verhältnis zu Erwachsenen, verfügt nicht eine Seite über ein dauerhaftes, nicht einholbares Übergewicht an Können, Erfahrung und Ressourcen. Das bereitet Schwierigkeiten, denn kein kompetenter Beteiligter räumt dem Kind Probleme aus dem Weg und empfiehlt oder verlangt Lösungen. Statt dessen gibt es die Notwendigkeit zu gemeinsamer Anstrengung für Absprachen, die den Fortgang von Spiel und Kooperation und den Fortbestand von Freundschaft sichern können. In diesen Prozessen fordern die Kinder sich gegenseitig Kompetenzen ab.

Diese Vorstellung von Sozialisation ist eine konstruktivistische: Kinder konstruieren zum einen miteinander Lösungen für Probleme, die den Fortgang ihrer Kooperation behindern. Diese Lösungen können darin bestehen, Einigung über gemeinsames Handeln herzustellen, aber übrigens auch darin, einen fortbestehenden Dissens zu klären. Zum anderen konstruieren sie in denselben Aushandlungen Kompetenzen, solche Lösungen zu erreichen, und Vorgehensweisen, um sie einzusetzen. Youniss (1994) spricht daher von einer „Ko-Konstruktion" der zu erwerbenden Handlungsfähigkeit. In den erreichten Lösungen und den entwickelten Kompetenzen steckt einerseits die Antwort auf das universelle Problem der Perspektivität menschlichen Handelns. Andererseits sind diese Resultate aber auch von den konkreten Bedingungen beeinflußt, unter denen sie erarbeitet wurden. Somit lassen sich diese Produkte einer Ko-Konstruktion auch wieder kritisch „dekonstruieren", nämlich auf die sozialkulturellen Konstellationen zurückführen, aus denen sie hervorgegangen sind.

Gewiß stoßen Kinder bereits mit ihren Eltern auf Probleme der Abstimmung des Handelns, insbesondere wenn Eltern ihre Kinder als Gesprächspartner einbeziehen. Dennoch ist die Situation des Aushandelns unter Kindern anders vorstrukturiert, weil Kinder mit relativ gleichen Mitteln ihre Vorhaben aushandeln und im Extremfall diejenigen, die sie zu etwas zu zwingen versuchen,

„stehen lassen" können. Zwar gibt es zahllose Versuche von Kindern, sich andere durch Drohungen und Gewalt, mit Verführung und Tricks gefügig zu machen. Daraus entstehen jedoch keine verläßlichen Kooperationsbeziehungen, und einhellig lehnen Kinder ab, daß andere über ihr Tun bestimmen. Sie bestehen auf gleichberechtigter Mitsprache und auf gerechter, nämlich gleicher Verteilung von Vorteilen und Lasten. Daß in manchen Bedürfnissen und Präferenzen Kinder nicht gleich sind, fällt ihnen schwer zu berücksichtigen. Hierin liegt eines der interessanten Probleme in dieser Übergangsphase von gleichberechtigtem Nebeneinander zu intensiverem Miteinander.

Aushandlungen der Kinder unter dem Einfluß von Freundschaft

Damit die Ausführungen über die soziokulturellen Einflüsse nachher daran anknüpfen können, will ich knapp einige wesentliche Ergebnisse unserer Studien über die Aushandlungen unter Gleichaltrigen schildern (ausführlicher in Krappmann/Oswald 1995). Unsere Untersuchung verfolgte die Hypothese, daß Kinder, die miteinander befreundet sind, besser die Perspektive der anderen Seite berücksichtigen und daher zu einvernehmlicheren Ergebnissen kommen als nicht befreundete Kinder. Die zu berichtenden Ergebnisse stützen sich auf die Analyse von über 750 Aushandlungen, die wir in den Beobachtungsprotokollen aus drei vierten und einer sechsten Schulklasse einer innerstädtischen Grundschule Berlins fanden. Jedes Kind dieser Schulklassen stand während der Unterrichtszeit und auf dem Pausenhof zwei bis drei Stunden im Fokus von jeweils zwei Beobachtern. Die protokollierten Aushandlungen haben nicht nur Aufgaben zum Thema, die die Schule den Kindern stellt, sondern etwa die Hälfte der Aushandlungen entsprang der Kinderwelt, die in die Schule weit eingedrungen ist. Grundsätzlich hatten Kinder in den Themenbereichen von Schule und Kinderwelt dieselben Schwierigkeiten der Abstimmung ihrer Absichten und wandten in beiden Bereichen dieselben Aushandlungsstrategien an.

Die Aushandlungsstrategien der Kinder haben wir danach unterschieden, inwieweit und in welcher Weise sie Perspektiven der anderen Seite einbeziehen. Sie können diese Perspektiven völlig außer acht lassen und versuchen, sich „ohne Rücksicht" durchzusetzen. Falls sie - auf einer nächsten Ebene des Aushandelns - die Perspektive der anderen Seite berücksichtigen, kann es sein, daß sie auf diese Gegenposition zwar Rücksicht nehmen, sie jedoch nicht in Frage stellen. Wenn Kinder etwa abmachen, „Heute spielen wir bei Dir und morgen bei mir!", dann debattieren sie nicht, ob etwas für das Spielen hier oder dort spricht, sondern sie wechseln ab, ohne sich inhaltlich mit den Vorschlägen auseinanderzusetzen. Pragmatisch kann das zweckmäßig sein. Man könnte aber auch die diskrepanten Positionen als eine Herausforderung begreifen, die eigenen Ansichten im Lichte anderer Vorstellungen zu klären, und eine Einigung darüber, wie weiter zu verfahren sei, zur gemeinsamen Angelegenheit machen.

Das wäre eine dritte Ebene des Aushandelns. An Freundschaften erscheint uns wichtig, daß sie einen Interaktionsrahmen von auf Dauer gestellter Gegenseitigkeit schaffen, der es erleichtert, Verschiedenheit von Perspektiven zu erkennen und Erfahrungen damit zu sammeln, auf welchen Wegen sie zu überbrücken sind.

Wir haben festgestellt, daß diese zehn- bis zwöfjährigen Kinder in mehr als der Hälfte ihrer Aushandlungen die Sicht der anderen Seite übergingen, rüde ablehnten oder mit Zwang wegfegten (bzw. sich unterwarfen, ohne etwas entgegenzusetzen). Der strittige Charakter vieler Aushandlungen war daran abzulesen, daß fast in der Hälfte aller Aushandlungen Beteiligte angeschrieen, weggestoßen, verhöhnt, geknufft oder gar geschlagen wurden. Argumentative Einigungsbemühungen entdeckten wir in weniger als jeder zehnten Aushandlung. Beidseitig akzeptierte Lösungen oder Einigungen wurden in kaum mehr als der Hälfte der Fälle gefunden. Es ist ein eigenes Thema, diese Vorkommnisse näher zu schildern, denn manche dieser häßlichen Vorkommnisse sind gut begründet und sogar prosozial motiviert, wie die vehemente Verteidigung eines Freundes gegen ungerechtfertigte Angriffe. Dazu später noch etwas mehr. Es zeigte sich, daß ältere Kinder rücksichtsvoller als jüngere miteinander umgingen und Mädchen rücksichtsvoller waren als Jungen. Ebenso achteten Freunde bzw. Freundinnen mehr aufeinander als nicht befreundete Kinder. Jedoch fanden wir erstaunlich, wie oft auch in Freundschaften die Perspektive der Gegenseite nicht in Betracht gezogen wurde, wie häufig Gefühle mißachtet oder auch physische Gewalt angewandt wurde.

Ein weiteres Ergebnis zu den Auswirkungen von Freundschaft auf das Aushandeln fanden wir noch bemerkenswerter. Wir haben untersucht, ob die Offenheit des Themas für eine Aushandlung und die Art des ersten Schritts, mit dem die Aushandelnden den Prozeß beginnen, Verlauf und Ergebnis der Aushandlung beeinflussen. Wir stellten fest, daß nicht befreundete Kinder, die sich mit einem normativ geregelten Thema auseinandersetzten, insbesondere wenn eine Regelverletzung im Hintergrund stand, die Perspektive der anderen Seite in ihrem ersten Schritt oft nicht berücksichtigten. Diese Aushandlungen endeten besonders häufig ohne Einigung. Ging es dagegen um ein Thema mit offenen Alternativen, das in Anerkennung der unterschiedlichen Interessenlagen aufgegriffen wurde, verlief die Aushandlung oft ohne Übergriffe und Kränkungen. Überwiegend wurde eine akzeptierte Lösung erreicht. Wenn man nach denselben Abläufen unter Freundinnen oder Freunden sucht, stellt sich heraus, daß unter befreundeten Kindern dieser Zusammenhang zwischen der Offenheit des Themas sowie dem ersten Aushandlungsschritt und dem Ende der Aushandlung nicht besteht. Freundinnen, Freunde kommen von einem - kurz gesprochen - schlechten Anfang noch zu einem guten Ende bzw. ein guter Anfang garantiert nicht die Einigung am Schluß. Offenbar ist der Aushandlungsprozeß unter befreundeten Kindern weniger festgelegt. Rückfragen, zusätzliche Argumente, Neubewertungen von Informationen können in die Auseinandersetzung einfließen und den Ablauf in eine andere Richtung lenken, jedenfalls oft genug, um die statistischen Prädiktionsmodelle, die bei Nicht-Freunden das Ende vom Anfang her voraussagen, scheitern zu lassen.

Noch etwas anderes fiel auf: Freunde handeln deutlich seltener miteinander einen Dissens aus als nicht befreundete Kinder. Das widersprach unseren Erwartungen, denn wir hatten vermutet, daß Kinder - ebenso wie Erwachsene - ihre jeweiligen Vorstellungen und Absichten weniger in Aushandlungen mit ihnen bedeutungslosen Gegenübern, sondern vor allem mit Partnern, zu denen eine Beziehung besteht, zur Disposition stellen. Nach Youniss (1994) ist gerade Freundschaft der Ort der „Ko-Konstruktion". Warum sind Aushandlungen dann so selten?

Durch weitere Analysen wurde deutlich, daß die einzelne Aushandlung, die wir als Einheit der Analyse bestimmt hatten, für befreundete und nicht befreundete Kinder von unterschiedlicher Bedeutung ist. Nicht-Freunde wissen nicht, wann sie wieder zusammentreffen werden, und müssen daher ihren Zwist in dieser Situation klären. Der risikoloseste Weg ist vermutlich, in der eben beschriebenen Weise zu verfahren: Anfang gut, Ende gut; Anfang schlecht, Ende schlecht. Freunde, Freundinnen sind indessen in einer anderen Lage, denn sie können ihre Aushandlungen beliebig oft fortsetzen, da sie sich immer wieder treffen und in gewisser Weise in Dauerinteraktion stehen. So können sie Lösungen aufschieben und in einen langfristigen Interessenausgleich einlagern. Freundschaft enthält eine Geschichte von Aushandlungen.

Dies würde verständlich machen, daß befreundete Kinder in den Situationen, in denen wir sie beobachten konnten, zum einen seltener, und zum anderen offener aushandelten. Beobachtete Verhaltensweisen der Kinder erklären sich also von der Art der Beziehung her, in der sie zueinander stehen. Freundschaften ermöglichen in besonderer Weise Ko-Konstruktion, weil sie Interaktionen auf Dauer stellen und egalitäre Gegenseitigkeit begünstigen. Was aber beeinflußt die Muster der Beziehungen unter Kindern, von denen das ko-konstruktive, sozialisatorische Potential der Kinderwelt in so hohem Maße abhängt?

Die soziokulturelle Einbettung der Sozialbeziehungen der Kinder

Demographische Restriktionen

Die erste Voraussetzung ist eine sozialdemographische: Kinder können nur Freunde finden, wenn in der näheren Umgebung genug Kinder leben, unter denen ein Junge seinen Freund, ein Mädchen seine Freundin auswählen kann. Die Grundschule unserer Studie liegt in einem dicht bebauten Stadtbezirk. Sie wurde von fast allen Kindern des Altersjahrgangs besucht, die in einem Areal von etwas mehr als einem Quadratkilometer wohnten. Diese Kinder füllten in den 80er Jahren zwei Parallelklassen mit insgesamt etwa 25 bis 30 Mädchen und ebensovielen Jungen. Das ist keine Kinderwelt mit viel Auswahl. Einige Kinder fanden schlicht keine Freundin oder keinen Freund, denn „alle Guten sind schon besetzt", wie ein Kind es beschrieb. Andere, gleichfalls wenige, waren - vor allem in jüngeren Jahren - auf elterliche Hilfe angewiesen, um befreundete Kinder außerhalb des Viertels zu erreichen.

Das hat kinderkulturelle Konsequenzen. Unter dieser Voraussetzung wird nämlich riskant, seine Freunde zu kritisieren, denn sie könnten sich zurückziehen. Erst recht verbietet sich, bei einem Streit das einzige Machtmittel, das Kindern zur Verfügung steht, anzuwenden, nämlich zu drohen: „Dann bist Du nicht mehr mein Freund!" Wir belächeln gelegentlich diese Strategie der Kinder, bei einem anderen Gehör zu finden. Sie diente auch schon als Beweis, daß Kinder vom Wesen der Freundschaft nichts verständen, denn sonst würden sie eine Beziehung nicht so leicht aufs Spiel setzen. Tatsächlich gehört die Möglichkeit, einem Kind die Spielbeteiligung oder die Beziehung aufzukündigen, zu den entscheidenden Regulativen der Kinderwelt. Der angekündigte Abbruch der Interaktion übt Druck aus, aufeinander einzugehen. Nur durch Frage und Kritik kann die Aushandlung vom „wechselseitigen Respekt" auf die Ebene des kokonstruktiven Suchens nach Lösungen übergehen. Ob Kinder diese Mittel einzusetzen vermögen, hängt nicht nur, aber auch von der Zahl der Kinder ab, die ersatzweise Partner sein können. Äußerungen von Kindern in Interviews unterstreichen, daß dieses Problem wahrgenommen wird.

Wohnumgebung und Stadtraum

Sozialökologische Bedingungen treten hinzu: Nicht nur von der Zahl der Kinder, sondern auch von Gegebenheiten des Stadt- oder Landraums hängt ab, ob Kinder die Gruppen bilden können, von denen die Literatur zur sozialen Kinderwelt spricht, nämlich die peer group, das offene Netzwerk der etwa gleichaltrigen Kinder, dem alle angehören können, die mit den anderen mithalten - „of equal standing", also „ranggleich" sind, sagt Hartup (1983) -, die Absprachen achten (nicht „stänkern", wie Berliner Kinder es ausdrücken) und in fairer Weise ihren Teil zu Spaß und Anstrengung beitragen. Der Ort dieser peer group waren immer Straßen und Plätze, möglichst etwas abseits von den Räumen, die die Erwachsenen in Anspruch nehmen. Die wenigen Gruppierungen, die peer groups ähnelten, fanden wir, wo Wohnanlagen, etwa weitläufige Innenhöfe, sie begünstigten. Sie sind jedoch für die Sozialwelt der Kinder im Bereich der Grundschule, in der unsere Studie stattfand, nicht charakteristisch.

Dennoch waren Kinder durchaus auf Straßen und Plätzen zu finden; sie übten Rollschuh-Kunststücke oder erkundeten die Gegend mit dem Rad, aber eben zumeist zu zweit oder zu dritt. Zu mehreren zogen sie an den Rodelhang oder ins Schwimmbad. Diesen Unternehmungen gingen gewöhnlich Verabredungen voraus, die nach unseren Unterlagen unkompliziert waren. Dieses Verhalten scheint vor allem dem Sicherheitsbedürfnis der Eltern entgegenzukommen. Sie wollen angesichts mancher Ängste hinsichtlich der Gefahren des Stadtraums wissen, wo und mit wem die Kinder ihre Zeit verbringen. Überschauen lassen sich diese Verabredungen nur, wenn die Zahl der Beteiligten reduziert wird. Es waren ganz überwiegend schlecht in Beziehungen integrierte Kinder, die sich einfach auf den Weg machten, um andere zu suchen, und die von denen, die sie trafen, des öfteren als störend empfunden wurden. Somit entstanden auch spontan kaum größere Gruppierungen, abgesehen von denen der fußballspielenden Jungen, die gern ihre Spielgruppen erweiterten.

Folglich ist zu fragen, ob es die Gruppierungen überhaupt noch gibt, die die Rede von der peer group meint. LaGaipa (1979) schrieb den Gleichaltrigengruppen einen Beitrag zur Sozialisation zu, den dyadische Freundschaften nicht leisten können, denn diese offenen Gruppierungen schaffen einen besonderen Rahmen für Meinungsbildung und Konfliktaustragung. Streit ist in gewisser Weise öffentlich, Kontrahenten können Unterstützung finden, die Parteiungen kritisieren Argumente und pochen auf Regeln. In diesen Prozessen, so LaGaipa, würde soziale Realität definiert. Kinder lernten die wichtige Unterscheidung zwischen dem, was man zu zweit ausmachen könne, und was für alle gelte.

Fällt die sozialisatorische Herausforderung dieser Unterscheidung aus? Wird die Austragung von Konflikten in der Kinderwelt weitgehend zur „Privatsache"? Nach unseren Analysen haben viele Kinder einen Weg gefunden, ihre Freundschaften in einen weiteren sozialen Bezugsrahmen zu stellen, in dem die realitäts- und regelbildende Kraft der Kinderwelt zwar erhalten bleibt, aber die Bedingungen des Aushandelns doch verändert wurden. Die Anpassung an die geschilderten Verhältnisse hat eine Sozialformation unter Kindern hervorgebracht, die wir „Geflecht" nennen (Krappmann/Oswald 1983). Das Geflecht verknüpft einzelne Beziehungen, die mehr als früher im privaten Raum unterhalten werden. Die einem Geflecht angehörenden Kinder kommen jedoch nie zu gemeinsamen Tätigkeiten zusammen; sie bilden lediglich den sozialen Kreis, in dem diese Kinder sich bewegen.

Kinderwelt im privaten Raum

Die Familien der von uns untersuchten Kinder gehörten nach üblichen Kriterien der oberen Unterschicht oder der unteren Mittelschicht an. Sie lebten zur Miete in vier- oder fünfstöckigen Häusern. Überwiegend hatten die Kinder eigene Zimmer; einige teilten es mit Geschwistern. Meist verabredeten sie sich zu zweit oder zu dritt miteinander, wie es auch von anderen Studien festgestellt wurde (Herzberg 1992; Zeiher/Zeiher 1994). Die Familienwohnung spielte für die gemeinsamen Aktivitäten eine wichtige Rolle. Sie war fast immer der Ausgangspunkt von Unternehmungen. Dies ermöglichte den Eltern, einen gewissen Überblick über die Freundschaften und Aktivitäten ihrer Kinder zu behalten. Die verabredeten Kinder blieben oft auch zu Hause. Das ist kein Problem, wenn die Anzahl der sich treffenden Kinder begrenzt ist. Durchweg bevorzugten die Eltern, daß nur *ein* anderes Kind in die Wohnung eingeladen wurde. Einige Eltern ließen nie ein anderes Kind in die Wohnung. Da diese Kinder aus dem Karussell der Verabredungen herausfielen, waren sie gewöhnlich in die Sozialwelt der Gleichaltrigen schlecht integriert.

Von einer Dyadisierung der Kinderbeziehungen zu sprechen, wird dieser Sozialwelt nicht voll gerecht, denn die meisten Kinder haben nach wie vor mehrere Freundinnen oder Freunde, die sich auch untereinander kennen und in deren gut abgrenzbarem und auch dauerhaftem Kreis sich die vorrangigen Freundschaften bilden, auflösen und wieder entstehen. In diesem Geflecht formen sich Meinungen übereinander, und Nähe und Ferne werden reguliert. Nur wird das nicht an einem öffentlichen Ort von allen zugleich behandelt, sondern separiert in den Zweier-Zusammenkünften.

In zweierlei Weise wirkten sich unter diesen sozialstrukturellen Bedingungen die stark an die Familienwohnung gebundene Freundschaftswelt und die fehlende gemeinsame Aktivität des Geflechts auf das Aushandeln der Kinder aus. Zum einen standen die elterlichen Einschränkungen der Kinderbeziehungen in engem Zusammenhang mit den Aushandlungen unter Kindern. Die Eltern wiesen darauf hin, daß es bei Besuchen mehrerer Kinder zu laut würde und die Kinder insbesondere in Dreierkonstellationen leicht in unlösbaren Streit gerieten. So domestiziert die Verhäuslichung der Kinderfreundschaften die Austragung von Konflikten; denn die Erwachsenen sind nahe und intervenieren, wenn Kinder heftig aneinandergeraten. Wir haben von Kindern häufig gehört, daß sie Auseinandersetzungen durch die Regel vermeiden, nach der das Kind, auf dessen Territorium man sich befindet, die letzte Entscheidung hat. Folglich berücksichtigen die Kinder zwar divergierende Vorschläge, aber in vielen Fällen diskutieren sie diese nicht bis zu dem Punkt, an dem sie zu einer Übereinstimmung oder Ablehnung in der Sache gelangen.

Zum anderen macht LaGaipas Hinweis auf die besondere Bedeutung der gruppenöffentlichen Aushandlung (LaGaipa 1979) auf eine Problematik des Aushandelns aufmerksam, die entsteht, wenn weitgehend nur noch im häuslichen Rahmen ausgehandelt wird. Einerseits ist das Geflecht, diese Erfindung der Kinder angesichts der Schwierigkeit, reales Gruppenleben zu entfalten, eine Hilfe, erweiterte Kinderwelt aufrechtzuerhalten. Andererseits wirkt das Geflecht gleichsam „hinter dem Rücken" der Dazugehörigen. Der Chor der Zustimmung oder Ablehnung bleibt still; der Gruppendruck, sei er nun positiv oder negativ, ist schwer zu fassen. Fördert diese Intransparenz die Tendenz, sich mit dem einzelnen Freund, mit dem ein Kind im Streit liegt, nicht wirklich und in akzeptabler Weise auseinanderzusetzen? Begünstigt das Geflecht den „faulen" Kompromiß, weil die Kinderöffentlichkeit kaum korrigierend wirksam werden kann?

Kinderwelt in der Kultur der Schulklasse

Neben den privaten Raum für Kinderwelt tritt in besonderem Maße das Klassenzimmer mit seiner Kultur. Ist die Schulklasse der moderne Ort der Gleichaltrigenbeziehungen geworden? Sie ist zweifellos ein wichtiger Ort der Kinderwelt geworden, wenngleich sie kein offenes Netzwerk darstellt, in dem Kinder sich zueinander gesellen, die einander als gleichrangig betrachten. Die Schulklasse ist eine administrativ gebildete Gruppe, die den Kinderaktivitäten Bedingungen setzt. Auch die Aushandlungen der Kinder unterliegen Einschränkungen, zwar in geringerem Ausmaße, als wir es befürchtet hatten, als wir aus Gründen systematischer Datensammlung mit unserer Studie von Spielplätzen in die Schule umzogen. Allerdings hatte unsere Studie das Glück gehabt, von Lehrerinnen aufgenommen zu werden, die offene Unterrichtsformen praktizierten. Unterrichtsbesuche belegen, daß es extrem unterschiedliche Lebenswelten in den Klassen gibt, die Kindern viel oder wenig Raum lassen, auszuhandeln und in Freundschaft zu leben (Krappmann 1992). Daß der Unterricht den Kindern Aufgaben stellt, kann für die Sozialwelt der Kinder durchaus von Vorteil sein. Den sozialen Prozessen in der Kinderwelt haftet nämlich oft eine gewisse Beliebigkeit an: Viele Aushandlungen bleiben ohne Ergebnisse oder läppern mit unbefriedigenden Lösungen aus. Dem wirkt die Situation des Unterrichts entgegen. Die Kinder handeln viele Unterrichts- und Lernprobleme mit ihren üblichen Mitteln aus, aber doch oft umsichtiger und zielorientierter, denn sie haben mehr Grund, zu einem Ergebnis zu kommen, als bei Themen, die aus der Kinderwelt stammen (Krappmann/Oswald 1991).

Jedoch kann die Schulklasse eine sich frei bildende Kinderöffentlichkeit wohl kaum ersetzen. Viele Kinder, die gemeinsam eine Klasse besuchen, merken, daß sie in ihren Interessen oft nicht übereinstimmen, aber wissen auch, daß sie miteinander auskommen müssen. Dabei entstehen Spannungen, zumal wenn die Schulklasse zum Ort wird, an dem vor allem sich Freundschaften bilden und auflösen. Nicht selten konkurrieren Kinder heftig darum, bestimmte Kinder zu Freundinnen und Freunden zu gewinnen. Die Folgen deuten sich in den Ergebnissen einer Untersuchung der Freundesnetzwerke von Grundschülern in Ostberlin an, in der wir Kinder bald nach der Wende über ihre Freunde befragten. In Ostberlin konnten Kinder ihre Freundschaften fast ausschließlich in Schule und Hort und kaum zu Hause unterhalten. Die dortigen Kinder erwarten, daß Freundinnen und Freunde zusammenstehen und sich bei Streit schnell wieder vertragen (Krappmann/Oswald/Uhlendorff 1995). Die Differenzen gegenüber den Schülern in Westberlin sind nicht groß, denn trotz mehr Verhäuslichung müssen auch sie ihre Freundschaften im Klassenzimmer verteidigen. Corsaro (1985) weist darauf hin, daß Kinder, die Freundschaften in einem mit anderen gemeinsam genutzten Raum unterhalten, einen ausgegrenzten Bereich für diese Beziehungen schaffen und schützen müssen. Dieses Ziel stimuliert Auseinandersetzungen, in denen es mehr darum geht, sich voneinander abzugrenzen, und nicht, sich zu einigen (Corsaro 1994). Dies mag einen Teil der rücksichtslosen und rüden Vorkommnisse erklären, den unsere Beobachtungen offenbaren.

Unter befreundeten Kindern mag diese Situation eher hemmend wirken und die relativ geringe Zahl an Aushandlungen erklären, die wir unter Freunden und

Freundinnen fanden. Konflikte vor den Augen der anderen könnten Ansatzpunkte bieten, Freunde oder Freundinnen auseinanderzubringen.

Reproduktion der Streitkultur der Erwachsenen

Hinter den Äußerungen der Ostberliner Grundschüler kann man gewiß auch den Einfluß einer Erziehungsvorstellung vermuten, die Streit als unreifes Verhalten betrachtet und soziale Anpassung verlangt hatte. In den Auffassungen von Erziehung, die in unseren westdeutschen Grundschulen vorherrschen, wird die individuelle Perspektive jedes einzelnen Kindes höher geschätzt und grundsätzlich anerkannt. Es wird keine Deckung der Interessen postuliert, sondern zugestanden, daß jeder seine Absichten und Vorlieben vertreten darf. Jedoch gehen die Vorstellungen darüber, in welcher Form unterschiedliche Ansichten und Absichten einander entgegengestellt und vermittelt werden sollten, weit auseinander. Corsaro (1994), der Aushandlungen unter Vorschulkindern in amerikanischen und italienischen Kindergärten verglichen hat, zeigt, daß Kinder vom Diskussionsstil, der die von ihnen erlebte Erwachsenenkultur beherrscht, tief geprägt sind. Italienische Kinder akzentuierten ihre Aussagen, um Positionen transparent zu machen, was letztlich der Klärung diente. Ihre „verbalen Routinen" reproduzierten die Diskussionsstile, die debattierende Gruppen von Erwachsenen auf öffentlichen Plätzen oder in Cafés ihnen vorführten. Die beobachteten amerikanischen Kinder pflegten einen Stil, den Corsaro „oppositionell" nennt. Er führt ihn auf das Leben in desorganisierten Stadtvierteln zurück. Eltern vermitteln ihren Kindern, daß man sich nur gegen destruktive Tendenzen behaupten kann, wenn man sich abgrenzt und für seine Ziele ficht. In beiden Fällen haben die Erzieherinnen die Dispute der Kinder weniger unterbunden als vielmehr oft mit Humor und Hilfestellungen kanalisiert. Die richtige Art zu streiten gehört hier offenbar zur Kultur, in die Erzieher Kinder einzuführen versuchen. Bietet auch unsere Gesellschaft eine Streitkultur, von der Kinder in ihren Auseinandersetzungen zehren können?

Der Bezug der verschiedenen Orte der Kinderwelt aufeinander

Die Bedingungen für Aushandlungen unterscheiden sich also deutlich nach dem Beziehungskontext, in dem sie stattfinden. Gruppen, die sich an öffentlichen Plätzen sammeln, setzen andere Bedingungen als Geflechte, die real nicht gemeinsam auftreten, obwohl sie Freundschaften einen Rahmen geben. Die wohnungsnahen Dyaden und Triaden sind wiederum in anderer Weise wirksam, und ebenso formt die Klassengruppe ihre eigenen Bedingungen für das Aushandeln aus. So wie jede dieser Gesellungsformen der Kinder soziokulturelle Gegebenheiten widerspiegelt, so ist auch das Verhältnis dieser verschiedenen Bereiche zueinander von der einbettenden Kultur abhängig. Seginer (1992) beschreibt, wie wenig Spielraum palästinensischen Mädchen zugestanden ist, um außerhalb der Familie mit Freundinnen zusammenzusein, so daß die Beziehung von Schwestern viel wichtiger wird als jegliche Gleichaltrigenbeziehung. Nach

Gans (1962) versuchten von ihm beschriebene italienische Einwandererfamilien in amerikanischen Großstädten, Freundschaften der Heranwachsenden voll ins Familienleben zu integrieren. Den Gegenpol bilden weitgehend familienunabhängige Freundschaften, die in Schule und Hort unterhalten werden, wie zum Teil noch in Ostberlin und früher in Sowjetrußland zu beobachten (Bronfenbrenner 1972). Eine familien- und institutionenunabhängige Variante leben lateinamerikanische Straßenkinder, die ohne Unterstützung durch Freunde nicht überleben könnten (Ennew 1994). Wie diese Formen des Soziallebens unter Kindern sich auf Aushandlung und Kompetenzerwerb auswirken, wurde nicht untersucht. Auch wir haben keine Daten über das Aushandlungsverhalten der Kinder in Ostberlin, wissen aber, daß die Freundschaftsnetzwerke denen der Kinder an unserer Westberliner Schule trotz des höheren Anteils an Zeit, den Kinder in Erziehungseinrichtungen verbringen, sehr ähnlich sind (Oswald/ Krappmann 1995).

Während manche dieser Kinderwelten den Eindruck erwecken, von einem einzigen Grundmuster, einem familiengebundenen oder einem öffentlichen, beherrscht zu werden, zeichnet die Kinder unserer Studie aus, daß ihnen Erfahrungen mit Freunden unter verschiedenen strukturellen Bedingungen zugänglich sind. Ihr Freundschaftsleben unterliegt verschiedenartigen privaten oder öffentlichen Kontrollbedingungen, wenn sie dyadisch, triadisch, in Gruppen oder durch Geflechte verbunden interagieren. Das sieht nach reichhaltiger Sozialwelt aus. Die Situation erscheint im Hinblick auf das Aushandeln dennoch mehrdeutig. Ergänzen sich die Bereiche, indem Gruppen die Konstruktion gemeinsamer sozialer Realität fördern und enge Freundschaften vor allem die persönlichen Besonderheiten zu entwickeln und zu achten lehren? Der offene und öffentliche Raum, der das Argument, das für alle gilt, fördert, scheint Kindern jedoch nur in Ausnahmefällen zur Verfügung zu sein. Es gibt Hinweise, daß dieser öffentliche Bereich mehr von den Jungen als von den Mädchen genutzt wurde. Folglich sind es vor allem die Jungen, die einen Raum der Auseinandersetzung mit anderen verlieren, der den Mädchen bereits früher weniger offenstand. Mancher verblassende Unterschied in den Sozialbeziehungen von Jungen und Mädchen mag mit dieser Veränderung zusammenhängen (Oswald/Krappmann 1994). Der andere öffentliche Raum der Kinder ist die Schulklasse. So viel Aushandlung dort auch erforderlich sein mag, so gibt es doch vielerlei Gründe, auf einen pragmatischen Minimalkonsens hinzusteuern, wenn der Lehrer nahe ist, oder das Aushandeln dem Schutz der Freundschaften unterzuordnen.

Im Rahmen ihrer Zweier- oder Dreiertreffen hätten Kinder gewiß viel Gelegenheit, sich intensiv miteinander zu beschäftigen, ihre Vorlieben und Abneigungen kennenzulernen und einen Vorrat an bewährten Problemlösungen aufzubauen und an offenen Fragen weiterzuarbeiten. Aber möglicherweise werden die Unterschiedlichkeit der Perspektiven und der langfristige Handlungsrahmen von Freundschaft doch nicht zum Aushandeln genutzt, weil die Dyaden oder Triaden unter restringierten Streitbedingungen stehen, zur Buchhaltung darüber neigen, wer dieses Mal mit seinem Vorschlag „am Zuge" ist. Fehlende Gruppen und die Intransparenz des Geflechts begünstigen vielleicht das stille Arrangement, ohne Aushandlung zu erzeugen.

Austausch und Rücksichtnahme

So mag man fragen, ob es sich bei diesen Kinderbeziehungen lediglich um Austauschbeziehungen handelt, die nach Margret Clark (1984) dadurch charakterisiert sind, daß die Partner momentane Vorteile maximieren, ohne nach Gemeinsamkeit zu suchen? Sie prüfen nicht die Argumente der anderen Seite und bemühen sich nicht um eine sachgerechte Lösung, sondern nehmen nur gegenseitig Rücksicht auf das Handlungsziel des anderen. Das klingt wie die Erfüllung eines zentralen Anliegens sozialen Lernens. Offenbart sich hier, daß Rücksichtnahme ein sehr unzulängliches Verhalten sein kann?

Eine solche Frage wagt man kaum zu formulieren, weil nach allgemeiner Überzeugung die Heranwachsenden nicht zu rücksichtsvoll sind, sondern zur gewalttätigen Durchsetzung von Interessen neigen. Diese beiden Einschätzungen könnten durchaus vereinbar sein. Kinder, die nur Rücksicht nehmen, sich aber nicht auseinandersetzen, wechseln zum Beispiel zwischen Vorschlägen ab, lassen das neutrale Los entscheiden, halbieren, wenn man das Streitobjekt in der Mitte durchschneiden kann, oder sie weichen angesichts eines Konflikts auf eine weitere Möglichkeit aus, weil sie nicht wagen, zu einem Vorschlag nein zu sagen. Irgendwann mögen sie diese Verfahren satt haben und sind gewillt, ihren Plan durchzuboxen. Dieses Umkippen im Vorgehen scheint auf den zweiten Blick nicht so ausgeschlossen, denn diese Kinder sind nicht in eine Sozialwelt hineingewachsen, in der Argumente abgefordert und geteilter Sinn als befriedigendere Lösung erlebt wurden, als die bloße Abarbeitung der Einzelwünsche sie bietet. Voreilige Forderungen nach Rücksichtnahme könnten also geradezu Aggressivität fördern.

Nun wissen wir nicht so recht, wie die Entwicklung dieser Kinder weiterverläuft. Fölling-Albers (1992) zitiert Lehrerstimmen, die Grundschulkindern ein prinzessinnen- und prinzenhaftes Verhalten zuschreiben. Peers sind wenn nicht Prinzen, so doch Adelige, die auf ihrem Landsitz sitzen und über ihr Territorium nicht zu verhandeln bereit sind, sondern Respekt verlangen, den sie dann auch anderen gewähren. Das kommt dem Verhalten bloßer Rücksicht schon nahe, das die Kinder auf dieser Entwicklungsstufe auszeichnet. Mit Kegan (1986) nahmen wir an, es würde sich unter der Erfahrung von Freundschaft ändern: Das „souveräne Selbst" des Kindes in der Phase der Peer-Beziehungen würde sich in ein „zwischenmenschliches Selbst" verwandeln, das sich auf wechselseitige Anteilnahme stützt.

Vielleicht ist diese Erfahrung im Aushandlungsverhalten von Grundschulkindern noch nicht hinreichend zum Tragen gekommen. Dann hätten wir an die Kinder dieses Alters zu hohe Erwartungen hinsichtlich bereits vorhandener Fähigkeiten, Perspektiven zu vermitteln, gerichtet, und die Antwort auf die Frage, ob die soziokulturellen Bedingungen das Aushandeln in Freundschaften auf der Ebene der Ko-Konstruktion fördern, wäre voreilig skeptisch ausgefallen. Die soziale Konstitution dieses Entwicklungsschritts hin zur Wahrnehmung von Perspektivität und zu Aushandlungskompetenz, die durch Interaktionserfahrung in Freundschaften begünstigt wird, braucht ihre Zeit, vielleicht unter den aktuellen Bedingungen, die das Aushandeln unter Kindern einschränken, auch mehr Zeit. Allerdings verweist auch die Frage nach den Zeiten, die der Umsetzung von Erfahrung in Konzepte und Strukturen zugestanden werden, auf Tempi, die Kulturen vorgeben.

Wir wissen jedoch auch, daß der Übergang von einem noch begrenzten Muster, andere und sich selbst in Beziehung zu setzen, zu einem anderen, das mehr Bereiche der Person füreinander öffnet, nicht garantiert ist. Die sozialkonstruktivistische Re-Interpretation des Entwicklungsgangs muß damit rechnen, daß Erfahrungen ausbleiben, die Kompetenzen herausfordern und vorantreiben. Daher verweist Kegan (1986) bei jedem Entwicklungsschritt auf spezifische „einbettende Kulturen", die vorangegangene, weniger mächtige Lösungen aufdecken und den Übergang zu befriedigenderen Lösungen herauslocken. Stellt die Kultur der Kindheit, so wie sie von den Kindern unter den beschriebenen Bedingungen ausgeformt werden kann, hinreichende Erfahrungen zur Verfügung? Da wir den Heranwachsenden nicht generell nachsagen können, daß sie aushandlungsunfähig sind, wäre wichtig, die ihnen möglichen Erfahrungen differentiell zu untersuchen und auch sehr genau zu prüfen, wie ausfallende Erfahrungen in einem Aufgabenbereich oder Beziehungstyp durch andere Erfahrungen ersetzt werden können.

Das produktive Prinzip von Egalität und Reziprozität

Es ist gewiß nicht zu leugnen, daß unausgesprochene normative Annahmen in die Auswertung der Beobachtungsdaten und ihre Interpretation einfließen, Normen und Interpretationen, die aus einer Teilgruppe der Gesellschaft stammen, die selbst viel Raum zum Aushandeln beansprucht. Wir müßten eigentlich viel mehr über das Aushandlungsverhalten unter den Erwachsenen generell in unserer Kultur wissen, bevor wir uns eine Meinung über das Verhalten der Kinder bilden können. Um noch einmal auf die vielen rüden Vorkommnisse zurückzukommen: In nicht wenigen Fällen stimmten die Auswerter überein, daß der Ton rauh, aber das massive Eintreten für ein Interesse verständlich, die Abfuhr für eine Zumutung gerechtfertigt war. Tritt uns also im Verhalten dieser Kinder nur die zumeist außer acht gelassene Diskrepanz zwischen den auf vernünftige Verständigung abhebenden Idealen unserer Gesellschaft und entstehender „Lebenstüchtigkeit" entgegen? Wenn Erwachsene und Erziehungsinstitutionen die Kinder bei der Suche danach, wie man die hehren Ziele von Anteilnahme, Kooperation und Hilfe erfüllen kann, weithin im Stich lassen, sollte man sich vielleicht nicht wundern, daß sie in ihrer eigenen Welt bis an den Rand des Erträglichen damit experimentieren, „wie es wirklich läuft".

Dieses Problem kann das Nachdenken allerdings auch noch in eine andere Richtung führen. Es scheint so, als ob Entwicklungsmodelle, die kompetentes, regel- und prinzipienorientiertes Denken, Urteilen und Handeln als Ziel setzen, das Problem außer acht lassen, wie Heranwachsende sich in einer Sozialwelt behaupten sollen, deren inneres Regelsystem hinter ihrem Entwicklungsstand zurückbleibt. Um zu begründen, warum höhere Entwicklungsstufen auch in einer rücksichtslosen Sozialwelt einen Unterschied bewirken, wird darauf aufmerksam gemacht, daß zum Beispiel die „rücksichtslose" Abwehr eines unberechtigten Ansinnens anders zu bewerten ist, wenn hinter dieser Reaktion eine prinzipienorientierte Interpretation des Gesamtzusammenhanges steht, als wenn sie aus dem Unvermögen hervorgeht, das Anliegen eines Gegenübers überhaupt zu begreifen. Ein solches Beispiel legt jedoch nahe zu fragen, ob die Entwicklungsvorstellungen nicht einen Bereich auslassen, der für die beharrliche und nachhaltige Verfolgung befriedigender Problemlösungen wichtig ist. Man könnte ihm die Entwicklung von Lebensklugheit zuordnen, die die Bedeutung kognitiver und sozialer Kompetenz sowie moralischer Prinzipien nicht relativiert, ohne die aber diese Kompetenzen und Prinzipien im humanen Zusammenleben manchmal nicht helfen und in anderen Fällen sogar destruktive Kräfte entfalten können. Eine solche Dimension in die Zielvorstellung von Entwicklung aufzunehmen, würde das Bild des sozial handlungsfähigen Menschen erweitern, und würde beitragen, den Entwicklungsstand nicht nur an einer vertikalen Stufenfolge zu messen, sondern auch auf eine horizontale Problemvielfalt zu beziehen, die zu bewältigen ist.

Auch in diesem Bereich könnten Freundschaften eine wichtige Erfahrung vermitteln, denn gerade um einer Freundschaft willen werden Kinder möglicherweise bereit sein, besondere Problemlagen anzuerkennen, noch nicht zufriedenstellende Lösungen vorläufig zuzulassen, aber auch versuchen, über Fehler und Unvermögen hinwegzukommen. Die Erfahrungen unter Freunden und Freundinnen mit Unzulänglichkeiten und Verletzungen können hilfreich sein, den Weg zu den als ideal angenommenen Lösungen auf die partikularen menschlichen Situationen des Zusammenlebens in einem soziokulturellen Kontext abzustimmen.

Es gibt die These, daß diese Gleichaltrigengruppierungen, denen wir einen wichtigen Anteil an der Entwicklung gesellschaftlich benötigter Fähigkeiten zuschreiben, erst spät in der Geschichte der Menschheit auftraten, weil die Kompetenzen zum Aushandeln von gleich zu gleich erst benötigt wurden, als überkommenes Wissen und Normen weniger Gewicht hatten als neu auszuarbeitende Problemlösungen (Konner 1975). Mancher Sozialisationsforscher stellt Vermutungen darüber an, ob nicht gar die demokratisch-politische Kultur in diesen Sozialisationsprozessen der Kinderwelt angelegt ist, in der Kinder die Verschiedenheit der Absichten in prinzipieller Gleichberechtigung zu koordinieren versuchen (Sünker 1995). Es wird deutlich, wie viel an Hoffnung auf diese Kinderinteraktion gesetzt wird.

Derartige Erwartungen sind sorgfältig zu prüfen; denn die umfangreiche Forschung zum kognitiven, sozialkompetenten und moralischen Ertrag der Gleichaltrigeninteraktion warnt, die Leistung der egalitären Realität der gleichaltrigen Kinderwelt zu überschätzen. Wir wissen inzwischen aus vielen Studien, daß nicht nur in Ko-Konstruktion mit dem Freund, mit dem das Kind auf einer Stufe steht, wirklich angeeignetes und nicht nur nachgesprochenes Wissen entsteht (Krappmann 1994). Studien, die den Erwerb von Wissen und Können in Situationen der Ungleichheit untersucht haben, also etwa in einer Experten-Anfänger-Situation, die auch unter Gleichaltrigen häufig ist, haben festgestellt, daß ein Moment, das Gleichaltrigenbeziehungen strukturell auszeichnet, auch in diesen Interaktionen wichtig ist, damit wechselseitiges Verständnis entstehen kann, nämlich der Respekt, mit dem sich diejenigen gegenübertreten müssen, die miteinander ko-konstruieren. Die Grundstruktur egalitärer Aushandlung bleibt in diesen vielfältigen Beziehungskonstellationen folglich erhalten.

Kulturelle Traditionen definieren, auf welche Weise die Beziehungen zu den Eltern, zum Lehrer, zum Mentor, zum alten Menschen, zum älteren Freund oder die zu Gleichaltrigen (um nur männliche Varianten zu benennen) in der Sozialisation von Kompetenz wirksam werden. Alle diese Beziehungsverhältnisse schließen offenbar nicht aus, daß ko-konstruiert wird. Durch die Art, wie im Rahmen unserer gesellschaftlichen Strukturen das Aufwachsen organisiert ist, sind es offenbar gerade die Altersgleichen, die die wechselseitige Achtung als ein konstitutives Prinzip für die Wahrnehmung von Verschiedenheit und ihrer produktiven Vermittlung erlebbar machen. Die jeweiligen soziokulturellen Lebensbedingungen beeinflussen jedoch Inhalt und Form der Interaktionen unter den Altersgleichen und damit den Beitrag, den diese Interaktionen für die Sozialisation der Heranwachsenden leisten können.

Literatur

BRONFENBRENNER, Urie: Zwei Welten. Kinder in USA und UdSSR. Stuttgart 1972

CLARK, Margret L.: Record keeping in two types of relationships. Journal of Personality and Social Psychology 47, 1984, 3, pp. 549-557

CORSARO, William A.: Friendship and peer culture in the early years. Norwood, NJ 1985

CORSARO, William A.: Discussion, debate, and friendship processes. Peer discourse in U.S. and Italian nursery schools. Sociology of Education 67, 1994, 1, pp. 1-26

ENNEW, Judith: Parentless friends: A cross-cultural examination of networks among street children and street youth. In: NESTMANN, F./HURRELMANN, K.(eds.): Social support and social networks in childhood and adolescence. Berlin 1994, pp. 409-426

FÖLLING-ALBERS, Maria: Schulkinder heute. Weinheim 1992

GANS, Harry J.: The urban villagers. Group and class in the life of Italian Americans. New York, NY 1962

HARTUP, Willard W.: Peer relations. In: MUSSEN, P.H. (ed.): Handbook of child psychology, Vol. 4: Socialization, personality, and social development (edited by Eileen M. HETHERINGTON). New York, NY 1983, pp. 103-196

HERZBERG, Irene: Kinder brauchen Kinder. In: DEUTSCHES JUGEND-INSTITUT (Hrsg.): Was tun Kinder am Nachmittag? Ergebnisse einer empirischen Studie zur mittleren Kindheit. München 1992, S. 77-126

KEGAN, Robert: Die Entwicklungsstufen des Selbst. München 1986

KONNER, Melvin: Relations among infants and juveniles in comparative perspective. In: LEWIS, M./ROSENBLUM, L.A. (eds.): Friendships and peer relationships. New York, NY 1975, pp. 99-129

KRAPPMANN, Lothar: Soziale Beziehungen unter Grundschülern als Kontext von Lernen und Entwicklung. In: INGENKAMP, K./JÄGER, R.S./ PETILLON, H./WOLF, B. (Hrsg.): Empirische Pädagogik 1970-1990. Eine Bestandsaufnahme der Forschung in der Bundesrepublik Deutschland. Weinheim 1992, S. 298-304

KRAPPMANN, Lothar: Sozialisation und Entwicklung in der Sozialwelt gleichaltriger Kinder. In: SCHNEEWIND, K. (Hrsg.): Enzyklopädie der Psychologie - Pädagogische Psychologie, Bd.1: Psychologie der Erziehung und Sozialisation. Göttingen 1994, S. S. 495-524

KRAPPMANN, Lothar/OSWALD, Hans: Beziehungsgeflechte und Gruppen von gleichaltrigen Kindern in der Schule. In: NEIDHARDT, F. (Hrsg.): Soziologie der Gruppe, Sonderheft 25 der Kölner Zeitschrift für Soziologie und Sozialpsychologie. Opladen 1983, S. 420-450

KRAPPMANN, Lothar/OSWALD, Hans: Aushandlungen unter zehn- und zwölfjährigen Kindern über Kinderwelt- und Schulthemen. Beitrag zur Arbeitsgruppe „Entwicklung der sozialen Kompetenz im Kindes- und Jugendalter" bei der 10. Tagung für Entwicklungspsychologie, Köln, September 1991

KRAPPMANN, Lothar/OSWALD, Hans: Alltag der Schulkinder. Weinheim 1995

KRAPPMANN, Lothar/OSWALD, Hans/UHLENDORFF, Harald: Qualities of children's friendships in middle childhood in East and West Berlin. Paper presented at the Symposium „Does the Concept of Friendship Vary Across Cultures?: Toward an Ecocultural Understanding of Social Relationships", Biennial Meeting of the Society for Research in Child Development (SRCD), Indianapolis, IN, März/April 1995

LaGAIPA, John J.: A developmental study of the meaning of friendship in adolescence. Journal of Adolescence 2, 1979, 3, pp. 201-213

MEAD, George H.: Geist, Identität und Gesellschaft. Frankfurt am Main 1973 (zuerst: Mind, self, and society. Chicago 1934)

OSWALD, Hans/KRAPPMANN, Lothar/UHLENDORFF, Harald/WEISS, Karin: Social relationships and support among peers during middle childhood. In: NESTMANN, F./HURRELMANN, K. (eds.): Social support and social networks in childhood and adolescence. Berlin 1994, pp. 171-189

OSWALD, Hans/KRAPPMANN, Lothar: Social life of children in a former bipartite city. In: NOACK, P./HOFER, M./YOUNISS, J. (eds.): Psychological responses to social change. Berlin 1995, pp. 163-185

PIAGET, Jean: Sprechen und Denken des Kindes. Düsseldorf 1973 (zuerst: Le langage et la pensée chez l' enfant. Neuchâtel et Paris 1923)

SEGINER, Rachel: Sibling relationships in early adolescence: A study of Israeli Arab sisters. Journal of Early Adolescence 12, 1992, pp. 96-110

SELMAN, Robert L.: Die Entwicklung des sozialen Verstehens. Frankfurt am Main 1984

SULLIVAN, Harry S.: Die interpersonale Theorie der Psychiatrie. Frankfurt am Main 1983 (zuerst 1953)

SÜNKER, Heinz: Informelle Gleichaltrigen-Gruppen im Jugendalter und die Konstitution politischen Alltagsbewußtseins. In: CLAUßEN, B./GEIßLER, R. (Hrsg.): Die Politisierung des Menschen. Opladen 1995, S. 101-111

YOUNISS, James: Parents and peers in social development: A Sullivan-Piaget perspective. Chicago, IL 1980

YOUNISS, James: Soziale Konstruktion und psychische Entwicklung. Frankfurt am Main 1994

ZEIHER, Hartmut J./ZEIHER, Helga: Orte und Zeiten der Kinder. Soziales Leben im Alltag von Großstadtkindern. Weinheim und München 1994

Jutta Kienbaum

Kindliche Sozialisation in unterschiedlichen Kulturen

Eine Vergleichsstudie an deutschen und sowjetischen Kindern

Der vorliegende Beitrag betrachtet das Thema „kindliche Sozialisation" aus der Perspektive der kulturvergleichenden Entwicklungspsychologie und illustriert die diesbezüglichen Überlegungen an Beispielen aus einer Untersuchung, die den Vergleich von Mitgefühl und prosozialem Verhalten bei deutschen und sowjetischen Kindergartenkindern zum Thema hat.

Die *Entwicklungspsychologie* ist damit befaßt, Veränderungen des Menschen über seinen ganzen Lebenslauf hinweg zu beschreiben und zu erklären. Die weitaus größte Anzahl der Studien beschäftigt sich dabei mit der Kindheit, auch wenn sich der Akzent in den letzten Jahren mit der Forderung nach einer Psychologie der Lebensspanne etwas verschoben hat. Als Kindheit wird dabei im allgemeinen ein Abschnitt bezeichnet, der vom 4. bis zum 11./12. Lebensjahr reicht (Oerter 1995, S. 249). Bereits hier beginnt aber der *Kulturbegriff* eine Rolle zu spielen, da, wie Oerter (ebd.) weiter ausführt, Kindheit sich nicht nur allgemein durch spezifische qualitative und quantitative psychische Veränderungen charakterisieren läßt, sondern auch kulturell definiert ist. In den westlichen, hochindustrialisierten und demokratischen Kulturen handelt es sich bei *Kindheit* heute um einen relativ klar umschriebenen Lebensabschnitt, in dem das Kind bestimmte Aufgaben zu bewältigen hat, aber noch frei ist von der Verantwortung der Erwachsenen. Die Entfernung zur Erwachsenenwelt ist noch so groß, daß wenig Konflikte zwischen den Rollen von Erwachsenen und Kindern entstehen. Auch befindet sich das Kind in allen wesentlichen Lebensfragen in vollkommener Abhängigkeit von den Erwachsenen. Diese Merkmale sind aber nicht überall und zu jeder Zeit gegeben. In Deutschland wurde der Kinderschutzgedanke - als Schutz vor Erwerbsarbeit und Recht auf schulische Bildung - erst in der Weimarer Republik in vollem Umfang umgesetzt; in Ländern der sog. Dritten Welt dagegen wird Kinderarbeit auch heute noch nicht geächtet.

Die Bedeutung kultureller Faktoren für die Sozialisation von Kindern

Kinder wachsen in unterschiedlichen Kulturen in unterschiedlichen physischen und sozialen Kontexten heran, die für ihre Entwicklung von Bedeutung sind. Im Rahmen dieser Kontexte machen sie Erfahrungen über sich und ihre Umwelt, die sie wiederum auf kulturspezifische Art und Weise deuten. Ein wesentliches Anliegen des Kulturvergleiches in der Entwicklungspsychologie ist es, die Bedeutung dieser kulturellen Faktoren für die Persönlichkeitsentwicklung zu erforschen. Dies beinhaltet zum einen die Beschreibung von kulturellen Phänomenen und zum anderen den Versuch der Erklärung ihrer Entstehung. Außerdem stellt sich die Frage nach der Universalität bzw. Kulturspezifität von Entwicklungsverläufen.

Bei unserer kulturvergleichenden Forschung gehen wir dabei von der *Grundannahme* aus, daß einerseits die Kultur die Kinder beeinflußt, andererseits aber auch die Kinder auf ihre Umwelt und damit ihre Kultur zurückwirken und dadurch auch diese beeinflussen. *Sozialisation* läßt sich somit verstehen als „wechselseitiger Prozeß zwischen Mensch und kultureller Umwelt" (Trommsdorff 1989, S. 15). Allerdings unterliegen die menschlichen Mitwirkungsmöglichkeiten bestimmten biologischen und kulturellen Grenzen. Trommsdorff illustriert letzteres am Beispiel der Japaner, die bekanntlich Schwierigkeiten haben, ein „r" auszusprechen, das sich von einem „l" unterscheidet. „Japanische Kleinkinder aber verfügen noch über die Breite aller Phoneme, die in menschlichen Sprachen existieren (Eimas 1975), werden dann aber durch ihre Umwelt in der Verwendung dieser Phoneme so festgelegt, daß ein Umlernen später sehr schwierig ist" (Trommsdorff 1993a, S. 117).

Diese Annahme einer Wechselwirkung zwischen Person und Umwelt ist übrigens für die entwicklungspsychologische Forschung geradezu zwingend, da man, wenn Menschen unterschiedlichen Alters untersucht werden, dem Umstand Rechnung tragen muß, daß diese unterschiedliche psychische und körperliche Voraussetzungen mitbringen und somit die gleichen äußeren Wirkfaktoren nicht die gleichen Effekte haben werden - bei Säuglingen laufen andere Prozesse der Veränderung ab als bei Kindern, die sich wiederum von Erwachsenen unterscheiden, welche nicht mit alten Menschen gleichzusetzen sind.

Vorteile des kulturvergleichenden Vorgehens

Varianzerweiterung

Wenn man zwei oder mehrere Kulturen vergleicht, vergrößert sich die Varianz der untersuchten Entwicklungsphänomene und -bedingungen in einer Weise, die innerhalb einer Kultur nicht möglich wäre. Dadurch können Zusammenhänge entdeckt werden, die in der eigenen Kultur nicht erkennbar sind. Beispielsweise bildet eine Sozialisation im Kollektiv, wie sie in der ehemaligen Sowjetunion stattfand, einen Entwicklungsrahmen für Kinder, der sich wesentlich von den Sozialisationsbedingungen in der Bundesrepublik Deutschland unterscheidet. Die unterschiedlichen Auswirkungen lassen sich im Kulturvergleich erkennen.

Möglichkeit, Wechselwirkungen zwischen Person und Umwelt zu erforschen

Durch die Untersuchung von Persönlichkeitsmerkmalen im Zusammenhang mit kulturellen Besonderheiten eröffnet sich die Möglichkeit, Wechselwirkungen zwischen Person und Umwelt zu erforschen. Trommsdorff (1993b, S. 6) weist in diesem Zusammenhang darauf hin, daß es zur Überprüfung der Wechselwirkungsthese nicht reicht, die Wirkung sozialer Bedingungen auf die individuelle Entwicklung und umgekehrt die Wirkung des Individuums auf die soziale Umwelt zu untersuchen, sondern daß darüber hinaus die subjektive Verarbeitung solcher sozialen Bedingungen durch die Analyse der sozial vermittelten Deutungsschemata erforderlich ist. So können äußerlich gleiche Verhaltensweisen völlig unterschiedlich gedeutet werden. Beispielsweise kann prosoziales Verhalten in einer Gesellschaft darin bestehen, ein jemandem in der Öffentlichkeit widerfahrendes Mißgeschick zu ignorieren, in einer anderen Gesellschaft dagegen würde dieses Verhalten als unsozial gelten. Ein anderes Beispiel: Eine Mutter, die einen Konflikt mit ihrem Kind hat, kann diesen darauf zurückführen, daß das Kind dies absichtlich tut und sie provozieren will, oder darauf, daß das Kind noch klein und unwissend ist. Das resultierende Verhalten der Mutter wird jeweils ein anderes sein.

Isolierung von konfundierten Variablen

Auch können Variablen, die in einer Kultur konfundiert sind, in einer anderen Kultur isoliert auftreten, so daß der jeweilige Anteil dieser Variablen an der aufzuklärenden Varianz von Sozialisationsprozessen und -ergebnissen feststellbar wird. Triandis (1984, S. 1008) führt als Beispiel die Möglichkeit an, den relativen Anteil von Anlage und Umwelt bei Verhaltensauffälligkeiten bestimmter ethnischer Gruppen zu untersuchen, indem Mitglieder dieser ethnischen Gruppen, die von Geburt an in ihrer Kultur leben, mit solchen verglichen werden, die in andere Kulturen umgezogen sind und sich dort assimiliert haben. Ideal für die Klärung der leidigen Anlage-Umwelt-Debatte wäre natürlich eine kulturvergleichende Zwillingsforschung.

Überprüfen von Theorien auf Universalität/Vermeiden von ethnozentrischen Fehlschlüssen

Durch Kulturvergleiche können westliche Konzepte und Modelle der Persönlichkeitsentwicklung validiert und universelle Zusammenhänge geprüft sowie ggfs.

modifiziert werden - schließlich müssen Zusammenhänge, die im westlichen Kulturkreis als gültig angesehen werden, in anderen Kulturen nicht bestehen. In der Folge können ethnozentrische Sichtweisen vermieden und menschliches Verhalten zuverlässiger erklärt werden.

Prüfung von Sozialisationsprozessen unter „natürlichen", ökologisch validen Bedingungen

Das klassische Vorgehen in der Psychologie zur Überprüfung von Hypothesen ist, experimentelle Untersuchungen im Labor durchzuführen. Diese haben den Vorteil, daß hier eine größere Möglichkeit der Kontrolle von möglicherweise störenden Einflußvariablen gegeben ist. Gleichzeitig geht aber der soziale Kontext, in dem Verhalten stattfindet, verloren. Die Ergebnisse sind wenig aussagekräftig, da man sie nicht über den engen Rahmen des Labors hinaus generalisieren kann. Abgesehen davon gibt es theoretisch interessante Einflußvariablen, deren Manipulation sich aus ethischen und/oder praktischen Gründen verbietet. Hier bietet der Kulturvergleich einen Ausweg, da unterschiedliche Kulturen natürlicherweise eine unterschiedliche Konstellation von Entwicklungsbedingungen darstellen. Der im Labor fehlende soziale Kontext ist quasi automatisch vorhanden, wodurch den Ergebnissen soziale Relevanz verliehen wird und sich die Aussagekraft der Untersuchung u.U. beträchtlich erhöht.

Probleme der kulturvergleichenden Forschung

Neben diesen Vorteilen gibt es beim Kulturvergleich allerdings in jeder Phase der Untersuchung auch Probleme der verschiedensten Art zu überwinden.

Das Äquivalenzproblem

Von zentraler Bedeutung ist das Problem der Äquivalenz der Indikatoren. Formal gleiche Fragebogenitems oder Untersuchungssituationen können in verschiedenen Kulturen ungleiche Bedeutung haben. So gibt es z.B. in dem von Hui (1984) entwickelten Fragebogen zur Messung von Individualismus und Kollektivismus (INDCOL) ein Item, das lautet „Für ein Ehepaar ist es besser, wenn jeder sein eigenes Bankkonto hat". Diese Aussage einem Bewohner der ehemaligen UdSSR vorzulegen war sinnlos, da es dort nicht üblich war, Bankkonten zu haben. Ein anderes Beispiel: Die Wahl von mimischen Reaktionen als Indikatoren für Emotionen kann schwierig werden, wenn in der einen Kultur die Norm existiert, in einer emotionalisierenden Situation möglichst wenig Gefühlsausdruck zu zeigen, in der anderen aber offener Gefühlsausdruck präferiert wird. Die zentrale Frage lautet also: Lassen die Indikatoren in den verschiedenen Kulturen mit gleicher Validität auf die Ausprägung des theoretisch interessierenden Merkmals schließen? Hier ist mit großer Sorgfalt bei der Auswahl der Indikatoren vorzugehen.

Dateninterpretation

Bei der *Dateninterpretation* ist die bereits erwähnte Varianzerweiterung das größte Problem. Es besteht die Gefahr, daß der Vorteil sich in einen Nachteil umkehrt und durch ein Zuviel an Varianz die Erklärung der Ergebnisse erheblich erschwert wird. Das Ziel einer idealen kulturvergleichenden Untersuchung sollte daher sein, Kulturen auszuwählen, die sich zwar bezüglich der interessierenden Merkmale unterscheiden, ansonsten aber ähnlich genug sind, um sinnvoll verglichen zu werden. Es sollten also nicht irgendwelche Kulturen für den Vergleich ausgesucht werden, sondern solche, die einerseits am ehesten theoretische Variablen repräsentieren, die von Bedeutung für das interessierende Konstrukt sind und andererseits dennoch nicht zu unterschiedlich sind, um einen Vergleich überhaupt möglich zu machen.

Um diesen Problemen zu begegnen, sind vor allem fundierte empirische Kulturkenntnisse und ein enger Austausch, sowohl mit Fachkollegen als auch mit „normalen" Einwohnern des Landes, vor allem „Leuten aus der Lebensumwelt der Versuchspersonen" (Bronfenbrenner 1981, S. 41) unerläßlich.

Kindliche Entwicklung: universell oder kulturspezifisch?

Die kulturvergleichende Entwicklungspsychologie fragt nun danach, welche Phänomene in der Entwicklung universell und welche kulturspezifisch sind. Trommsdorff (1993a, S. 121 ff.) stellt dar, daß in kulturvergleichenden Studien die geringsten Unterschiede im Bereich der Wahrnehmung und die meisten im sozialen Verhalten gefunden wurden. Generell scheinen sich universelle Entwicklungsverläufe eher im Bereich der kognitiven Entwicklung und Kulturspezifika eher bei sozialen Verhaltensweisen zu finden. So gehen die Theorien der kognitiven Entwicklung von Piaget (1976) und der moralischen Entwicklung von Kohlberg (1983) von einer universell festgelegten Abfolge von Stufen in der Entwicklung aus. In verschiedenen kulturvergleichenden Studien wurde dabei die Universalität der jeweils ersten Entwicklungsstufen bestätigt, nicht jedoch die der folgenden. Vermutlich kommen bei letzteren unterschiedliche kulturelle Anforderungen zum Tragen; so scheinen die oberen drei Stufen des Kohlberg'schen Modells eher für westliche demokratische Industriegesellschaften zu gelten (Trommsdorff 1989, S. 14).

Auch in bezug auf soziale Verhaltensweisen gibt es Universalien in der Entwicklung. Als Beispiel läßt sich das Bindungsmotiv (Bowlby 1973) nennen, das dem Säugling zum einen zur Befriedigung seines Sicherheits- und zum anderen seines Neugierbedürfnisses dient. Dieses Motiv ist nach den Annahmen der Bindungsforschung universell wirksam, wobei aber sowohl innerhalb als auch zwischen Kulturen der Anteil der sicher gebundenen Kinder unterschiedlich groß ist (vgl. Grossmann/Grossmann 1990, Sagi/Ijzendoorn 1991).

Generell lassen sich umso eher Universalien im Verhalten nachweisen, je jünger die untersuchten Kinder sind. Mit zunehmendem Alter gewinnen dann vor allem im Bereich des sozialen Verhaltens Kulturspezifika an Bedeutung.

Eine Untersuchung über Mitgefühl und Hilfe bei deutschen und sowjetischen Kindergartenkindern

Das bisher theoretisch Dargestellte soll nun am Beispiel einer Untersuchung aus dem Bereich des sozialen Verhaltens konkretisiert werden, die in den Jahren 1989/1990 in der Bundesrepublik Deutschland und der Union der Sozialistischen Sowjetrepubliken, die beide damals noch in ihren alten Grenzen existierten, durchgeführt wurde[1] (Kienbaum 1993a, 1993b, 1995). Thema ist die Frage nach Sozialisationseinflüssen auf Mitgefühl und Hilfeverhalten bei fünfjährigen Kindergartenkindern. Die Studie stellt somit keine klassische entwicklungspsychologische Untersuchung dar, setzt sich durch die Einbeziehung der unterschiedlichen sozialisatorischen Rahmenbedingungen jedoch zwangsläufig mit der Frage der Entstehung von verschiedenen Formen der Einfühlung und des Hilfeverhaltens in der Ontogenese auseinander.

Mitgefühl und prosoziales Handeln gehören zu den sozialen Verhaltensweisen. Eine Dimension, die für ihre Entwicklung einflußreich sein sollte, ist die Individual- oder Gruppenorientierung einer Kultur, auch Individualismus versus Kollektivismus genannt. Je nachdem, welche Orientierung in einer Kultur vorherrscht, sollten sich die sozialen Beziehungen zwischen deren Bewohnern unterschiedlich gestalten. Abhängig davon, ob die einzelne Person sich eher als Individuum oder als Mitglied einer Gruppe, deren Werten sie verpflichtet ist, wahrnimmt, sollten die Bereitschaft, mitzufühlen und zu helfen, geringer oder größer ausfallen - immer vorausgesetzt, Mitfühlen und Helfen stellen positive Werte in dieser Kultur dar. Zwei Kulturen, die sich auf dieser Dimension des Individualismus versus Kollektivismus unterscheiden sollten, sind bzw. waren die Bundesrepublik Deutschland und die Union der Sozialistischen Sowjetrepubliken. Die UdSSR stellte hierbei ein besonders interessantes Untersuchungsobjekt dar, da die kollektivistische Orientierung im Gegensatz zu Kulturen wie Japan oder China nicht in jahrhundertelangen Traditionen wurzelte, sondern den Bewohnern des Landes mit der Oktoberrevolution von 1917 quasi von oben „verordnet" wurde. Soweit sich das per Fragebogen feststellen läßt, ist dieser Versuch gelungen: Die Mütter der untersuchten sowjetischen Kinder zeigten im Gegensatz zu denen aus

---

[1] Diese Studie ist Teil einer Doktorarbeit, die an der Universität Konstanz am Lehrstuhl für Entwicklungspsychologie und Kulturvergleich entstand. Der Moskauer Teil der Untersuchung wurde durch ein Stipendium des Deutschen Akademischen Austauschdienstes ermöglicht. Der Anleiterin der Arbeit, Frau Professor Gisela Trommsdorff, dem DAAD, den beiden Spielpartnerinnen Christine Gretschel und Tanja Karjagina, den Leiterinnen und Erzieherinnen der Kindergärten und natürlich den teilnehmenden Kindern gilt mein herzlicher Dank.

Deutschland in ihren Antworten auf einen Fragebogen, der Individualismus versus Kollektivismus messen soll (INDCOL, Hui 1984), tatsächlich kollektivistischere Einstellungen und Werte (vgl. Kienbaum 1993a, S. 125).

In der offiziellen Erziehungsideologie der UdSSR spielte die Heranbildung hoher moralischer Eigenschaften eine zentrale Rolle auf dem Weg zur Schaffung des „neuen sowjetischen Menschen". In der Erziehung der Kinder im Kindergarten wurden sowohl Helfen als auch Mitgefühl als Verhaltensweisen verstanden, die von hoher gesellschaftlicher Bedeutung waren, als Bausteine sozialistischer Moral galten und von erzieherischer Seite aktiv gefördert werden sollten. Daß diese Ziele zumindest in gewisser Hinsicht erfolgreich verfolgt wurden, zeigen die Untersuchungen von Bronfenbrenner aus den 60er Jahren (Bronfenbrenner 1967, 1972). Sie belegen u.a., daß zwölfjährige sowjetische Kinder im Vergleich zu Gleichaltrigen aus westlichen Ländern wesentlich weniger bereit waren, moralische Normen zu übertreten, wenn sie mit hypothetischen Konfliktsituationen konfrontiert wurden. Bronfenbrenner führte ferner umfangreiche Literaturstudien durch und machte zahlreiche unstrukturierte Beobachtungen, die ihn insgesamt zu der Schlußfolgerung kommen ließen, daß die sowjetischen Kinder sich im Vergleich zu westlichen auffallend gut benahmen, gute Manieren und kaum Aggressivität zeigten - Beobachtungen, die ich aufgrund meiner eigenen Aufenthalte in der Sowjetunion nur bestätigen kann.

Aufgrund dieser Befunde ließ sich erwarten, daß die sowjetischen Kinder im Vergleich zu bundesdeutschen hilfsbereiter und mitfühlender sein sollten; denn wenngleich auch in der Bundesrepublik soziales Verhalten im Kindergarten gefördert wird, sind die Verhaltensbereiche Helfen und Mitgefühl von nicht so zentraler Bedeutung, wie sie es in der UdSSR waren. Das war die eine Erwartung. Eine andere betraf den Faktor *Geschlecht* und lautete, daß die Mädchen im Vergleich zu den Jungen hilfsbereiter und mitfühlender reagieren sollten - ein Befund, der bereits in vielen Studien berichtet wurde (Lennon/Eisenberg 1987; Eisenberg/McCreath/Ahn 1988; Fabes/Eisenberg/Miller 1990).

Um diese Hypothesen zu überprüfen, wurden jeweils 48 deutsche und sowjetische Kindergartenkinder in einer standardisierten Interaktionssituation mit einer Spielpartnerin, einer jungen Erwachsenen, beobachtet. Diese Situation wurde von Trommsdorff und Mitarbeitern entwickelt (vgl. Trommsdorff/Friedlmeier/Kienbaum 1991) und sah so aus, daß dieser Spielpartnerin ein Spielzeug irreparabel kaputt ging - eine Situation, die den Kindern in beiden Kulturen wohlbekannt war. Die Spielpartnerin demonstrierte dann Traurigkeit über dieses Ereignis (für eine genaue Beschreibung siehe Kienbaum, 1993a, S. 68). Die Szene wurde mit Video aufgenommen und die Reaktionen der Kinder auf diese Traurigkeit - in Mimik, Worten, Tonfall und Handlungen - wurden qualitativ und quantitativ analysiert. Erhoben wurden also quantifizierbare Verhaltensweisen (z. B. hohe/niedrige Aufmerksamkeit zur Spielpartnerin; entspannte/angespannte Mimik; Hilfsangebot ja oder nein) in einer natürlichen Interaktion und nicht - wie sonst in der Empathieforschung üblich - verbale Reaktionen auf die Schilderung irgendwelcher hypothetischer Situationen. Dies ist insofern ein Vorteil, als Verhalten im allgemeinen weniger verfälscht werden kann als schriftliche oder mündliche Angaben, die stärker Verzerrungen wie z.B. der sozialen Erwünschtheit unterliegen. Außerdem wird die Lebensrealität der Kinder valider abgebildet als bei der hypothetischen Schilderung eines Ereignisses (z.B. einer Geschichte), auf das die Kinder reagieren sollen (z.B. sagen, was sie tun würden).

Ergebnisse der Untersuchung

Von den *Ergebnissen* sind zwei besonders bemerkenswert:

Erstens stellte sich bei den *Kulturunterschieden* - im Gegensatz zur Erwartung - das Ergebnis, daß die sowjetischen die deutschen Kinder in Mitgefühl und Hilfeinterventionen überträfen, nicht ein. Statt dessen sahen die Resultate so aus, daß die deutschen Mädchen ausgeprägteres Mitgefühl zeigten als die sowjetischen Mädchen und Jungen, die in Anbetracht der traurigen Spielpartnerin eher in Anspannung und Passivität (sog. „distress" passiv; vgl. Kienbaum 1993a, S. 70) verfielen. Zudem übertrafen die deutschen die sowjetischen Mädchen auch im prosozialen Verhalten. Die Jungen der beiden Kulturen unterschieden sich nicht signifikant voneinander.

Zweitens zeigte sich bei den *Geschlechterunterschieden* der erwartete Effekt nur in der deutschen Stichprobe; hier reagierten die Mädchen mitfühlender und hilfsbereiter als die Jungen. Zwischen den sowjetischen Jungen und Mädchen traten keine Unterschiede bezüglich des Mitgefühls auf; insgesamt war aber die Anzahl der Jungen, die prosozial handelten, größer als die der Mädchen.

Im Gegensatz zu den Resultaten von Bronfenbrenner, der ja festgestellt hatte, daß sowjetische Kinder wenig aggressiv und insgesamt „wohlerzogener" waren als gleichaltrige westliche Kinder, zeigen die Resultate dieser Studie, daß die komplementären Verhaltensweisen Mitgefühl und Hilfeverhalten bei ihnen nicht stärker, sondern im Gegenteil vor allem bei den Mädchen schwächer ausgeprägt waren. Hier hat also die sowjetische Erziehungstheorie die erwünschten Ergebnisse in der Praxis nicht erzielt.

Eine Erklärung für dieses auf den ersten Blick widersprüchliche Ergebnis scheint in genau den Sozialisationsvariablen zu liegen, die für das gute Benehmen der sowjetischen Kinder verantwortlich zeichnen. In den sowjetischen Kindergärten wie in der Gesellschaft allgemein wurde großer Wert auf Disziplin gelegt und die Autorität der Erwachsenen betont. In Deutschland standen demgegenüber seit den 70er Jahren andere Werte deutlich im Vordergrund der Vorschulerziehung, vor allem die Förderung von Selbständigkeit und Eigenaktivität. Auch wurde der Geschlechterunterschied in der UdSSR, trotz des gegenteiligen theoretischen Anspruchs und im Unterschied zu bundesrepublikanischen Erziehungsvorstellungen, in der Praxis sehr betont. Diese Kombination von Betonung der Erwachsenenautorität, Erziehung zur Anpassung und Förderung der klassischen weiblichen Rolle im Sinne von Passivität („brav sein") könnte dazu geführt haben, daß die sowjetischen Kinder im allgemeinen und die Mädchen im speziellen in Anbetracht der traurigen Spielpartnerin verunsichert waren - schließlich waren sie es nicht gewohnt, zu erleben, daß eine Erwachsene offen ihre Traurigkeit zeigt. In der Folge dieser Verunsicherung waren sie nicht mitfühlend und hilfsbereit, sondern verfielen statt dessen überwiegend in Anspannung und Passivität. Empirische Evidenz, die diese Vermutung stützt, fand sich in einer Analyse des Verhaltens der Kinder in der Interaktion mit der Spielpartnerin vor dem Eintreten des Ereignisses, über das sie traurig wurde. Hier zeigte sich, daß die sowjetischen Kinder, vor allem aber die Mädchen, wesentlich schüchterner im Umgang mit der jungen Erwachsenen gewesen waren als die deutschen Kinder, hier wieder vor allem die deutschen Mädchen.

Während also die sowjetischen Mädchen offensichtlich in dieser Situation überfordert waren, profitierten die deutschen Mädchen von dem eher Selbständigkeit und Eigeninitiative fördernden Erziehungsstil, in dem sie einen sichereren Umgang mit verschiedenen sozialen Situationen lernen konnten, der sie befähigte, mitfühlend und prosozial auch auf die Gefühlsäußerung einer Erwachsenen einzugehen. Bei den Jungen dagegen wurde kein einziger Unterschied zwischen den beiden Kulturen signifikant. Es ergibt sich das Bild, daß es vor allem die Mädchen aus der BRD und der UdSSR zu sein scheinen, die auf kulturspezifische Sozialisationsmechanismen ansprechen. Es stellt sich also die Frage nach einer mädchenspezifischen Sozialisation, die in weiteren kulturvergleichenden Untersuchungen sicherlich Aufmerksamkeit verdient.

In bezug auf die Geschlechterunterschiede war das Ergebnis, daß die deutschen Mädchen im Vergleich zu den deutschen Jungen sowohl mitfühlender als auch prosozialer reagierten, erwartet worden. Wären nur die deutschen Kinder untersucht worden, hätte die Schlußfolgerung mit Sicherheit gelautet, daß ein erneuter Beleg dafür gefunden wurde, daß Mädchen in Situationen wie der hier durchgeführten mitfühlender und prosozialer seien als Jungen. Die Gründe hierfür würden dabei entweder in der geschlechtsspezifischen Erziehung oder in der unterschiedlichen genetischen Disposition der Geschlechter vermutet werden. Beide Argumentationen reichen aber zur Erklärung der Ergebnisse dieser Untersuchung nicht aus.

Bedeutung der Ergebnisse im Hinblick auf den Kulturvergleich

Durch den Kulturvergleich stellt sich eine neue Frage: Wie kann man erklären, daß dieser Effekt dann nicht auch bei den sowjetischen Kindern auftrat? Offenbar ist er nicht universell gültig, da sich bezüglich des Mitgefühls kein Unterschied zwischen den sowjetischen Jungen und Mädchen ergab und bei den Hilfeleistungen die Zahl der handelnden Jungen sogar größer war. Die Sozialisation der sowjetischen Kinder war weiter oben als eher autoritär und geschlechtsspezifisch bezeichnet worden. Während diese Kombination bei den Mädchen dazu zu führen scheint, daß sowohl Mitgefühl als auch prosoziales Handeln blockiert werden, scheint die geschlechtstypische männliche Sozialisation zumindest in punkto Hilfehandlungen förderlich zu sein. Den sowjetischen Jungen wurde im Kindergarten stets vermittelt, daß sie für das „schwache Geschlecht", die Mädchen, zu sorgen hätten, daß sie sich um sie kümmern müßten usw. Es liegt nahe, zu vermuten, daß die sowjetischen Jungen diesen häufig gehörten Satz insoweit internalisiert hatten, daß sie sich der Spielpartnerin gegenüber zu zumindest irgendeiner Form der Hilfeleistung verpflichtet fühlten (für eine genaue Operationalisierung der prosozialen Handlungen siehe Kienbaum, 1993a und b). Die Mädchen erwiesen sich im Gegensatz dazu der jungen Erwachsenen gegenüber als eher schüchtern und unsicher und verfügten nicht über die soziale Kompetenz, prosozial zu handeln, so daß eine möglicherweise den Jungen gegenüber stärkere Disponiertheit oder andere das Mitgefühl und prosoziale Verhalten fördernde Sozialisationsmechanismen nicht zur Geltung kommen konnten.

Zusammenfassend läßt sich feststellen, daß es kulturspezifische Einflüsse gibt, die bei den deutschen und sowjetischen Jungen und Mädchen zu unterschiedlichen Mitgefühls- und Hilfereaktionen auf die Traurigkeit eines Gegenübers führen. Besonders bemerkenswert sind folgende drei Ergebnisse der Studie:

Erstens macht sie deutlich, daß ein Erziehungssystem, wie es in der ehemaligen Sowjetunion herrschte, zwar geeignet ist, im Vergleich zum Westen antisoziales Verhalten zu vermindern, daß damit aber nicht gleichzeitig die Voraussetzungen gegeben sind, die zur Förderung von Mitgefühl und prosozialem Verhalten nötig sind.

Zweitens stellt sie die Universalität eines im Westen sowohl alltagspsychologisch als auch in psychologischen und soziologischen Theorien immer wieder dargestellten Geschlechterstereotyps, daß Mädchen mitfühlender und hilfsbereiter seien als Jungen, in Frage. Offensichtlich gibt es Umstände, unter denen dieser Unterschied nicht auftritt. Hier sind weitere Studien, die die genaueren Bedingungen für diese Phänomene spezifizieren, vonnöten.

Drittens lenkt sie unseren Blick auf die Wechselwirkung zwischen den Faktoren Kultur und Geschlecht. Unterscheiden sich zwischen verschiedenen Kulturen die Sozialisationstechniken für Mädchen mehr voneinander als die für Jungen, oder, anders ausgedrückt, werden Jungen auf der Welt überall ähnlich erzogen, Mädchen jedoch nicht? Oder bringen Mädchen andere Voraussetzungen mit, die sie „anfälliger" für Sozialisationsbemühungen machen? Werden gleiche Sozialisationstechniken in den jeweiligen Kulturen von den Geschlechtern unterschiedlich verarbeitet?

Erst weitere kulturvergleichende Untersuchungen werden uns einer Antwort näher bringen können.

Literatur

BOWLBY, John: Attachment and loss. Vol. 2: Separation, anxiety and anger. New York 1973

BRONFENBRENNER, Urie: Response to pressure from peers versus adults among Soviet and American school children. International Journal of Psychology 2, 1967, 3, pp. 199-208

BRONFENBRENNER, Urie: Zwei Welten. Kinder in USA und UdSSR. Stuttgart 1972

BRONFENBRENNER, Urie: Die Ökologie der menschlichen Entwicklung. Natürliche und geplante Experimente. Stuttgart 1981

EISENBERG, Nancy/McCREATH, Heather/AHN, Randall: Vicarious emotional responding and prosocial behavior. Personality and Social Psychology Bulletin 14, 1987, 2, pp. 91-119

FABES, Richard A./EISENBERG, Nancy/MILLER, Paul A.: Maternal correlates of children's vicarious emotional responsiveness. Developmental Psychology 26, 1990, 4, pp. 639-648

GROSSMANN, Klaus E./GROSSMANN, Karin: The wider concept of attachment in cross-cultural research. Human Development 33, 1990, 1, pp. 31-47

HUI, Harry: Individualism - collectivism: Theory, measurement and its relation to reward allocation (Doctoral dissertation). Urbana, Champaign 1984

KIENBAUM, Jutta: Empathisches Mitgefühl und prosoziales Verhalten deutscher und sowjetischer Kindergartenkinder. Regensburg 1993a

KIENBAUM, Jutta: Prosoziales Handeln deutscher und sowjetischer Kindergartenkinder. Zeitschrift für Sozialisationsforschung und Erziehungssoziologie 13, 1993b, 2, S. 131-148

KIENBAUM, Jutta: Sozialisation von Mitgefühl und prosozialem Verhalten: Ein Vergleich deutscher und sowjetischer Kindergartenkinder. In: TROMMSDORFF, G. (Hrsg.): Kindheit und Jugend im Kulturvergleich. Weinheim 1995, S. 83-107

KOHLBERG, Larry: The psychology of moral development. New York 1983

LENNON, Randy/EISENBERG, Nancy: Gender and age differences in empathy and sympathy. In: EISENBERG, N./STRAYER, J. (eds.): Empathy and its development. Cambridge 1987, pp. 195-217

OERTER, Rolf: Kindheit. In: OERTER, R./MONTADA, L. (Hrsg.): Entwicklungspsychologie. München 1995, S. 249

PIAGET, Jean: Psychology of intelligence. Lanham, Md. 1976

SAGI, Abraham/IJZENDOORN, Marinus H. v.: Primary appraisal of the strange situation: A cross-cultural analysis of preseperation episodes. Developmental Psychology 27, 1991, 4, pp. 587-596

TRIANDIS, Harry: Cross-cultural psychology. American Psychologist 39, 1984, pp. 1006-1016

TROMMSDORFF, Gisela: Kulturvergleichende Sozialisationsforschung. In: TROMMSDORFF, G. (Hrsg.): Sozialisation im Kulturvergleich. Stuttgart 1989, S. 6-25

TROMMSDORFF, Gisela: Entwicklung im Kulturvergleich. In: THOMAS, A. (Hrsg.): Kulturvergleichende Psychologie. Göttingen 1993a, S. 103-143

TROMMSDORFF, Gisela: Kulturvergleich von Emotionen beim prosozialen Handeln. In: MANDL, H./DREHER, M./KORNADT, H.-J. (Hrsg.): Entwicklung und Denken im kulturellen Kontext. Göttingen 1993b, S. 3-25

TROMMSDORFF, Gisela/FRIEDLMEIER, Wolfgang/KIENBAUM, Jutta: Entwicklung von Empathie und prosozialem Verhalten bei Kindern. In: SCHMIDT-DENTER, U. (Hrsg.): Abstraktband der 10. Fachgruppentagung für Entwicklungspsychologie, 23.-25.9.1991, Universität zu Köln, 1991, S. 265

Gertrud Nunner-Winkler

Moralisches Wissen - moralische Motivation - moralisches Handeln

Entwicklungen in der Kindheit

Ausgangspunkt meiner Forschungen ist Kohlbergs (1984) Theorie der Entwicklung des moralischen Bewußtseins. Diese basiert auf der Annahme eines kognitiv-affektiven Parallelismus, nach der auf jeder Entwicklungsstufe die Geltungsgründe moralischer Normen und die Motive zu ihrer Befolgung strukturgleich seien: In der Kindheit (also im präkonventionellen Stadium bis ca. elf Jahre) seien Normen in Sanktionen fundiert, und strategische Nutzenmaximierung sei das Motiv zu ihrer Befolgung (so auch Damon 1982; Blasi 1984); auf konventionellem Niveau (das für die meisten Erwachsenen charakteristisch ist) gälten Normen als fundiert in der herrschenden Praxis und würden befolgt, um soziale Akzeptanz zu erringen; erst auf postkonventionellem Niveau verstünde man Normen als abgeleitet von universellen moralischen Prinzipien (Gleichheit und Achtung vor der Würde der Person), und Einsicht in deren Rechtfertigbarkeit motiviere das moralische Handeln. Insbesondere die Beschreibung des kindlichen Moralverständnisses als rein instrumentalistisch geriet unter Kritik: Turiel (1983) zeigte, daß Kinder schon früh ein Verständnis der intrinsischen Geltungsgründe moralischer Regeln besitzen und diese von konventionellen Normen, Klugheitsgeboten und Spielregeln klar zu unterscheiden wissen. In der Altruismusforschung wurde nachgewiesen, daß Kinder schon früh spontan und ohne Nutzenkalkulation helfen, trösten und teilen. Einige Autoren fügten die Befunde zusammen und entwarfen ein Bild vom Kind als kompetentem moralischen Aktor (vgl. Keller/Edelstein 1986, 1993; Döbert 1987) (vgl. Tabelle 1).

Wie lassen sich diese widersprüchlichen, aber durch je entsprechende Daten gestützten Befunde zur Deckung bringen? Es wäre denkbar, so die forschungsleitende Überlegung, daß Kinder Normen zwar, wie Turiel nachwies, angemessen verstehen. Bevor es ihnen aber wichtig geworden ist, diese Normen auch im eigenen Handeln zu befolgen - anders gesagt: bevor sie moralische Motivation aufgebaut haben -, mögen sie ihre Handlungsempfehlungen, nach denen Kohlberg fragte, durchaus an Nutzenkalkülen orientieren. Ebenso wäre denkbar, daß Kinder zu altruistischen Handlungen fähig und bereit sind - wie dies in der Altruismusforschung beobachtet und von Keller/Edelstein (1986, 1993) bei der

Diskussion hypothetischer Freundschaftsdilemmata gefunden wurde -, aber nur solange diese Handlungen ihren spontanen Neigungen entsprechen. Will man nun zwischen den in der Literatur diskutierten konträren Beschreibungen des kindlichen Moralbewußtseins entscheiden, scheint es unerläßlich, die den verwendeten Erhebungsverfahren zugrundeliegenden Konfundierungen (von moralischem Wissen und moralischer Motivation bei Kohlberg; von spontanen Neigungen und moralischen Strebungen bei Keller/Edelstein) zu vermeiden. Konkret: Es gilt, moralisches Wissen (um die Geltung von Normen und Normbegründungen) und moralische Motivation (als Bereitschaft, moralisches Wissen auch handlungsrelevant zu machen) getrennt zu erheben und dabei zugleich spontane Neigungen zu kontrollieren. Dies wurde in den im folgenden zu berichtenden Forschungen versucht.

Tabelle 1: Positionen zum frühkindlichen Moralverständnis

	Kohlberg	*Turiel*	*Altruismus-Forschung*	*Döbert; Keller/ Edelstein*
Regelgeltung	instrumentalistisch	intrinsisch	-	intrinsisch
Motiv für Regelbefolgung	instrumentalistisch	-	intrinsisch	intrinsisch
Erhebungsmethode	Handlungsempfehlung (negative Pflichten/Erwachsene)	Regelbegründung	Verhaltensbeobachtung	Handlungsempfehlung (positive Pflichten/Freunde)

Das kindliche Moralverständnis

Erhebungsverfahren

Die folgenden Daten[1] (für eine detaillierte Darstellung der Forschungsarbeiten vgl. Nunner-Winkler, im Druck) sind im Kontext einer Längsschnitt-Untersuchung (vgl. Weinert/Schneider, im Druck) an ca. 200 Jungen und Mädchen unterschiedlicher Schichtherkunft zwischen vier bis elf Jahren erhoben worden. *Im Alter von vier, sechs und acht Jahren* wurden den Kindern von Beate Sodian und mir gemeinsam entwickelte Bildgeschichten (vgl. Tabellen 2 und 3) vorgelegt, in denen nur gleichaltrige Spielkameraden, also weder Erwachsene noch enge Freunde, auftraten. Der (gleichgeschlechtliche) Protagonist gerät in Versuchung, einfache moralische Regeln zu übertreten, um eigene Bedürfnisse zu

---

[1] Über einen Teil der Daten - die Erhebungen bis zum Alter von sechs Jahren - sowie einige der theoretischen Überlegungen habe ich bereits andernorts berichtet (vgl. Nunner-Winkler 1992, 1993).

befriedigen, d.h. es geht um Situationen, in denen das moralisch Gebotene und eigene spontane Neigungen konfligieren. Die vorgelegten Situationen involvierten negative (einem Kameraden heimlich Süßigkeiten entwenden) und positive Pflichten (mit einem durstigen Kind die eigene Coca teilen; einen zu Unrecht erhaltenen Preis mit dem benachteiligten Kind teilen; bei einem Leistungswettbewerb ein hilfsbedürftiges Kind unterstützen). In der Versuchungssituation wird *moralisches Wissen* als Kenntnis der Regelgeltung und Verständnis der Regelbegründung erfragt (Darf man die Süßigkeiten wegnehmen? Sollte man seine Coca/den Preis teilen? Sollte man helfen? - Warum? Warum nicht?). Dann wird gezeigt, daß der Protagonist die Regel übertritt (er stiehlt; teilt nicht; hilft nicht). Es folgt die Testfrage für *moralische Motivation*: „Wie fühlt sich der Protagonist? Warum?" Die Idee, moralische Motivation durch Emotionszuschreibung zu einem hypothetischen Übeltäter zu operationalisieren, ist aus einem kognitivistischen Emotionsverständnis abgeleitet (vgl. Solomon 1976; Montada 1993). Danach gelten Emotionen als (rasche, globale, aber kognitiv gehaltvolle) Urteile über die subjektive Bedeutsamkeit von Sachverhalten. Um dies an einem Beispiel zu illustrieren: Wenn X ihren Liebhaber Arm in Arm mit einer attraktiven jungen Frau sieht, wird sie mit Eifersucht, Wut, Trauer, Zorn reagieren. Erfährt sie, daß es sich um seine Schwester handelt, d.h. ändert sich der kognitive Gehalt ihres Urteils, so verschwindet die Emotion. War sie ohnedies ihres Liebhabers bereits überdrüssig geworden, so empfindet sie keine negative Emotion, vielleicht gar Erleichterung. Intensität und Richtung der Emotion zeigen also die subjektive Gewichtigkeit und Bewertung des beurteilten Sachverhalts an. Im vorliegenden Kontext: Durch ihre Emotionszuschreibung geben die Kinder zu erkennen, welchem Sachverhalt sie mehr Bedeutung beimessen: der Tatsache, daß der Protagonist eine Regel übertreten oder daß er seine Bedürfnisse befriedigt hat.

Tabelle 2: Bildgeschichten (Alter 4-5, 6-7, 8-9)

Geschichte	*Pflichttyp*	*Inhalt*
1: Diebstahl	negativ	Ein Kind entwendet einem anderen heimlich Süßigkeiten
2: Coca teilen	positiv	Ein Kind teilt seine Coca nicht mit einem durstigen Spielkameraden
3: Preis teilen	(positiv)[2]	Ein Kind teilt seinen zu Unrecht erhaltenen Preis nicht mit dem benachteiligten Kind
4: Helfen	positiv	Ein Kind hilft einem anderen Kind, das Unterstützung braucht, nicht bei einer Aufgabenerfüllung; ein anderes Kind hilft.

Im Alter von neun Jahren wurde zusätzlich das *Wissen um moralische Motive* exploriert. Zunächst wurden die Kinder offen befragt: „Warum sollte man das

---

[2] Diese Geschichte wurde - entgegen meiner ursprünglichen Erwartung - von den Kindern als negative Pflicht (Ungerechtigkeit ist nicht zu tolerieren) verstanden.

Rechte tun?" Sodann erhielten sie eine standardisierte Liste möglicher Motive und sollten das ihrer Meinung nach wichtigste und unwichtigste Motiv für moralisches Handeln auswählen. Die Liste lautete:

– weil man gerecht und fair sein will
– weil einen sonst die anderen nicht mögen
– weil man sonst bestraft wird
– weil man sich an die Regeln halten soll
– weil man anderen nicht weh tun will.

Tabelle 3: Beispiel Geschichte 1 - Diebstahl

Bild 1: Das ist der Florian und das ist der Thomas[3]. Sie sind in der Garderobe im Kindergarten und ziehen ihre Anoraks aus. Da zieht der Thomas eine kleine Tüte gebrannter Mandeln aus der Anoraktasche, hält sie hoch und sagt: Schau mal, die hat mir meine Tante mitgebracht.
Florian ißt gebrannte Mandeln furchtbar gern.

Bild 2: Später kommt er allein wieder durch den Garderobenraum, in dem Thomas seinen Anorak mit den gebrannten Mandeln gelassen hat.

(Kontrollfrage für Geschichtenverständnis:)
Was meinst du, will Florian die Mandeln haben?

(REGELKENNTNIS)
Darf man die Mandeln einfach nehmen?

(REGELBEGRÜNDUNG)
Warum?/Warum nicht?

(Hinweis, um zu verhindern, daß Kinder negative Helden erfinden:)
Florian weiß auch, daß man das nicht darf.

Bild 3: Florian geht zu Thomas' Kleiderhaken, holt die Tüte aus dem Anorak heraus und steckt sie ein. Dann geht er wieder zum Gruppenraum. Niemand hat das gesehen.

Bild 4: Gleich darauf gehen die Kinder zum Spielen nach draußen. Thomas zieht seinen Anorak an und bemerkt, daß die Mandeln weg sind. Er weiß nicht, wo sie hin verschwunden sind. Da ist Thomas traurig.

(EMOTIONSZUSCHREIBUNG)
Was glaubst du, wie Florian sich fühlt?

(EMOTIONSBEGRÜNDUNG)
Warum?

---

[3] Den Mädchen wurden Geschichten mit weiblichen Protagonisten vorgelegt.

Im Alter von zehn Jahren wurde den Kindern eine Situation vorgelegt[4], in der der Protagonist in Versuchung gerät, ein gegebenes Versprechen (sich an gemeinsamen Aufräumarbeiten am Tag nach einem Fest zu beteiligen) aus unterschiedlichen Gründen zu brechen: um hedonistische Bedürfnisse zu befriedigen (z.B. Baden gehen[5]), um an einem einmaligen Ereignis teilzunehmen (z.B. Zirkusvorstellung[5]), um ein längerfristiges Ich-Ziel zu verwirklichen (Anmeldung für einen Ferienkurs, z.B. Tennis, Schach, Computer[5], die nur an diesem Tage möglich ist), um eine kollidierende Norm zu erfüllen (ein verirrtes kleines Kind nach Hause bringen). *Moralisches Wissen* wurde als Beurteilung der Legitimierbarkeit von Ausnahmen erhoben. Die Frage lautete: „Was sollte man (in der jeweiligen Situation) tun? Warum?" *Moralische Motivation* wurde durch ein globales Ratingverfahren[6] von zwei unabhängigen Ratern (mit hoher Übereinstimmung) eingeschätzt. Grundlage waren die Antworten der Kinder auf die Frage nach ihrer eigenen hypothetischen Handlungsweise („Was würdest du in so einer Situation tun?") sowie Emotionserwartungen in der Rolle des hypothetischen Übeltäters wie auch eines von der Übertretung anderer Betroffenen („Wie würdest du dich fühlen, wenn du nicht zum Aufräumen gegangen wärest? Und wenn du zum Aufräumen gegangen wärest, ein anderes Kind aber weggeblieben wäre?"). Folgende Reaktionen wurden als (einzeln allerdings weder hinreichende noch notwendige) Indikatoren für niedrige moralische Motivation gewertet: offen strategische Überlegungen (z.B. „Baden gehen macht mir mehr Spaß"); Wechsel von einer moralischen zu einer unmoralischen eigenen Handlungsentscheidung bei der Zusicherung von Nicht-Entdeckung der Übertretung (z.B. „Wenn's die anderen nicht erfahren, tät ich schon in den Zirkus gehen"); die Beanspruchung einer Ausnahmeregelung für die Verwirklichung eigener Ich-Ziele bei gleichzeitiger heller Empörung über eine gleichermaßen motivierte Regelübertretung anderer.

Um die Validität der Messung moralischer Motivation zu überprüfen, wurde in vier Experimenten *moralisches Handeln* erhoben.

– *Experiment 1: Mogelexperiment*[7] (Alter vier bis fünf Jahre): 91 Kindern wurde Gelegenheit gegeben, bei einem Ratespiel (es galt, kleine Holztiere zu erraten, die unter einem Tuch verborgen lagen) zu mogeln. Um die Versuchung zu erhöhen, wurde vorweg ein attraktiver Preis ausgesetzt, und die Versuchsleiterin ließ die Kinder bei ihren ersten Rateversuchen scheitern. Unter einem Vorwand verließ sie dann für eine bestimmte Zeit den Raum und, um die Angst vor Entdeckung zu minimieren, schloß sie sorgfältig bei-

---

[4] Ich danke Angelika Weber für Unterstützung bei der Entwicklung der Vorgaben.
[5] Zur Konkretisierung der kollidierenden Bedürfnisse bzw. Interessen wurden - um die Konflikthaftigkeit der Situation zu erhöhen - die von den Kindern in einem vorauslaufenden Kurzinterview benannten jeweiligen Lieblingsbeschäftigungen eingesetzt.
[6] Ich danke Augusto Blasi für Beratung bei der Entwicklung des Ratingverfahrens.
[7] Das Experiment haben Beate Sodian und ich mit der Unterstützung von Angelika Weber gemeinsam entwickelt.

de Türen einer Doppeltüre. Das Verhalten der Kinder in der Versuchungssituation wurde durch einen Einwegspiegel gefilmt. Aufdecken des Tuches ebenso wie Versuche, die Tiere durch Ertasten zu erkennen, wurden als „Mogelverhalten" vercodet. Die Regelkenntnis („Darf man bei so einem Spiel nachschauen?") wurde in einem Nachinterview überprüft (drei Kinder wurden aus der Auswertung ausgeschlossen, da sie die Videokamera entdeckten.).

– *Experiment 2: Verteilungsgerechtigkeit*[8] (Alter fünf bis sechs Jahre): An dem Experiment nahmen 126 Kinder teil. Je drei (einander unbekannte gleichgeschlechtliche) Kinder sollten sich untereinander über die Verteilung knapper Ressourcen einigen: Ein Kind konnte kurze Slapstickfilme in einer Filmbox ansehen, zu der nur jeweils eine Person Zugang hatte; ein zweites Kind konnte durch ein Kaleidoskop gucken; das dritte Kind konnte nur den beiden anderen Kindern zusehen. Als „unmoralisches Verhalten" wurden alle nonverbalen Akte einer rücksichtslosen Durchsetzung eigener Interessen vercodet (z.B. Wegschubsen eines anderen Kindes von der Filmbox; Grabschen nach dem Kaleidoskop etc.)

– *Experiment 3: Ringwurfspiel*[9] (Alter zehn bis elf Jahre): 149 Kinder nahmen an diesem Experiment teil. Den Kindern wurde Gelegenheit gegeben, von einem Versuchsleiterirrtum unberechtigt zu profitieren. Im Einzelversuch sollten sie - in einem fiktiven Wettbewerb mit anderen Kindern, bei dem ein hochattraktiver Preis zu gewinnen war - selbst ihre Punktezahl beim Ringewerfen errechnen und für die Versuchsleiterin aufschreiben. Diese beging dann bei der Zusammenstellung der Gewinnerliste einen Übertragungsfehler zu Gunsten der Versuchsperson. Notiert wurde, ob die Kinder den Versuchsleiterirrtum hinterher spontan, auf Nachfrage oder gar nicht aufklärten.

– *Experiment 4: Filmlotterie*[9] (Alter zehn bis elf Jahre): An diesem Experiment waren 64 Kinder (32 einander unbekannte, gleichgeschlechtliche Paare) beteiligt. Eine vorgeblich durch Zufallsverfahren geregelte Zuteilung eines begehrten Gutes (Betrachten kurzer, lustiger Slapstickfilme in einer Filmbox, zu der nur jeweils eine Person Zugang hat) begünstigte laufend nur einen von zwei Betroffenen. Notiert wurde das Verhalten des Gewinners (läßt den Verlierer (mit-) schauen versus kümmert sich überhaupt nicht um ihn) und des Verlierers (hält Distanz zum Gewinner versus bedrängt ihn). Die Regelgeltung („Sollte der Gewinner teilen?") wurde in einem Nachinterview überprüft (vgl. Tabelle 4 für eine Übersicht über die verwendeten Methoden).

---

[8] Das Experiment war von Jens B. Asendorpf zur Messung von Schüchternheit eingesetzt worden.

[9] Die Experimente 3 und 4 haben Jens B. Asendorpf und ich gemeinsam entwickelt.

Tabelle 4: Meßinstrumente

Meßinstrumente	Alter			
	4-5	6-7	8-9	10-11
Moralisches Wissen				
Regelkenntnis/Regelbegründung	x	x	x	
Wissen um moralische Motive			x	
Ausnahmen von Regeln				x
Moralische Motivation				
Emotionszuschreibung zu hypothetischem Übeltäter	x	x	x[10]	
Globales Rating Verfahren				x
Moralisches Handeln				
Mogelexperiment	x			
Verteilungsgerechtigkeit	x			
Ringwurf				x
Filmlotterie				x

Ergebnisse

Moralisches Wissen

Regelkenntnis: Wie aus Abbildung 1 ersichtlich, wissen bereits mit vier bis fünf Jahren so gut wie alle Kinder (96%), daß Stehlen falsch ist; spätestens mit acht bis neun Jahren schreiben die allermeisten Kinder (geschichtenabhängig zwischen 85-95%) auch den positiven Pflichten (helfen und teilen) Verbindlichkeit zu.

Regelbegründung: In ihren Begründungen für die Gültigkeit der vorgelegten einfachen moralischen Regeln benennen nur wenige Kinder (über alle Geschichten und Meßzeitpunkte hinweg maximal 12%) Sanktionen, d.h. positive oder negative Konsequenzen für den Täter (z.B. die anderen mögen ihn nicht mehr/helfen ihm das nächste Mal auch nicht; sie kommt ins Gefängnis; Mutter/Lehrerin schimpft/lobt). Mit Ausnahme von Geschichte 2 (Coca teilen) führen die Kinder mit überwältigender Mehrheit deontologische Erwägungen an: Sie verweisen auf die Tatsache, daß es eine verpflichtende Regel gibt („Man sollte helfen/teilen; stehlen darf man nicht") oder geben eine negative Bewertung der Tat oder des Täters ab („Stehlen ist gemein; der ist ein Dieb; der/die ist geizig ..."). Nur eine Minderheit (zwischen 2-18%) bezieht sich auf die Be-

---

[10] Im Alter von 8-9 Jahren mißt Emotionszuschreibung moralische Motivation nicht mehr valide (siehe S. 139).

dürfnisse des „Opfers", d.h. des bestohlenen, benachteiligten oder hilfsbedürftigen Kindes (z.B. „Sonst ist er traurig; die möchte auch gerne einen Preis ..."). Die Coca-Geschichte hingegen zeigt ein anderes Bild. Hier sind es über zwei Drittel der jüngeren und noch immer fast ein Drittel der älteren Kinder, die die Bedürfnisse des Bittstellers als Begründung für die Verpflichtung zu teilen anführen („Sonst verdurstet der/die").

Abbildung 1:

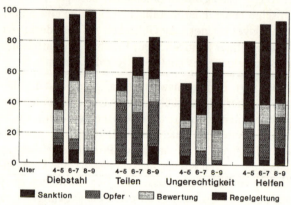

Abbildung 2:

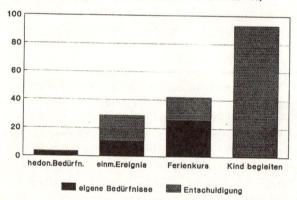

Ausnahmen von Regeln: Nur 4% der Zehn- bis Elfjährigen hielten es für vertretbar, das Versprechen (sich an gemeinsamen Aufräumarbeiten zu beteiligen) um hedonistischer Bedürfnisse willen zu brechen, also nur, weil man etwas anderes lieber täte. Der Prozentsatz derer, die eine Ausnahme zulassen würden, stieg auf 29 bzw. 42%, wenn der Aufräumtermin mit einem einmaligen besonderen Ereignis bzw. der einzigen Möglichkeit, sich für einen Ferienkurs anzumelden, kollidierte, wobei etliche (11% beim einmaligen Ereignis bzw. 26% beim Ferienkurs) sich um Schadensbegrenzung („Ich würd's den anderen sagen") bzw. Wiedergutmachung („Ich würde das nächste Mal mehr machen") bemühten. Hingegen hielten es 92% für geboten, das gegebene Versprechen zu brechen, wenn es darum ging, das verirrte Kind heimzubegleiten („Es ist schlimmer, wenn das Kind sich ängstigt, als wenn die anderen alleine aufräumen müssen - die anderen werden das verstehen, sie würden genauso handeln") (vgl. Abbildung 2).

Das Regelverständnis der Kinder also ist diesen Ergebnissen zufolge:
— *intrinsisch:* Schon früh schreiben Kinder moralischen Geboten eine autoritäts- und sanktionsunabhängige, kategorische Gültigkeit zu. Dies deckt sich mit den (experimentell sorgfältiger kontrollierten) Erhebungen Turiels und widerspricht Kohlbergs Beschreibung des kindlichen Regelverständnisses;

— *situationsspezifisch differenziert:* Bemerkenswert ist, daß zumindest die älteren Kinder trotz oberflächlicher Ähnlichkeiten zwischen den beiden Geschichten, in denen es ums Teilen geht, so klar unterscheiden: Beim Coca-Teilen gründet die (positive) moralische Pflicht in den Bedürfnissen des Bittstellers; beim Preis-Teilen hingegen hat die (negative) Pflicht, Unfairness zu unterlassen (die zumindest die älteren Kinder klar verstehen) eine kategorische Gültigkeit: Unabhängig von den Bedürfnissen des Benachteiligten ist es falsch, auf Kosten eines anderen von einer manifesten Ungerechtigkeit zu profitieren. Dies entspricht dem Moralverständnis Erwachsener: Auch einen Reichen (der unter dem Verlust kaum litte) zu bestehlen, ist falsch, aber den Dürstenden zu tränken, ist moralische Pflicht (weil und nur weil er bedürftig ist). (Zumindest deutsche) Kinder also entwickeln schon früh ein deontologisches Moralverständnis: Es gibt individuelle Rechte (in der Diebstahl-Geschichte: das Recht auf eigenen Besitz; in der Preis-Geschichte: das Recht, nicht betrogen zu werden), die eine von utilitaristischen Erwägungen unabhängige kategorische Verbindlichkeit genießen;

— *prima facie:* Den moralischen Regeln wird jedoch nur eine prima facie Geltung zugesprochen, d.h. Ausnahmen gelten als rechtfertigbar, ja gar geboten, wenn - aus der Perspektive der Unparteilichkeit beurteilt - eine Übertretung der Regel weniger Schaden verursacht als ihre Befolgung. Dieses Ergebnis steht im Gegensatz zu Kants moralphilosophischen Überzeugungen, wonach negative Pflichten keine Ausnahme zulassen (auch einen Mörder darf man nicht belügen, um den eigenen Freund zu retten, vgl. Kant 1979). In der Zulässigkeit von Ausnahmen spiegelt sich die Ablösung der Gesinnungs- durch die Verantwortungsethik (vgl. Weber 1956, S. 175f.) wider: In der Moderne rechnet sich der Mensch zunehmend nicht nur die eigenen Handlungen, sondern auch die Folgen seiner Handlungen selbst zu (vgl. Marquard 1981); vordem hingegen waren die Folgen Gott anheim gestellt, der die Welt weise so eingerichtet hatte, daß auch Leiden seinen Sinn in einem harmonisch geordneten Weltganzen fand. Die Tatsache, daß zumindest ab etwa zehn Jahren die

Kinder fähig sind, kontextsensitiv angemessen Ausnahmen zuzulassen, zeigt, daß sie Moral nicht in Form detailliert-konkreter Regeln lernen, sondern früh ein Verständnis der konstitutiven Prinzipien von Moral (Schadensminimierung und Unparteilichkeit) erwerben.

Moralische Motivation
Mit überwältigender Mehrheit erwarten jüngere Kinder (fast 80% bei der Diebstahl-Geschichte), daß der Protagonist, nachdem er eine Regel übertreten hat, um deren Geltung er nur allzu gut weiß, und deren Begründung er nur allzu gut versteht („Stehlen darf man nicht, das ist ganz gemein und unfair") sich gut fühlen werde („Die Süßigkeiten schmecken gut, weißt du") (vgl. Abb. 3). Dies ist ein überraschendes Ergebnis. Ältere Kinder und Erwachsene erwarten, daß sich schlecht fühlen werde, wer sich eines Vergehens schuldig gemacht hat (vgl. Zelko u.a. 1986). Gleichwohl ist es ein robustes Ergebnis. B. Sodian und ich (vgl. Nunner-Winkler/Sodian 1988) überprüften mögliche Alternativerklärungen. Es könnte sein, daß jüngere Kinder allgemein eine positive Grundgestimmtheit unterstellen. So legten wir eine Geschichte vor, in der der Protagonist einer Versuchung widersteht. Wie fühlt er sich? „Schlecht, weil er die Süßigkeiten nicht hat". Es könnte sein, daß es die konkrete Handgreiflichkeit des erstrebten Gutes ist, die so verführerisch mit einer bloß abstrakten Norm kollidiert oder auch, daß für jüngere Kinder das Entwenden von Süßigkeiten nur ein „Kavaliersdelikt" ist. So legten wir eine Geschichte vor, in der der Protagonist ein anderes Kind, das er ärgern will, von der Schaukel stößt; er selbst will nicht schaukeln, da ihm davon immer schlecht wird. Wie fühlt er sich? „Gut, es ist schön, wenn man den bluten sieht." Dieser Anschein geballter Amoral, der unseren alltagsweltlichen Intuitionen widerspricht, führte uns zu der Vermutung, Kinder verstünden moralbezogene Emotionswörter nicht. So fragten wir, wie ein Protagonist sich fühlt, der beobachtet, wie ein anderes Kind sich verletzt („Schlecht, weil das sich wehgetan hat"); der ein anderes Kind versehentlich verletzt („Schlecht, weil er das nicht wollte") und schließlich, der das Kind verletzt, das er ärgern will („Gut, dem hat er es gezeigt"). Die (kindliche) Verwendung von Emotionsbegriffen läßt sich also wie folgt verstehen: Kinder erwarten, daß sich gut fühlen werde, wer erfolgreich tut, was er will (die Süßigkeiten nimmt, die er haben will) und schlecht, wer nicht tut, was er will (die Süßigkeiten nicht entwendet, die er haben will) oder tut, was er nicht will (ein anderes Kind versehentlich verletzt). Diese Interpretation legt es nahe, die Emotionszuschreibungen als Ausdruck der kindlichen Willensbestimmung zu lesen. Die Richtung der Emotion zeigt danach an, was der Protagonist (d.h. das Kind) tun will, die Begründung indiziert die Motive, aus denen er tut, was er tut.

Diese Überlegungen liefern eine erste empirisch basierte Plausibilisierung der zunächst rein theoretisch abgeleiteten Strategie, Emotionszuschreibungen als Indikator für moralische Motivation zu nutzen. Deren Triftigkeit konnte für die jüngeren Kinder auch experimentell bestätigt werden. In den beiden ersten Experimenten (Mogelexperiment, Verteilungsgerechtigkeit) zeigte sich ein signifikanter Zusammenhang zwischen Emotionszuschreibung und Handeln: Kinder, die erwarteten, ein hypothetischer Protagonist werde sich nach einer Regelübertretung schlecht fühlen, begingen in realen moralischen Versuchungssituationen signifikant seltener unmoralische Handlungen - sie mogelten weniger und suchten seltener eigene Bedürfnisse auf Kosten anderer rücksichtslos durchzusetzen (vgl. Asendorpf/Nunner-Winkler 1992).

Mit dem Alter nimmt die Zahl negativer Emotionszuschreibungen zu einem hypothetischen Übeltäter zu. Mit acht bis neun Jahren geben zwischen 48% (Geschichte 4 - Helfen) und 77% (Geschichte 1 - Diebstahl) an, der Protagonist werde sich schlecht fühlen. Im Alter von zehn bis elf Jahren erwarten 96%, daß sich schlecht fühlen werde, wer ein Versprechen (Beteiligung an Aufräumarbeiten) ohne guten Grund bricht. In höherem Alter allerdings indiziert eine negative Emotionszuschreibung nicht länger mehr eigene moralische Motivation. Nach dem globalen Rating-Verfahren nämlich - dessen Validität durch die Ergebnisse in Experiment 4 (Filmlotterie) gestützt wird - werden 40% der Kinder noch mit zehn bis elf Jahren als sehr niedrig, 24% als mittel und nur 36% als hoch in moralischer Motivation eingestuft. Mehrheitlich aber schreiben auch die als sehr niedrig eingestuften Kinder in den hypothetischen Geschichten dem Übeltäter eine negative Emotion zu. Der Grund dürfte sein, daß die meisten ab etwa zehn Jahren zu selbstreflexiver Rollenübernahme fähig sind (vgl. Selman/Byrne 1980): Sie erkennen, daß der Interviewer sie aufgrund ihrer Antworten bewerten kann und sagen daher nicht mehr, wie sie selbst fühlen würden, sondern geben die Antwort, von der sie (im übrigen schon seit längerem) wissen, daß sie die moralisch angemessenere Reaktion ist (social desirability). Unbeschadet der Frage jedoch, ob die Zuschreibung negativer Emotionen tatsächlich (wie bei jüngeren Kindern) die eigene moralische Motivation oder nur (wie bei älteren Kindern) die wünschenswerte moralische Haltung widerspiegelt - in jedem Fall gilt, daß die Begründungen für negative Gefühle nach Übertretungen Rückschlüsse auf die Motive zulassen, die entweder real das Handeln der Kinder anleiten oder die von ihnen verallgemeinert als Beweggründe für moralisches Handeln unterstellt werden.

Welche Erwägungen nun motivieren aus der Sicht der Kinder Normbefolgung tatsächlich oder idealiter? Wie Abbildung 3 zeigt, haben weder Sanktionsangst bzw. bloße Nutzenkalküle noch aber Mitleid eine große Bedeutung. Über alle Geschichten und Meßzeitpunkte hinweg benannten höchstens jeweils 18% der Kinder Konsequenzen für den Täter (Sanktionen/Nutzen) bzw. für das „Opfer" (Mitleid). Geschichtenunabhängig gaben die meisten Kinder deontologische Begründungen: Der Übeltäter fühlt sich schlecht, weil das, was er tat, böse oder falsch war, weil er anders hätte handeln sollen, weil er sich als Bösewicht erwies.

Dieses Ergebnis wird bestätigt durch die Antworten auf die (im Alter von neun bis zehn Jahren erhobene) Frage, aus welchen Gründen man das Rechte tun solle. Zwar waren knapp 41% der freien Antworten auf die offen gestellte Frage selbstdienliche Überlegungen:

– um Schwierigkeiten oder Strafen zu vermeiden: 13%
– um soziale Ablehnung zu vermeiden: 10%
– um soziale Anerkennung oder Akzeptanz zu erringen: 18%.

Und nur 52% enthielten moralbezogene Gründe:

– Empathie und Fürsorge mit den Bedürfnissen anderer: 12%
– Achtung vor dem Gesetz: 28%
– Streben nach persönlicher Integrität: 12%.

Bei der Reaktion auf die standardisierten Vorgaben jedoch stieg der Prozentsatz moralbezogener Antworten auf 82%

– gerecht und fair: 43%
– anderen nicht wehtun wollen: 31%
– Regelbefolgung: 8%.

Nur 19% wählten selbstdienliche Gründe:

– soziale Akzeptanz: 17%
– Angst vor Strafe: 2%.

Als unwichtigste Motive wurden „Angst vor Strafen" (61%) und bloße Regelbefolgung (21%) ausgewählt.

Abbildung 3:

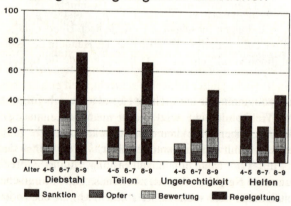

Der höhere Anteil moral- statt nutzenbezogener Antworten bei der standardisierten als bei der offenen Frage stimmt mit dem vielfach belegten Ergebnis höherer „Leistungen" bei Rekognitions- als bei Produktionsaufgaben überein: Es ist einfacher, eine angemessene Antwort zu erkennen als zu formulieren. Dies dürfte verstärkt für die Kinder gelten, die selbst noch keine moralische Motivation aufgebaut haben - sie werden ihr (auch normbefolgendes) Handeln faktisch stärker an Opportunitäten orientieren und dies verallgemeinernd auch anderen unterstellen. Dennoch aber findet sich eine relativ gute Übereinstimmung darüber, wie moralische Motivation eigentlich beschaffen sein sollte (was die Hochmotivierten an der eigenen Erfahrung ablesen, die Niedrigmotivierten doch immerhin zu erkennen vermögen).

Aus den Begründungen für negative Emotionszuschreibungen und der Wahl angemessener Beweggründe für moralisches Handeln läßt sich das kindliche Verständnis (der eigenen oder zumindest der wünschenswerten) moralischen Motivation rekonstruieren. Danach ist moralische Motivation:

– *intrinsisch,* d.h. moralische Motivation ist ein Bestreben, das Rechte zu tun, *nicht* um Nachteile zu vermeiden (Strafe, soziale Ablehnung, Vergeltung mit Gleichem) bzw. Vorteile zu erringen (Lob, soziale Akzeptanz bzw. Reputation, Hoffnung auf Gegenleistung);

– *formal,* d.h. ein Streben, das Rechte zu tun, weil es das Rechte ist. Was in einer gegebenen Situation das jeweils Rechte ist, muß in einem getrennten, konkret kontextbezogenen Urteilsprozeß je situativ ermittelt werden. In der Coca-Geschichte etwa gilt es zu teilen, weil der Bittsteller sonst Schaden litte, in der Preis-Geschichte hingegen, weil Ungerechtigkeit intolerabel ist. Diese inhaltlichen Unterschiede in den Begründungen für das moralisch Gebotene aber spiegeln sich in der Motivstruktur nicht wider. Auch in der Coca-Geschichte ist Teilen nicht durch Mitleid oder Empathie motiviert, sondern durch die Anerkennung der Verbindlichkeit des Gebotenen - Kantisch gesprochen: durch Achtung vor dem Gesetz;

– ein *second order desire.* An den Antworten zur Helfer-Geschichte läßt sich dieses von dem amerikanischen Philosophen H. Frankfurt (1988) entlehnte Konzept erläutern. Die Kinder hatten sowohl dem Helfer wie dem Nicht-Helfer eine Emotion zuzuschreiben. Im Alter von sechs bis sieben Jahren produzierten etliche (19%) ein moralisches Zuschreibungsmuster (Helfer fühlt sich gut, weil er half; Nicht-Helfer fühlt sich schlecht, weil er hätte helfen sollen), andere (26%) ein unmoralisches (Nicht-Helfer fühlt sich gut, weil er eine hohe Leistung - Helfer schlecht, weil er eine niedrige Leistung erbracht hat). Die meisten Antworten (32%) aber spiegeln wider, was ich „heile Welt" nennen möchte: Jeder fühlt sich gut, weil jeder tat, was er wollte - der Helfer half, der Nicht-Helfer erbrachte eine hohe Leistung. Nun ist anderen zu helfen, weil man dazu eine Neigung verspürt, zweifellos „gut". Moralische Motivation aber läßt sich daran noch nicht sicher ablesen. Moralische Motivation ist erst verbürgt, wenn einer das Rechte tut, nicht nur, wenn er gerade Lust dazu hat, sondern auch dann, wenn es seinen spontanen Neigungen zuwiderläuft. Second order desire ist die Bereitschaft und Fähigkeit, zu seinen spontanen Impulsen und Bedürfnissen Stellung zu nehmen und nur jene auszuagieren, die mit den eigenen willentlichen Selbstfestlegungen verträglich sind; bei einem moralischen second order desire sind dies moralbezogene

Selbstbindungen. Moralische Motivation läßt sich danach als Filter verstehen, der nur akzeptable Impulse passieren läßt (vgl. Baron 1984).

Moralisches Handeln[11]

Experiment 1: Mogelexperiment. 97% der Kinder gaben im Nachinterview an, daß es falsch sei, bei dem Ratespiel heimlich nachzusehen. Dennoch mogelten insgesamt 58% der Kinder. Dabei zeigte sich ein signifikanter Zusammenhang zwischen dem tatsächlichen Verhalten der Kinder in der Versuchungssituation und den Emotionen, die sie etwa ein halbes Jahr zuvor hypothetischen Übeltätern zugeschrieben hatten: Von denen, die keinmal erwartet hatten, der Übeltäter werde sich schlecht fühlen, mogelten 71%, von denen, die konsistent negative Emotionen zugeschrieben hatten, mogelten nur 29%. Die Erklärung des Mogelverhaltens konnte verbessert werden, wenn als zusätzliche Persönlichkeitsvariable „Schüchternheit" (vgl. Asendorpf 1990) herangezogen wurde. Dabei zeigte sich eine starke Differenz zwischen den Extremgruppen: Von den Kindern, die sowohl einen sehr niedrigen Schüchternheitswert wie auch keine einzige moralische Emotionszuschreibung aufwiesen (n=11), mogelten alle, wohingegen von denen, die hochschüchtern waren und konsistent moralische Emotionen zugeschrieben hatten (n=11), nur 18% mogelten. In der Kontrollgruppe (n=66) waren es 58%.

Experiment 2: Verteilungsgerechtigkeit. Wiederum ergab sich ein hochsignifikanter Zusammenhang zwischen moralbezogener Emotionszuschreibung, Schüchternheit und Verhalten in der Verteilungssituation, der allerdings nur auf der Ebene der Triadenanalyse offenbar wurde. Die Zahl unmoralischer Handlungen (rücksichtslose Interessendurchsetzung) stieg überproportional stark an mit der Zahl „kritischer" Kinder, d.h. Kinder mit sehr niedriger Schüchternheit und keiner einzigen moralbezogenen Emotionszuschreibung. In den 16 Triaden, die kein kritisches Kind enthielten, betrug die durchschnittliche Zahl egoistischer Verhaltensweisen vier, in den 16 Triaden, in denen ein solches Kind beteiligt war, stieg die Zahl auf sieben; waren zwei kritische Kinder in der Gruppe - es gab neun solcher Triaden -, so wurden zwölf egoistische Verhaltensweisen gezählt; eine Triade enthielt nur kritische Kinder; diese Gruppe konnte sich in der vorgesehenen Zeitspanne überhaupt nicht einigen und es kam zu 19 rücksichtslosen Durchsetzungsakten.

Experiment 3: Ringwurfspiel. 80% der Kinder korrigierten den Versuchsleiter-Fehler. Es gab keinen Zusammenhang zwischen moralischer Motivation (gemessen durch das globale Rating-Verfahren) und Verhalten.

Experiment 4: Filmlotterie. Das Nachinterview ergab, daß die Kinder mehrheitlich (78%) - im Gegensatz zu der ursprünglichen Forschererwartung - urteilten, es bestünde keine Verpflichtung für den Gewinner zu teilen („Es ist das

---

[11] Vgl. ausführlicher Asendorpf/Nunner-Winkler 1992; Nunner-Winkler/Asendorpf 1994.

Recht des Gewinners, seine Glückssträhne zu genießen; es gilt, sich an die vom Versuchsleiter gesetzten Bedingungen zu halten"). Es ergab sich ein hochsignifikanter Zusammenhang zwischen Gewinner- und Verliererverhalten: Gewinner teilten eher, wenn sie vom Verlierer bedrängt wurden. Es gab keinen Zusammenhang zwischen dem Verhalten des Gewinners und seiner moralischen Motivation, wohl aber einen signifikanten Zusammenhang zwischen dem Verhalten des Verlierers und seiner moralischen Motivation. Verlierer mit hoher moralischer Motivation hielten sich deutlich stärker zurück; Verlierer mit niedriger moralischer Motivation bedrängten den Gewinner (und zwar - siehe oben - erfolgreich!).

Die Ergebnisse der Experimente 1, 2 und 4 können als erste Validierung der Messung moralischer Motivation durch Emotionszuschreibungen (bei den jüngeren) bzw. das globale Einstufungsverfahren (bei den älteren Kindern) gelten. Zugleich lassen sich daran die theoretischen Voraussetzungen des Konzepts „moralisches Handeln" erläutern. Die Klassifikation eines Verhaltens als moralisch/unmoralisch nämlich ist keineswegs deckungsgleich mit beobachtbarer Normkonformität bzw. -devianz; vorausgesetzt wird vielmehr sowohl die subjektive Kenntnis und Billigung der Norm wie auch die richtige Motivation für Norm-Befolgung bzw. -Übertretung. Mit anderen Worten: Die Klassifikation kann nicht aus der Beobachterperspektive, sondern muß aus der Perspektive des Subjektes vorgenommen werden. Abbildung 4 zeigt die Voraussetzungsstrukturen für unterschiedliche Verhaltensklassifikationen.

Abbildung 4: Voraussetzungsstrukturen für Verhaltensklassifikation

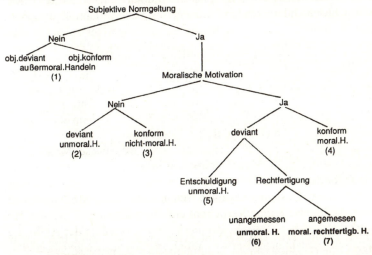

Die einzelnen Fälle seien anhand der Untersuchungsergebnisse illustriert.

(1) Ein Beobachter, der die Geltung einer bestimmten Norm unterstellt, mag ein Verhalten als deviant/konform einstufen, das aus der Perspektive des Aktors, für den die betroffene Norm keine Gültigkeit hat, als *außermoralisches*

Handeln zu gelten hätte. Experiment 4 (Filmlotterie) liefert ein Beispiel. Es sollte die durch hohe moralische Motivation gestiftete Bereitschaft der Gewinner testen, Ungerechtigkeiten auch unter Inkaufnahme eigener Kosten auszugleichen, d.h. die Norm „der Gewinner sollte teilen" war als gültig unterstellt worden. Das Nachinterview zeigte jedoch, daß im Gegenteil die Beteiligten als gültige Norm unterstellten, der Gewinner habe ein Recht auf seinen Glücksgewinn - woraus folgt, daß der Verlierer sich zurückzuhalten habe. Gewinnerverhalten fällt also nicht unter die Kategorie moralisch bewertbarer Handlungen: Ob der Gewinner teilt oder nicht, ist eine Frage des sozialen Drucks und seiner Nachgiebigkeit - nicht seiner moralischen Motivation.

(2), (5) und (6) sind unterschiedliche Fälle *unmoralischen Handelns*: Alle involvieren die Übertretung einer dem Aktor bekannten und von ihm gebilligten Norm - Differenzen ergeben sich hinsichtlich der Motivation. Fall (2) ist Folge einer unzureichend aufgebauten moralischen Motivation. Dafür ist das bei einigen Kindern beobachtete quasi noch „naive" Mogeln in Experiment 1 ein Beispiel. Einige der Kinder mogelten spontan und ohne Zögern und begrüßten dann den zurückkehrenden Versuchsleiter freudig mit der Mitteilung: „Ich hab's, ich weiß es - es ist ein Pferd!" - ohne daß es ihnen überhaupt in den Sinn gekommen wäre, daß sie sich so verrieten. Auch in Experiment 2 (Verteilungsgerechtigkeit) waren eine Reihe Kinder, die - in aller Offenheit und unbeschadet der Anwesenheit der Versuchsleiterin - ihre Interessen ungebrochen rücksichtslos („naiv") durchsetzten. Mit zunehmendem Alter tritt an die Stelle solch „naiver" (d.h. unverdeckt offener) eine bewußt strategisch kalkulierende (d.h. sorgfältig verheimlichte) Normübertretung.

(5) und (6) stellen Fälle unmoralischen Handelns dar, das auch moralisch motivierten Personen unterlaufen mag - sei es, daß die konfligierenden Bedürfnisse zu stark („Der Geist ist willig, das Fleisch ist schwach"), sei es, daß die drohenden Kosten (etwa für Widerstand in einem Unrechtsregime) zu hoch sind. Die Stärke der moralischen Motivation ist dann ablesbar an der Intensität des durchlebten Konfliktes bzw. der auf die Übertretung folgenden Schuldgefühle bzw. Wiedergutmachungsbedürfnisse. Manche der Kinder etwa kämpften im Mogelexperiment lange mit sich, bevor sie der Versuchung nachgaben, und zeigten beim Nachinterview große Verlegenheit. (5) ist ein Fall bewußter Regelübertretung: Der Aktor selbst weiß, daß die Handlung falsch ist, und versucht allenfalls, mildernde Umstände für sich geltend zu machen (Entschuldigung). Bei (6) versucht der Aktor die Normübertretung nicht unter Verweis auf eigene Schwächen zu entschuldigen, sondern vielmehr als berechtigt darzustellen (Rechtfertigung), wobei allerdings die angeführten „Rechtfertigungen" auf Situationsumdeutungen (z.B. Rationalisierung, Verleugnung, Bagatellisierung etc.) basieren. Ein Beispiel ist etwa folgende „Rechtfertigung" der hypothetischen Handlungsentscheidung, das Versprechen, sich an Aufräumarbeiten zu beteiligen, zu

brechen, weil eine attraktivere Beschäftigung lockt: „Da sind ja so viele andere Kinder, da macht es eigentlich gar nichts aus, wenn einer fehlt."

(4) und (7): In beiden Fällen liegt *moralisches Handeln* vor: einmal die bewußte Befolgung einer als gültig erachteten Norm aus moralischer Motivation, zum anderen die bewußte Übertretung einer als gültig erachteten Norm aus moralischen Gründen und mit moralischer Motivation. Das Nichtmogeln bei Kindern mit hoher moralischer Motivation exemplifiziert Fall (4). Die hypothetische Handlungsentscheidung, das verirrte Kind heimzubegleiten, auch wenn dies den Bruch des Versprechens impliziert, ist ein Beispiel für Fall (7), sofern die Normübertretung im Interesse einer unparteilich rechtfertigbaren Minimierung des insgesamt entstehenden Schadens gerechtfertigt wird.

Fall (3) ist ein bloß äußerlich normkonformes Handeln, das aber aus der Perspektive des Subjektes als *nicht-moralisches Handeln* zu gelten hat. In den Experimenten 1 (Mogelexperiment) und 2 (Verteilungsgerechtigkeit) gab es Kinder, bei denen die Unterlassung der unmoralischen Handlung (Mogeln, rücksichtslose Ressourcenaneignung) nicht durch moralische Erwägungen motiviert, sondern allein durch entsprechende *Persönlichkeitsdispositionen* bewirkt war: Hohe Schüchternheit hielt auch einige der Kinder, die kein einziges Mal moralische Emotionen zugeschrieben hatten, von einer Übertretung ab. Sie rührten sich nicht in Experiment 1 oder waren in Experiment 2 unfähig, in der Auseinandersetzung mit den beiden anderen Kindern ihre eigenen Bedürfnisse überhaupt zu artikulieren, geschweige denn gegen Widerstand durchzusetzen. Normkonformes Verhalten kann aber auch allein dem *Situationskontext* geschuldet sein. Ein „unmoralisches" Kind etwa, das in Experiment 2 mit zwei hochmoralischen und/oder schüchternen Kindern konfrontiert ist, muß gar nicht zu „unmoralischen" Mitteln greifen, um seine Interessen durchzusetzen. Die anderen Kinder leisten keinen Widerstand - sei es aufgrund ihrer Schüchternheit, sei es aufgrund der moralischen Erwägung, daß die Dringlichkeit von Bedürfnissen (die in vorliegendem Fall an der nachdrücklichen Interessensanmeldung des „unmoralischen" Kindes abgelesen wird) bei Verteilungsentscheidungen zu berücksichtigen sei. Schließlich kann normkonformes Verhalten sich auch *außermoralischen Motiven* verdanken. Die hohe Bereitschaft der Kinder in Experiment 3 (Ringwurf), den Versuchsleiter-Irrtum aufzuklären, dürfte zum Teil der Angst vor späterer Aufdeckung oder aber dem Streben nach positiver Selbstdarstellung (als besonders moralisch, aufmerksam oder clever) geschuldet sein.

Diese Ergebnisse zeigen zum einen, daß die Differenz von Normkonformität und moralischem Handeln sachlich unaufhebbar ist: Es gibt sowohl normkonformes Handeln, das als außer- oder nicht-moralisches Handeln gelten muß, wie umgekehrt normübertretendes Handeln, das - weil unparteilich rechtfertigbar - als moralisch zu klassifizieren ist. Zum anderen ist festzuhalten, daß sich schon in der frühen Kindheit genuin moralisches Handeln findet. Bereits im präkonventionellen Stadium gibt es Kinder, die moralische Motivation aufgebaut haben und auch unter persönlichen Kosten ihr Handeln an ihren moralischen Überzeugungen orientieren.

Folgerungen für Kohlbergs Theorie

Nach Kohlberg ist das (präkonventionelle) kindliche Moralverständnis (sowohl hinsichtlich der Normgeltung wie auch hinsichtlich der Motive der Normbefolgung) instrumentalistisch, d.h. sanktions- bzw. nutzenkalkulatorisch orientiert. Erst auf postkonventionellem Niveau - das nur wenige Menschen erreichen - wird Moral angemessen verstanden, d.h. kommt die intrinsische und kategorische Verbindlichkeit moralischer Gebote und eine allein am Tun des Rechten interessierte Motivstruktur in den Blick. Die hier vorgelegten Forschungsergebnisse zwingen zu einer Revision. Bereits in der Kindheit erwerben die allermeisten Menschen ein angemessenes Verständnis der intrinsischen, d.h. autoritäts- und sanktionsunabhängigen Gültigkeit moralischer Regeln. Die meisten wissen auch, daß moralische Motivation intrinsisch sich am Rechten allein und nicht an persönlicher Vorteilsmaximierung zu orientieren habe. Ein Teil der Kinder (am Ende der Kindheit ist dies etwa ein gutes Drittel) macht Moral darüber hinaus zu einer für die persönliche Lebensführung wichtigen Dimension, d.h. baut selbst eine moralische Motivation auf und versucht dementsprechend, das eigene Handeln auch unter Kosten an den eigenen moralischen Überzeugungen zu orientieren.

Die Differenz der vorgelegten Ergebnisse zu Kohlbergs Charakterisierung des kindlichen Moralverständnisses dürfte Unterschieden im Erhebungsverfahren geschuldet sein. Kohlberg explorierte nicht - wie etwa Turiel - das kindliche Regelverständnis. Er erfragte vielmehr Handlungsempfehlungen in moralischen Dilemmata. Bevor nun Kinder aber moralische Motivation aufgebaut haben, werden sie sich bei der Frage: „Was soll der Protagonist tun?" an Klugheitsregeln orientieren und nutzenmaximierende Antworten geben. Erst wenn man - wie dies hier versucht wurde - moralisches Wissen und moralische Motivation getrennt erhebt, wird offenbar, daß beide in distinkten Lernprozessen erlangt werden - daß also Kohlbergs Grundannahme eines kognitiv-affektiven Parallelismus nicht haltbar ist. In unserer Kultur erwerben die Kinder universell früh ein angemessenes moralisches Wissen; erst in einem zweiten differentiellen Lernprozeß hingegen bauen einige auch allmählich moralische Motivation auf.

Das Konstitutivum von Moral aber haben Kinder bereits im präkonventionellen Stadium verstanden: Sie wissen um die kategorische Verbindlichkeit moralischer Normen, d.h. sie verstehen, daß Normen nicht in Sanktionen fundieren, und sie wissen um den intrinsischen Charakter moralischer Motivation, d.h. sie verstehen, daß Normen nicht aus persönlichen Nutzenerwägungen heraus befolgt werden (sollen). Dennoch findet Entwicklung statt: Im *motivationalen Be-*

reich können Personen die Befolgung von Moral für sich selbst zunehmend wichtiger machen, d.h. ihr Handeln auch unter hohen Kosten noch an Moral orientieren oder Moral gar als ihr „persönliches Projekt" (Williams 1976) wählen, wie Colby/Damon (1993) dies für die „moralischen Vorbilder" (moral exemplars) beschrieben haben. Diese moralischen „Virtuosen" (um bei Webers Konzept des „religiösen Virtuosen" eine Anleihe zu machen) erleben eine Diskrepanz zwischen moralisch Gesolltem und persönlich Gewolltem gar nicht mehr als konflikthaft, sofern das Tun des Rechten für sie zu einem identitätskonstitutiven persönlichen Anliegen geworden ist. Entwicklung findet aber insbesondere auch im *kognitiven Bereich* statt. Es geht darum, die schon früh verstandenen basalen Moralprinzipien (Schadensvermeidung, Achtung vor der Person, Unparteilichkeit) auch in komplexen Situationen angemessen anzuwenden (vgl. Döbert 1987). Dazu ist die Entwicklung soziokognitiver Kompetenzen und der Aufbau einschlägiger Wissenssysteme notwendig. Zur soziokognitiven Entwicklung zählen der Erwerb erweiterter Fähigkeiten zur Rollenübernahme (vgl. Selman 1984), die Entwicklung einer ausgedehnteren Zeitperspektive, das Verständnis komplexer Kausalketten und feedback-Zirkel (vgl. Adelson 1980; Merelman 1969), die Fähigkeit nicht nur im Nahbereich, sondern auch auf Systemebene zu denken (vgl. Eckensberger 1986). Inhaltliche Wissenssysteme umfassen ein vertieftes Motivverständnis (vgl. Döbert/Nunner-Winkler 1982) sowie das Wissen um mögliche Konsequenzenketten in je spezifischen Anwendungsbereichen. Um dies an einem Beispiel zu illustrieren: Das moralische Grundprinzip einer verantwortlichen Entscheidung pro oder contra AKWs etwa, also die unparteilich (d.h. über alle Gesellschaften und Generationen hinweg) eingeschätzte Schadensminimierung, ist klar. Eine konkrete Stellungnahme aber setzt komplexes Wissen um unterschiedliche mögliche - physikalische, ökonomische, politische, soziale etc. - Folgen der Nutzung verschiedener Energiequellen voraus (vgl. Krohn/Weyer 1989; Meyer-Abich/Schefold 1986; Siemens 1990). Erschwerend kommt hinzu, daß die jeweils verfügbaren Wissenssysteme zunehmend als fallibel erkannt werden. Die hohe empirische Bestätigung des Kohlberg'schen Stadienmodells moralischer Entwicklung scheint mir nun - sofern die vorgetragenen Überlegungen haltbar sind - eher der Universalität und internen Strukturiertheit der soziokognitiven Entwicklung geschuldet als der Entwicklung einer eigenständigen moralischen Kompetenz. Deren basale Momente nämlich sind, wie es scheint, schon früh und universell begriffen.

Lernprozesse

Wie wird Moral erworben? Die Daten haben gezeigt, daß man mit zwei voneinander unterscheidbaren Lernprozessen zu rechnen hat. Zum einen erwerben Kinder universell und früh kognitives Moralverständnis: das Wissen um die Geltung einfacher Regeln und ein angemessenes Verständnis der intrinsischen Geltungsgründe von Regeln und der intrinsischen Struktur moralischer Motivation. Eigene moralische Motivation hingegen wird in einem zweiten Lernprozeß aufgebaut, den die Kinder unterschiedlich rasch und unterschiedlich erfolgreich durchlaufen. Es steht zu vermuten, daß bei diesen beiden Lernprozessen unterschiedliche Lernmechanismen und förderliche Kontextbedingungen wirksam sind. Ich habe dazu keine eigenen Daten, kann also im folgenden nur einige spekulative Überlegungen anstellen.

Ich beginne mit dem Erwerb *moralischen Wissens*. Ausgangspunkt ist das in der Piaget-Tradition erarbeitete entwicklungstheoretische Modell, nach dem das Kind nicht (wie in klassischen behavioristischen Ansätzen, aber auch in der psychoanalytischen Theorietradition unterstellt) als passives Objekt von Erziehungs- oder Indoktrinationsbemühungen, sondern als aktiver Interpret seiner Weltdeutung vorgestellt wird. Lernen gilt als Ergebnis einer impliziten Rekonstruktion der Regeln, die beobachteten Abläufen in der natürlichen wie sozialen Umwelt zugrundeliegen. Die Beobachtung, daß Kinder im Verlaufe ihrer Sprachentwicklung Fehler in Form sogenannter Übergeneralisierungen (z.B. geh-te, sprech-te) produzieren, illustriert solch implizites Regellernen.

Wie nun lesen Kinder moralische Regeln ab? Woran erkennen sie das für Moral konstitutive Moment kategorischer Verpflichtung? Ich vermute, daß Kinder das kategorische Moment am moralischen „*Sprachspiel*" (Wittgenstein 1984) ablesen. Für die Bedeutung von Begriffen wie Diebstahl, Mord, Lüge ist die unbedingte negative Wertung konstitutiv. Das Wort „Mord" etwa impliziert, daß es um eine nicht rechtfertigbare Freveltat geht; wären entschuldigende oder rechtfertigende Bedingungen einzubeziehen, so würden wir andere Begriffe verwenden, etwa Totschlag, fahrlässige Tötung, Tötung aus Notwehr etc. Das Wort „Mord" selbst enthält schon die bedingungslose Verurteilung; eines zusätzlichen Verweises auf mögliche Straffolgen bedarf es nicht.

Kinder erschließen die impliziten Regelstrukturen nicht aus dem Sprachgebrauch allein; sie lesen sie auch und vor allem an *Interaktionsmustern* ab. Nucci/Lee (1993) haben Interaktionen zwischen Müttern und ihren Kindern beobachtet. Dabei zeigte sich, daß Mütter in Abhängigkeit von der Art der Normen, an denen sich Konflikte und Auseinandersetzungen entzündeten, deutlich unterschiedliche Strategien einsetzten. Die Mütter sind zu Verhandlungen und Kompromissen bereit, wenn es um rein *soziale Normen* - wie etwa Bekleidungsregeln - geht. Sie verweisen auf Kontextmerkmale oder notwendige Bedingungen der Aufrechterhaltung der sozialen Ordnung, wenn es um *konventionelle Normen* geht - so etwa, wenn der Lärmpegel beim Essen zu hoch ist („Ihr könnt nachher im Garten draußen schreien. Hier im Zimmer beim Essen ist es zu laut"). Hingegen artikulieren Mütter klare und unbedingte Verbote, wenn es um die Übertretung *universeller moralischer Normen* geht, wenn also die in Frage stehenden Handlungen in sich schlecht sind (z.B. Verletzung eines anderen Kindes).

Zu diesen Prozessen impliziten Lernens, die der konstruktiven Eigenaktivität des Kindes geschuldet sind, tritt auch die *explizite Unterweisung* seitens der

Eltern: Eltern artikulieren geltende Normen und Regeln in ihren Erziehungsbemühungen.

Der Aufbau moralischen Wissens also ist unterschiedlichen Lernmechanismen geschuldet: Kinder erschließen Regelstrukturen aus den Sprachspielen, in denen - nach Wittgenstein - die kulturelle Praxis einer Gruppe ihren Niederschlag findet. Sie lesen Regeln an ihren konkreten Interaktionserfahrungen ab. So etwa lernen sie, zwischen sozialen Regeln (die verhandelbar sind), konventionellen Normen (deren Geltung aus übergeordneten Zielvorstellungen, etwa der Aufrechterhaltung der sozialen Ordnung abgeleitet ist) und universellen moralischen Normen (die eine intrinsisch-kategorische Verbindlichkeit genießen) zu unterscheiden. Und schließlich übernehmen sie auch explizit benannte Ge- und Verbote. In den unterschiedlichen Formulierungen, die die jüngeren Kinder verwenden, um die Berechtigung etwa des Diebstahlverbots zu begründen, spiegelt sich die Wirksamkeit der verschiedenen Lernprozesse wider. Die bloße Deklaration: „Das ist Diebstahl!", die von den Kindern als quasi selbstexplikative Erklärung vorgetragen wird, ist ein Hinweis darauf, daß die Normgeltung aus der Wortbedeutung selbst abgeleitet wird. Elaborierte Erläuterungen wie etwa: „... die gehören dem; da muß man den erst fragen und wenn er 'Nein' sagt, dann darf man die auch nicht nehmen.."; oder aber auch: „... sonst sucht er die und findet sie nicht mehr und ist dann traurig ..", zeigen an, daß die Kinder den Sinn der Normen, die sozialen Institutionen (hier: dem persönlichen Besitz) zugrundeliegen, selbst zu rekonstruieren suchen. Plakative Regelformulierungen, wie etwa: „Stehlen darf man nicht", oder auch: „Das gehört sich nicht" muten eher wie die Reproduktion gehörter Anweisungen an. Vermutlich werden beim Aufbau des moralischen Wissens - je nach Sozialisationskontext in je unterschiedlichem Mischungsverhältnis - die benannten unterschiedlichen Lernmechanismen zusammenwirken.

Der Aufbau *moralischer Motivation,* d.h. der Bereitschaft, die moralischen Regeln unter Kosten zu befolgen, dürfte anderen Lernprozessen geschuldet sein.

In der Literatur werden unterschiedliche motivationale Lernmechanismen diskutiert. Das klassische *Konditionierungs*modell Skinner'scher Provenienz setzt auf Strafen und Belohnen: Danach würde die Bereitschaft zur Normbefolgung „andressiert", indem der Erzieher erwünschtes Verhalten durch (symbolische oder materielle) Belohnung verstärkt und abweichendes Verhalten durch (symbolische oder konkrete) Strafen zu unterdrücken sucht. Lerntheoretische Weiterentwicklungen sehen kindliches Verhalten durch eine *Orientierung an Modellen* bestimmt. Modelle werden insbesondere dann imitiert, wenn sie eine positive affektive Beziehung zu dem Kind aufgebaut haben bzw. sich ihm positiv zuwenden, wenn sie Macht besitzen und das Kind für die Imitation belohnt wird.

In der psychoanalytischen Theorietradition werden zwei Arten von *Identifikations*prozessen unterschieden: die eher defensive Identifikation mit dem Aggressor: Aus Angst vor Kastration durch den übermächtigen, autoritären Vater internalisiert das (männliche) Kind die zunächst extern aufgezwungenen Normen in Form eines Über-Ichs, das das eigene Verhalten zensiert und kontrolliert, und zwar umso rigider, je autoritärer der Vater war. Die anaklitische Identifikation beschreibt den Aufbau eines Ich-Ideals als Folge des Wunsches, einem geliebten Modell ähnlicher zu werden. Parsons (1964) hat diesen letzteren Identifikationsmodus detailliert ausgearbeitet. Der plastische, weil relativ instinktungebundene und sensitive (d.h. durch die Haltungen anderer beeinflußbare) Säugling ist geneigt, externe Erwartungen und soziale Normierungen so zu übernehmen, daß deren Erfüllung zum persönlichen Bedürfnis, zur „Bedürfnisdisposition" wird: Das Kind antwortet mit affektiver Besetzung auf Menschen, die seine primären Bedürfnisse (Nahrung, Wärme) befriedigen. Damit ist es hinfort nicht nur auf deren physische Versorgungsleistung verwiesen, sondern hat sich auch von ihrer affektiven Zuwendung abhängig gemacht. Um die nicht zu verlieren, ist es bereit, deren normative Erwartungen zu erfüllen. Die Angst vor Liebesentzug ist das zentrale (wenngleich nicht notwendigerweise bewußtseinsfähige) Motiv der Normbefolgung und die Androhung von Liebesentzug die (zumeist nicht strategisch eingesetzte) Erziehungstechnik.

Zu diesen Modellen tritt ein weiterer Modus, den ich (vgl. Nunner-Winkler 1992) *„freiwillige Selbstbindung aus Einsicht"* genannt habe. Dies meint die Herausbildung der Bereitschaft, sich an Regeln, die als „vernünftig" erkannt werden, d.h. deren universelle Geltung man (im Sinne von Kants Autonomieverständnis) wollen würde, auch selbst zu halten - weil man Mitglied einer an vernünftigen Regeln orientierten Gemeinschaft sein will (vgl. Tugendhat 1993) - oder weil man will, daß jeder in einer moralischen Gemeinschaft sich an die rechtfertigbaren Regeln halte.

Lernkontexte

Zentral für den Aufbau *moralischer Wissens*systeme ist das Vorhandensein eines moralischen Sprachspiels, in dem die in einer gegebenen Kultur als Vergehen erachteten Regelverletzungen klar negativ konnotiert sind. An soziokulturellem Wandel geschuldeten Veränderungen im alltäglichen Sprachgebrauch läßt sich das verdeutlichen: So etwa sind bestimmte, ehedem moralisch eindeutig abwertend besetzte Begriffe fast völlig verschwunden (z.B. „vorehelicher Geschlechtsverkehr"), andere haben ihre stark negative Wertung abgeschwächt (z.B. „Homosexualität") oder sind durch neutralere Worte ersetzt worden (z.B. „Schwangerschaftsabbruch" statt „Abtreibung", „Freitod" statt „Selbstmord"). Zugleich sind neue Konzepte aufgetaucht, die mit moralischer Abwertung hoch aufgeladen sind (z.B. „Prügelstrafe", „Vergewaltigung in der Ehe", „Umweltverschmutzung"). Des weiteren sind an der Gültigkeit bestimmter Normen orientierte Reaktionen von Eltern oder sonstigen Autoritätspersonen auf kindliches Verhalten wichtig. Die moderne Differenzierung zwischen universellen (z.B. „Du sollst einen anderen nicht verletzen, belügen etc.") und bloß „konventionellen" oder subkulturspezifischen Normen (z.B. Bekleidungsregeln, religiöse Vorschriften) wird von den Kindern am Begründungsmodus und an eingeräumten Verhandlungsspielräumen im Konfliktfall abgelesen. Es steht zu vermuten, daß in traditionalen Kulturen Kinder auch bei kulturspezifischen Normierungen (etwa bei religiösen Vorschriften) keinen Verhandlungsspielraum vorfinden und daran die (mindestens) gleichrangige Verbindlichkeit von Pflichten gegen Gott oder die Natur wie von den (in der Moderne fast allein noch als moralisch verbindlich geltenden) Pflichten gegen andere erkennen.

Den unterschiedenen Verankerungsformen von Moral in der Person, d.h. den unterschiedenen Formen *moralischer Motivation,* entsprechen unterschiedliche Interaktionserfahrungen und Erziehungsstile. Im folgenden beschränke ich mich auf den intrafamilialen Kontext, ohne damit die Bedeutung der Sozialisationsprozesse in Gleichaltrigen-Gruppen schmälern zu wollen (vgl. dazu Krappmann 1993; Keller/Edelstein 1993). Skinners Dressurmodell (1974) basiert auf dem konsequenten Einsatz von verhaltenskontingenten Belohnungs- und Bestrafungsplänen. Freuds Über-Ich-Modell resultiert aus eher autoritär-patriarchaler Machtdurchsetzung. Parsons Modell der Triebüberformung mittels anaklitischer Identifikation dürfte Korrelat einer (vielleicht besonders für die 50er/60er Jahre typischen) überfürsorglichen Mutter-Kind-Beziehung sein: Die Mutter reagiert auf kindliche Abweichung mit Enttäuschung und Ängstlichkeit, sofern sie ihren eigenen Erfolg als „gute Mutter" bedroht sieht - eine Reaktion, die das Kind als bedrohliche Abwendung („Liebesentzug") erfährt und die seine Bereitschaft zu Konformität mit den mütterlichen Erwartungen speist. Freiwillige Selbstbindung dürfte Korrelat induktiver Erziehungstechniken im Kontext stabiler liebevoller Eltern-Kind-Beziehungen sein.

Eine Reihe sozialstruktureller Veränderungen erhöhen die Chance für das Selbstbindungsmodell. Wichtigstes Moment dürfte die Tatsache sein, daß in der Moderne schon der Kinderwunsch „intrinsisch" ist: Nicht länger ist er von der Notwendigkeit diktiert, die eigene Altersversorgung zu sichern. Vielmehr stellen Kinder heute - aus ökonomischer Perspektive - Kosten dar, die Eltern willentlich in Kauf nehmen, weil sie sich vom Zusammenleben mit Kindern Lebensfreude, Erfüllung und Sinnstiftung erwarten. Des weiteren hat sich in den Familien seit der Jahrhundertwende (vgl. Reuband 1988) kontinuierlich ein Abbau von Autoritarismus vollzogen: Zunehmend erhalten Kinder ein Mitspracherecht für familiale Entscheidungen. Auch die Beziehung zwischen den Ehepartnern ist egalitärer geworden: Nicht länger mehr hat der Ehemann das Recht, über den Körper seiner Frau (z. B. gesetzlich erforderte Zustimmung zu Operationen; eheverträglich gesichertes Recht auf Geschlechtsverkehr) oder über ihre Lebensplanung (Recht des Ehemanns, den Arbeitsplatz der Frau zu kündigen) zu bestimmen (vgl. Köbl 1994). In dem Maße, in dem Frauen durch eigene Ausbildung und Berufstätigkeit - wenigstens bis zu einem gewissen Grade - ökonomisch unabhängiger werden, verfügen sie über eine „Exit"-Option (vgl. Okin 1989). Damit wird es in der Familie zunehmend weniger möglich, Konflikte einseitig autoritär durch Oktroi zu entscheiden - vielmehr müssen zustimmungsfähige Lösungen, die die Interessen und Bedürfnisse aller Beteiligten in Rechnung stellen, ausgehandelt werden. Das bedeutet: In der ersten Institution, in die es hineinwächst, erlebt das Kind die Grundprinzipien von Moral überhaupt: intrinsisch person- statt statusorientierte Interaktion, Konfliktlösung durch egalitäre Aushandlungsprozesse statt einseitig autoritativer Willensdurchsetzung. Zugleich sehen sich Eltern - mit der modernen Ausdifferenzierung von Moral und Konvention - zunehmend nur noch zur Durchsetzung universeller moralischer Regeln verpflichtet, wobei sie - da deren Sinn bereits jüngeren Kindern verständlich ist - zunehmend auf argumentatives Räsonieren zurückgreifen können.

Es läßt sich vielleicht der Aufbau moralischer Motivation in Analogie zum Aufbau anderer persönlicher Wertbindungen verstehen. Einschlägige Untersuchungen (vgl. Sloane 1985; Freeman 1993) zeigen, daß Kinder, die sich in bestimmten Leistungsgebieten besonders engagieren, die Bedeutsamkeit dieser Bereiche zunächst aus der Wertschätzung ablesen, die ihre Eltern diesen Gebieten zollen. Die Eltern sind ihrerseits stark motiviert, ihre Kinder an den Aktivitäten zu beteiligen, die ihnen selbst wichtig und wertvoll sind. Die Eltern-Kind-Beziehung zeichnet sich durch Akzeptanz und Wärme aus, und die Eltern weisen eine hohe Bereitschaft auf, sich im Interesse und für die Interessen ihrer Kinder zu engagieren. Dabei wird immer wieder betont, daß die Eltern die Leistungen ihrer Kinder keineswegs explizit belohnen, sondern vielmehr quasi als selbstverständlich erwarten. Sehr wohl aber nehmen sie genuin Anteil an den Bemühungen ihrer Kinder und geben ihrer Freude über Erfolge unmittelbar Ausdruck. In solchen Kontexten entwickeln die Kinder kein Bedürfnis zu negativen Abgrenzungen gegen die Eltern, zu Protestaktionen und Verweigerungen. Sie können sich vielmehr einfach auf die von den Eltern hochgeschätzten Projekte einlassen und im Verlaufe der eigenen Auseinandersetzungen sachorientierte Motive aufbauen. Ähnlich mögen Kinder an Eltern, für die Moral eine wichtige Dimension im Leben darstellt, auch lernen, Moral für sich selbst wichtig werden zu lassen: Die Eltern bieten ein Modell moralischen Handelns, sofern sie das Kind egalitär und fair behandeln, vom Kind moralisches Verhalten als selbstverständlich erwarten und im Falle von Übertretungen moralische Gesichtspunkte erklären und somit auch die Fähigkeit ihrer Kinder zur kognitiven Differenzierung fördern. Eher unwahrscheinlich hingegen erscheint der Aufbau moralischer Motivation, wenn Eltern im eigenen Verhalten ein Modell instrumentalistischer Interaktion bieten, also durch strategische Ausbeutung und machtorientierte Durchsetzung ihren Kindern den Vorrang von Erfolg oder Macht vor Moral signalisieren. Auch eine laxe Reaktion auf moralische Übertretungen (laissez-faire) aufgrund von Desinteresse oder eines intellektualistisch überzogenen totalen Relativismus wird das moralische Engagement der Kinder nicht befördern (vgl. Damon 1995).

In dem Maße, in dem externe soziale Kontrollen in urbanisiert-anonymisierten Kontexten ihre konkrete Wirksamkeit einbüßen (vgl. Olson 1965), die Gesellschaft also zunehmend stärker auf innere Kontrollmechanismen verwiesen ist, und zugleich eine rigide Verankerung inhaltlich konkret detaillierter Regeln im

Über-Ich der durch Verantwortungsethik und sich verändernde Wissenssysteme erforderten Flexibilität nicht gerecht werden kann, gewinnt das Modell „freiwillige Selbstbindung aus Einsicht" auch sozialstrukturell an Bedeutsamkeit. Derzeit ist allerdings in der Öffentlichkeit eher die Rede von zunehmender Gewalt und einem globalen Moralverlust. Solch kulturkritische Klagen jedoch scheinen mir die Realität nicht voll zu treffen: Das Wissen um die intrinsische Gültigkeit der Minimalia moralischer Lebensführung ist universell verbreitet. Dies bedeutet, daß rein strategisch machtorientierte Argumentationen - zumindest wenn sie durchschaut werden - öffentlich nicht mehr legitimationswirksam sind. Auch ist festzuhalten, daß ein erheblicher Anteil der Kinder ein starkes inneres Motiv aufgebaut hat, das Rechte zu tun - auch dann, wenn weder Höllenstrafen noch üble nachbarschaftliche Nachreden drohen, allein aus dem Wunsch heraus, das Rechte zu tun, weil es das Rechte ist. Damit allerdings bleibt das Problem zu klären, was das jeweils Rechte in einer gegebenen Situation ist, d.h. wie die konsentierten Moralprinzipien in komplexen Kontexten angemessen anzuwenden sind. Für die Klärung von Anwendungsfragen ist der freie öffentliche Diskurs, in dem alle potentiell Betroffenen ihre je spezifischen Gesichtspunkte einbringen können, unerläßlich.

Literatur

ADELSON, Joseph: Die politischen Vorstellungen des Jugendlichen in der Frühadoleszenz. In DÖBERT, R./HABERMAS, J./NUNNER-WINKLER, G. (Hrsg.): Entwicklung des Ichs. Königstein/Ts. 1980, S. 272-293

ASENDORPF, Jens B.: Development of inhibition during childhood: Evidence for situational specificity and a two-factor model. In: Developmental Psychology 26, 1990, 5, pp. 721-730

ASENDORPF, Jens B./NUNNER-WINKLER, Gertrud: Children's moral motive strength and temperamental inhibition reduce their egotistic tendencies in real moral conflicts. In: Child Development 63, 1992, 5, pp. 1223-1235

BARON, Marcia: The alleged moral repugnance of acting from duty. In: The Journal of Philosophy 81, 1984, 4, pp. 197-220

BLASI, Augusto: Autonomie im Gehorsam. Der Erwerb von Distanz im Sozialisationsprozeß. In: EDELSTEIN, W./HABERMAS, J. (Hrsg.): Soziale Interaktion und soziales Verstehen. Frankfurt am Main 1984, S. 300-345

COLBY, Anne/DAMON, William: Die Integration des Selbst und der Moral in der Entwicklung moralischen Engagements. In: EDELSTEIN, W./NUNNER-WINKLER, G./NOAM, G. (Hrsg.): Moral und Person. Frankfurt am Main 1993, S. 203-231

DAMON, William: Zur Entwicklung der sozialen Kognition des Kindes. Zwei Zugänge zum Verständnis von sozialer Kognition. In: EDELSTEIN, W./ KELLER, M. (Hrsg.): Perspektivität und Interpretation. Frankfurt am Main 1982, S. 110-145

DAMON, William: Greater expectations: Overcoming the culture of indulgence in America's homes and schools. New York 1995

DÖBERT, Rainer: Horizonte der an Kohlberg orientierten Moralforschung. In: Zeitschrift für Pädagogik 33, 1987, 4, S. 491-511

DÖBERT, Rainer/NUNNER-WINKLER, Gertrud: Formale und materiale Rollenübernahme. In: EDELSTEIN, W./KELLER, M. (Hrsg.): Perspektivität und Interpretation. Die Entwicklung des sozialen Verstehens. Frankfurt am Main 1982, S. 320-374

ECKENSBERGER, Lutz: Handlung, Konflikt und Reflexion: Zur Dialektik von Struktur und Inhalt im moralischen Urteil. In: EDELSTEIN, W./NUNNER-WINKLER (Hrsg.): Zur Bestimmung der Moral. Frankfurt am Main 1986, S. 409-442

FRANKFURT, Harry G.: The importance of what we care about. Philosophical essays. Cambridge/New York 1988

FREEMAN, Joan: Parents and families in nurturing giftedness and talent. In: HELLER, K.A./MÖNKS, F.J./PASSOW, A.H. (eds.): International handbook of research and development of giftedness and talent. Oxford et al. 1993, pp. 669-683

KANT, Immanuel: Über ein vermeintliches Recht, aus Menschenliebe zu lügen. In: KANT, I. (Hrsg.): Metaphysik der Sitten. Frankfurt am Main 1979, S. 637-643

KELLER, Monika/EDELSTEIN, Wolfgang: Beziehungsverständnis und moralische Reflexion. Eine entwicklungspsychologische Untersuchung. In: EDELSTEIN, W./NUNNER-WINKLER, G. (Hrsg.): Zur Bestimmung der Moral. Frankfurt am Main 1986, S. 321-346

KELLER, Monika/EDELSTEIN, Wolfgang: Die Entwicklung eines moralischen Selbst von der Kindheit zur Adoleszenz. In: EDELSTEIN, W./NUNNER-WINKLER, G./NOAM, G. (Hrsg.): Moral und Person. Frankfurt am Main 1993, S. 307-334

KÖBL, Ursula: Recht und Rechtswissenschaft. In DEUTSCHE FORSCHUNGSGEMEINSCHAFT, SENATSKOMMISSION FÜR FRAUENFORSCHUNG (Hrsg.): Sozialwissenschaftliche Frauenforschung in der Bundesrepublik Deutschland. Berlin 1994, S. 168-189

KOHLBERG, Larry: Essays on moral development. Vol.2. The psychology of moral development. The nature and validity of moral stages. San Francisco 1984

KRAPPMANN, Lothar: Bedrohung des kindlichen Selbst in der Sozialwelt der Gleichaltrigen. Beobachtungen zwölfjähriger Kinder in natürlicher Umgebung. In: EDELSTEIN, W./NUNNER-WINKLER, G./NOAM, G. (Hrsg.): Moral und Person. Frankfurt am Main 1993, S. 335-362

KROHN, Wolfgang/WEYER, Johannes: Gesellschaft als Labor. Die Erzeugung sozialer Risiken durch experimentelle Forschung. In: Soziale Welt 40, 1989, 3, S. 349-373

MARQUARD, Odo: Abschied vom Prinzipiellen. Stuttgart 1981

MERELMAN, Richard M.: The development of political ideology: a framework for the analysis of political socialization. In: American Political Science Review 63, 1969, pp. 75-93

MEYER-ABICH, Klaus M./SCHEFOLD, Bertram: Die Grenzen der Atomwirtschaft. Die Zukunft von Energie, Wirtschaft und Gesellschaft. München 1986

MONTADA, Leo: Moralische Gefühle. In: EDELSTEIN W./NUNNER-WINKLER, G./NOAM, G. (Hrsg.): Moral und Person. Frankfurt am Main 1993, S. 259-277

NUCCI, Larry/LEE, John: Moral und personale Autonomie. In: EDELSTEIN W./NUNNER-WINKLER, G./NOAM, G. (Hrsg.): Moral und Person. Frankfurt am Main 1993, S. 69-103

NUNNER-WINKLER, Gertrud: Zur moralischen Sozialisation. In: Kölner Zeitschrift für Soziologie und Sozialpsychologie 44, 1992, 2, S. 252-272

NUNNER-WINKLER, Gertrud: Die Entwicklung moralischer Motivation. In: EDELSTEIN, W./NUNNER-WINKLER, G./NOAM, G. (Hrsg.): Moral und Person. Frankfurt am Main 1993, S. 278-303

NUNNER-WINKLER, Gertrud: Moral development. In: WEINERT, F.E./SCHNEIDER, W. (Hrsg.): The Longitudinal Study on the Genesis of Individual Competencies (LOGIC). Cambridge, MA (in press)

NUNNER-WINKLER, Gertrud/ASENDORPF, Jens B.: Cross-domain: Inhibition and moral motivation. In: WEINERT, F.E./SCHNEIDER, W. (Hrsg.): The Munich Longitudinal Study on the Genesis of Individual Competencies (LOGIC): Assessment and results of wave eight. München 1994, pp. 108-118

NUNNER-WINKLER, Gertrud/SODIAN, Beate: Children's understanding of moral emotions. In: Child Development 59, 1988, 5, pp. 1323-1338

OKIN, Susan M.: Justice, gender, and the family. New York 1989

OLSON, Mancour jr.: The logic of collective action. Cambridge, Mass. 1965

PARSONS, Talcott: The social system. London 1964

REUBAND, Karl-Heinz: Von äußerer Verhaltenskonformität zu selbständigem Handeln: Über die Bedeutung kultureller und struktureller Einflüsse für den Wandel in den Erziehungszielen und Sozialisationsinhalten. In: LUTHE, H.O./MEULEMANN, H. (Hrsg.): Wertwandel - Faktum oder Fiktion? Bestandsaufnahmen und Diagnosen aus kultursoziologischer Sicht. Frankfurt am Main/New York 1988, S. 73-97

SELMAN, Robert L.: Zur Entwicklung interpersonalen Verstehens. Frankfurt am Main 1984

SELMAN, Robert L./BYRNE, Diana F.: Stufen der Rollenübernahme in der mittleren Kindheit - eine entwicklungslogische Analyse. In: DÖBERT, R./HABERMAS, J./NUNNER-WINKLER, G. (Hrsg.): Entwicklung des Ichs. Königstein/Ts. 1980, S. 109-114

SIEMENS AG: Treibhauseffekt und Kernenergiediskussion. Argumente vom 18. 10. 1990, SG-Nr. 949. Erlangen 1990, S. 82

SKINNER, Burrhus Frederic: About behaviorism. New York 1974

SLOANE, Kathryn: Home influence on talend development. In: BLOOM, B.S. (ed.): Developing talent in young people. New York 1985, pp. 439-476

SOLOMON, Robert C.: The passions. Garden City 1976

TUGENDHAT, Ernst: Die Rolle der Identität in der Konstitution der Moral. In: EDELSTEIN, W./NUNNER-WINKLER, G./NOAM, G. (Hrsg.): Moral und Person. Frankfurt am Main 1993, S. 33-47

TURIEL, Elliot: The development of social knowledge. Morality and convention. Cambridge 1983

WEBER, Max: Asketischer Protestantismus und kapitalistischer Geist. In: Soziologie, Weltgeschichtliche Analysen, Politik. Stuttgart, S. 357-381

WEINERT, Franz E./SCHNEIDER, W. (eds.): The Longitidunal Study on the Genesis of Individual Competencies (LOGIC). Cambridge (in press)

WILLIAMS, Bernhard: Persons, character and morality. In: RORTY, A.O. (ed.): The identities of persons. Berkeley 1976, pp. 197-216

WITTGENSTEIN, Ludwig: Philosophische Untersuchungen. Bd. 1. Werkausgabe. Frankfurt am Main 1984

ZELKO, Frank A./DUNCAN, S. Wayne/BARDEN, R. Christopher/GARBER, Judy/MASTERS, John C.: Adults' expectancies about children's emotional responsiveness: Implications for the development of implicit theories of affect. In: Developmental Psychology 22, 1986, 1, pp. 109-114

Hartmut J. Zeiher

Konkretes Leben, Raum-Zeit und Gesellschaft

Ein handlungsorientierter Ansatz zur Kindheitsforschung

Unsere Forschungsarbeit[1] geht aus von bestimmten gesellschaftlichen Veränderungen, die sich allgemein als Spezialisierungen und Funktionstrennungen fassen lassen. Im letzten Drittel dieses Jahrhunderts sind die Gegebenheiten, in denen das Alltagsleben der Menschen stattfindet, sehr stark von solchen Veränderungen betroffen worden. Die Frage ist, wie solche Veränderungen in das Alltagsleben von Kindern eingegriffen haben, und wie dadurch Alltagsbedingungen und Alltagsleben von Kindern neu geformt worden sind. Dabei geht es nicht um einzelne Alltagsbedingungen und nicht um einzelne Tätigkeiten, sondern um deren Gesamtzusammenhang im Leben der Kinder.

Die eine Seite unserer Fragestellung richtet sich auf die Art der Gegebenheiten, die Kinder in ihrem alltäglichen Leben vorfinden, und somit auf bestimmte Eigenschaften der gesellschaftlichen Formung von Kindheit. Wie ist Kindheit als gesellschaftliche Lebensform, in der Kinder leben, heute beschaffen? Die andere Seite richtet sich auf die Kinder selbst. Wie bestimmt sich ihr alltägliches Leben in den vorgefundenen Gegebenheiten? Wie abhängig und wie selbstbestimmt sind Kinder in ihrem Handeln? Auf einzelnes Handeln bezogen heißt das: Wie kommt die Entscheidung zustande, gerade dieses zu tun? Auf die Folge aller Handlungen im Ablauf des täglichen Lebens bezogen heißt das: Wie geschieht alltägliche Lebensführung, und in welcher Weise sind darin einerseits äußere Umstände, andererseits Bestimmung durch die Kinder selbst wirksam?

Das Ziel ist, die wechselseitige Beeinflussung beider Seiten zu erkennen: das Zusammenwirken zwischen Eigenschaften der gesellschaftlichen Lebensform Kindheit und der Art und Weise, wie Lebensweisen von Kindern darin bestimmt werden (und somit auch Sozialisation stattfindet). Wir haben es also mit der Frage nach dem Wirkverhältnis zwischen Individuum und Gesellschaft,

---

[1] Das Forschungsprojekt „Alltagsorganisation in der mittleren Kindheit" wurde von Hartmut J. Zeiher und Helga Zeiher im Max-Planck-Institut für Bildungsforschung in Berlin entwickelt und durchgeführt. Der Bericht über Ansatz und Ergebnisse ist in zwei Bänden vorgesehen. Der erste ist bereits erschienen (Zeiher/Zeiher 1994).

zwischen Mensch und Welt, zwischen einem Außen und einem Innen zu tun. Damit berühren wir ein sehr allgemeines Problem. In diesem Beitrag soll gezeigt werden, wie wir dieses allgemeine Problem theoretisch gefaßt und dazu einen empirischen Forschungsansatz entwickelt haben. Im folgenden wird also nicht ein Bild von Kindheit entworfen, wie sie ist, sein könnte oder sein sollte. Vielmehr werden das theoretische Konzept und der Forschungsansatz vorgestellt, mit denen wir an konkrete Zusammenhänge zwischen tatsächlichen Verhältnissen von Kindheit und tatsächlichem Leben von Kindern heranzukommen suchen.

Um ihrem Zweck zu entsprechen, mußten Konzept und Forschungsansatz so angelegt werden, daß sie die besonderen Veränderungen der Kindheitsbedingungen und das besondere Handeln der Kinder, deren alltägliche Lebensführung wir untersuchen wollten, auch zu greifen vermochten. Die Begriffe Raum und Zeit erwiesen sich für diese spezifische Verknüpfung von Gesellschaft und Handeln als geeignet. Das gilt in allgemeiner Hinsicht: Räumliche und zeitliche Gegebenheiten sind einerseits konkreter Ausdruck gesellschaftlicher Verhältnisse, andererseits eröffnen oder begrenzen räumliche und zeitliche Fixierungen, Abgrenzungen und Distanzen konkrete Möglichkeiten für das Zustandekommen konkreter Handlungen. Und es gilt in besonderer kindheitssoziologischer Hinsicht: Die Spezialisierungs-, Funktionsentmischungs- und Institutionalisierungstendenzen der letzten Jahrzehnte erscheinen in den Alltagsgegebenheiten der Kinder als historisch neuartige raum-zeitliche Grenzen und Möglichkeiten. Sowohl die Vielzahl getrennter Orte wie auch die Vielfalt voneinander unabhängiger zeitlicher Restriktionen verlangen heute von Kindern die besondere Art raum-zeitbezogenen Handelns, die wir als „alltägliche Lebensführung" untersuchen. Veränderte Formen sozialer Kontrolle und damit der Fremdbestimmung und der Selbstbestimmung in der Lebensführung von Kindern lassen sich ebenso mit dem Raum-Zeit-Ansatz fassen wie die Art und Weise der sozialen Einbindung (vgl. Zeiher/Zeiher 1993; 1994).

Handeln als Ausgangspunkt der Erforschung des Verhältnisses von Individuum und Gesellschaft

Wie kann theoretisch gefaßt werden, was vorgeht, wenn eine Wechselwirkung zwischen Mensch und Welt geschieht? - Eine direkte begriffliche Beziehung zwischen dem Äußeren der Welt und dem Inneren des Menschen ist nicht herstellbar, solange die Welt in einer die Welt beschreibenden Sprache und das Innere des Menschen in einer dieses Innere beschreibenden Sprache gefaßt werden. Es bedarf eines Dritten, das mit beiden Seiten in Beziehung steht, und mit dessen Hilfe sich eine Brücke zwischen den getrennten Bereichen schlagen läßt. Dieses Dritte ist das Handeln. Handeln gehört sowohl der Welt als auch dem handelnden Menschen an. Indem wir Handeln ins Zentrum des Forschungsansatzes rücken, gewinnen wir einen Standpunkt, von dem aus wir ansonsten heterogene Seinsbereiche in einen einheitlichen begrifflichen Rahmen einordnen können. Sowohl äußere wie innere Tatsachen lassen sich unter dem Gesichtspunkt betrachten, in welchem Verhältnis sie zum Handeln stehen, und auf welche Weise sie am Zustandekommen von Handeln beteiligt sind. Hier wird also ein Standpunkt eingenommen, der weder in der Welt noch in der Person angesiedelt ist, sondern in dem zwischen beiden stehenden Handeln. Handeln ist sowohl Tat der Person als auch Ereignis der Welt. Indem die Welt mit ihrem konkreten Inhalt einerseits und die Person mit ihren individuellen Voraussetzungen andererseits zum Handeln beitragen, treten beide Seiten in konkrete Berührung.

Es stellt sich zunächst die Aufgabe, das Verhältnis des Handelns zur Welt zu klären - zur Welt, und erst danach zur Gesellschaft. Denn das Verhältnis von Handeln und Gesellschaft kann erst geklärt werden, wenn zuvor bestimmt ist, wie Gesellschaft in der Welt und damit im konkreten Leben der Menschen zur Erscheinung kommt.

Das Verhältnis des Handelns zur Welt

Die folgenden drei Prinzipien bilden die Grundlage unseres Denkansatzes[2].

Handeln als konkretes Ereignis am konkreten Ort

Handeln findet immer an einem bestimmten Ort zu einem bestimmten Zeitpunkt statt. Die für Handeln relevante Welt ist etwas Konkretes, nämlich die Menge der konkreten Gegebenheiten, die im Augenblick der Handlungsentstehung um den Handelnden herum und für diesen erreichbar bestehen. Der Einfluß der Welt auf das Handeln geschieht durch die gegenwärtig bestehenden konkreten Gegebenheiten, also im Gleichzeitigen. Ungleichzeitiges kann nur aus dem Inneren des Menschen heraus wirksam werden, nicht von außen. Alles, was hier weiter dargestellt wird, basiert auf diesem Prinzip der Konkretheit.

---

[2] Wesentlich beeinflußt wurde die Entwicklung des vorgestellten Ansatzes durch die Auseinandersetzung mit den Arbeiten von H.A. Simon (z.B. Newell/Simon 1972; Simon 1991). Dies mag erstaunen angesichts der beträchtlichen Unterschiede im Gegenstand (Problemlösen, künstliche Intelligenz) und in der Terminologie. Es ist aber auch Problemlösen eine Form des Handelns. Wie in unserem Vorgehen spielt auch bei den Arbeiten Simons die Untersuchung der Handlungsmöglichkeiten unabhängig von der Untersuchung des Handelns selbst eine zentrale Rolle, wird dort aber terminologisch oft anders, etwa als „Aufgabenanalyse" gefaßt. In einem ganz anderen Verhältnis steht unsere Arbeit zu Kurt Lewin. Die Entwicklung unseres Ansatzes ging nicht von Lewinschen Positionen aus. Doch fanden wir einige der Positionen, zu denen uns die Auseinandersetzung mit unserem Forschungsmaterial geführt hatte, bei Lewin wieder, etwa zur Rolle des Konkreten (z.B. 1969, S. 53) und des einzelnen Falles (z.B. 1969, S. 30; 1981, S. 270 f.) sowie zum holistischen Ansatz, bei dem innere und äußere Bedingungen in einer einheitlichen Begriffssprache zu fassen seien (z.B. 1982, S. 189; 1969, S. 37).

Welt als Möglichkeit und Grenze für Handeln

In welcher Art Verhältnis stehen die dem Akteur erreichbaren Gegebenheiten zu seinem Handeln, und zwar in dem Augenblick, in dem er etwas tun möchte? Dadurch, daß ein Ensemble von Gegebenheiten hier und jetzt besteht, ermöglicht es bestimmte Handlungen und schließt andere aus. Es ermöglicht die Handlungen, für die alle zur Realisierung notwendigen Bedingungen bestehen und es schließt die Handlungen aus, für die irgendwelche notwendigen Bedingungen fehlen. Die konkrete Situation determiniert also nicht Handeln, sondern Handlungsmöglichkeiten. Sie determiniert nicht, was tatsächlich geschieht, sondern nur, was möglich ist. Unmittelbar bevor der Akteur sich für eine bestimmte Handlung entschieden hat, ist Welt somit Möglichkeit und Grenze für sein Handeln.

Außeneinfluß durch Selbsttun

Wie stellt sich das Mensch-Welt-Verhältnis dar, wenn der Akteur eine Handlung tatsächlich ausführt? Wir sind ja dabei, nach Wirkung, nach Einfluß zu suchen. Eine erste Wirkung haben wir schon gefunden: der Akteur kann nur das tun, was möglich ist, was die konkreten Bedingungen zulassen. Es gibt aber nicht nur ein Alles oder Nichts der Gesamthandlung gegenüber. Eine solche besteht in der Regel aus vielen Teilschritten, so daß ein Handlungsziel oft auf verschiedenen Wegen realisiert werden kann. Auch für Teilschritte einer Handlung gilt das Prinzip des Möglichseins. Von den im Augenblick bestehenden konkreten Gegebenheiten hängt sowohl ab, ob sich eine bestimmte Handlung überhaupt realisieren läßt, als auch wie, das heißt auf welchen Wegen dies geschehen kann.

Die Ausführung einer Handlung ist also durch die Feinstruktur der Möglichkeiten spezifisch eingeschränkt. Diese muß der Akteur angemessen berücksichtigen, wenn sein Handeln gelingen soll. Er formt sein Handeln dann so, daß die resultierende Form durch die Feinstruktur der Möglichkeiten mitbestimmt ist. Es ist der Akteur selbst, der sein Handeln formt, aber er formt es unter Berücksichtigung der in der Handlungssituation bestehenden Gegebenheiten. Es gilt somit das Prinzip: Außeneinfluß durch Selbsttun.

Indem das Tun nicht durch äußere Gegebenheiten determiniert, sondern nur begrenzt wird, kann in alles Tun ein Anteil der Person eingehen. Es wird also an dieser Stelle die „Subjektivität" der Kinder ernst genommen: Sie sind für die Forschung nicht Objekte von Bedingungen, sondern aktiv in die Welt eingreifende Akteure.

Weltzusammenhänge

Bis jetzt ging es um ein abgesondertes Augenblicksgeschehen und die darin herrschenden drei Prinzipien Konkretheit, Welt als Möglichkeit und Außeneinfluß durch Selbsttun. Von einem abgesonderten Augenblicksgeschehen kann aber kaum ein systematischer Welteinfluß ausgehen, noch eine merkbare Prägung bzw. „Sozialisation" der Person stattfinden. Ziel unserer Arbeiten ist es, die gegenseitigen Beziehungen zwischen der gesellschaftlichen Lebensform Kindheit und der alltäglichen Lebensführung von Kindern zu erfassen. Auf beiden Seiten haben wir es mit umfassenden Zusammenhängen zu tun, einmal in der Welt und einmal in der individuellen Lebenszeit. Wir müssen daher zu umfassenderen Perspektiven übergehen. Wir müssen Weltzusammenhang und Zusammenhang des individuellen Lebens theoretisch zu fassen versuchen.

Holistische und kontextuelle Denkweisen sind schon seit längerem wieder zu Ehren gekommen. Für Forschung fruchtbar ist eine ganzheitliche Denkweise aber nur dann, wenn sie zugleich analytische Schärfe aufweist und zuläßt, zwischen umfassenden Zusammenhängen und umrissenen Details auf klare Weise hin- und herzuwandern. Wie ist Augenblicksgeschehen in die Zusammenhänge der Welt und des individuellen Lebens eingebunden? In unserem Forschungsansatz geben wir eine Antwort, die sehr allgemein und sehr konkret zugleich ist: Alles in der Raum-Zeit-Welt steht in räumlichen und zeitlichen Verhältnissen zueinander: in räumlicher und zeitlicher Ordnung und in inhaltlichen zeitlichen Abhängigkeiten.

Räumliche Ordnung

Wahrnehmend begegnen wir in der Welt isolierten, partikularen „Dingen". Der einfachste Schritt, deren Partikularität aufzuheben, besteht darin, sie gemäß ihrer tatsächlichen Lage in räumliche Beziehung zu anderen Dingen zu setzen. Das sind Verhältnisse der Nachbarschaft, des Daneben, Davor, Dahinter, Dazwischen, der Nähe und der Ferne. Jedes vorgefundene Ding läßt sich so zu beliebigen anderen in räumliche Beziehungen setzen. Diese sind nach Richtung und Distanz auch quantifizierbar. Auf diese Weise kommen räumliche Ordnungen von beliebiger Größe in den Blick, in denen jede Partikularität in einem größeren Zusammenhang aufgehoben ist und ihren definiten Platz hat.

Zeitliche Ordnung

Wie partikulare Dinge enthält die Welt auch partikulare Ereignisse. Diese stehen untereinander in zeitlichen Lagebeziehungen, die wir als früher, später oder gleichzeitig beschreiben und ebenfalls quantifizieren können, zum Beispiel in Jahren, Tagen oder Minuten. Die Partikularität von Ereignissen wird also aufgehoben, indem wir sie als Teile temporaler Zusammenhänge und Ordnungen erfassen.

Zeit als Prozeß

Die räumlichen und zeitlichen Ordnungsbegriffe haben eines gemeinsam: Sie sind unabhängig von der Natur der Dinge oder Ereignisse, die wir mit ihrer Hilfe miteinander in Beziehung setzen. Grundlegend verschieden von zeitlichen Ordnungsbeziehungen ist eine zweite Art zeitlicher Beziehungen: Eine solche besteht da, wo ein inhaltlicher Zusammenhang zwischen einem Früheren und einem Späteren zur Erscheinung kommt, so daß wir das eine nicht ohne das andere denken können: Die aufeinanderfolgenden Zustände stehen untereinander in inhaltlicher Abhängigkeit. Zeit ist, was einen Prozeß zum Prozeß macht: der im Prozeß herrschende intrinsische Zusammenhang.

Aus bloßer zeitlicher Aufeinanderfolge allein dürfen wir nicht auf inhaltliche Abhängigkeit schließen. Wir brauchen dafür zusätzliche Gründe, die nur aus einem speziellen inhaltlichen Zusammenhang zwischen Früherem und Späterem abgeleitet werden können. Wissenschaftliches Erklären besteht in gezieltem Heranschaffen solcher Gründe. Es ist die in der Begriffssphäre vollzogene Umkehr eines faktischen Entstehungsprozesses.

Raum-zeitliche Welt

Alles Bisherige zusammennehmend will ich nun formulieren, was „Welt" in unserem speziellen Forschungsansatz bedeutet. Welt, das sind die konkreten Dinge und Ereignisse, die untereinander in eindeutigen räumlichen und zeitlichen Relationen stehen und dadurch einen Gesamtzusammenhang bilden. Dieser Gesamtzusammenhang ist also nicht nur ein räumlicher, sondern ebensosehr ein zeitlicher. Im Ernstnehmen von Zeit stehen wir vor zwei Herausforderungen. Die erste hängt mit der Zeiterstreckung von Existenz zusammen. Geschichte und mögliche Zukünfte gehören ebenso zu Welt und Mensch wie das, was wir im Augenblick wahrnehmen. Die zweite Herausforderung hängt mit dem Prozeßcharakter der Zeit zusammen. Was hält die Dinge und Ereignisse der Welt inhaltlich über Zeit zusammen? Wie und warum geht das Spätere aus dem Früheren hervor? Fragen wie diese führen dazu, Welt als Weltprozeß zu verstehen. Im Weltprozeß ist eine unübersehbare Vielfalt von Prozessen vereint, die ineinander geschachtelt sind, sich gegenseitig durchdringen und beeinflussen. Es gehört zu den Aufgaben unseres Forschungsprogramms zu zeigen, welcherlei Prozesse am Zustandekommen einer konkreten Handlung zusammenwirken können, und wie sie beim Zustandekommen von konkreten Alltagsentscheidungen der von uns untersuchten Kinder tatsächlich zusammengewirkt haben. Die einzelne Handlung oder Entscheidung ist raum-zeitlicher Kristallisationspunkt, an dem verschiedene Prozesse mit ihren Einflüssen gleichzeitig zur Erscheinung kommen. Damit sind die Ansatzstelle für die empirische Arbeit und die analytische Aufgabe vorgezeichnet. Was in einem konkreten Ereignis, in einer Handlungsentscheidung als eine Einheit erscheint, soll auf seine vielfältigen Wurzeln zurückgeführt werden.

Zusammenhang im individuellen Leben

Die Existenz des Menschen ist eine kontinuierliche, das Individuum ein Prozeß. Es ist ein Prozeß, in dem einerseits eine Vielzahl von Eigenprozessen vereint ist und der andererseits mit einer Vielzahl von Fremdprozessen verwoben ist. Alle diese Prozesse durchdringen und beeinflussen sich gegenseitig am jeweiligen raum-zeitlichen Ort. In diesem Prozeßzusammenhang steht alles individuelle Handeln, es geht aus ihm hervor.

Lebensbahn

Der zeitliche Zusammenhang des individuellen Lebens und dessen Zustandekommen läßt sich aus verschiedenen Perspektiven betrachten. Ganz von außen betrachtet erscheinen die Bewegungen des Individuums in ihrer biographischen Kontinuität als Tages- oder Lebensbahnen durch die raum-zeitliche Welt. Das Individuum bewegt sich von Ort zu Ort nach Maßgabe der am jeweiligen Raum-Zeit-Ort bestehenden Handlungsmöglichkeiten und seiner eigenen Handlungswünsche und Handlungsverpflichtungen. Das Konzept der Tages- oder Lebensbahn entstammt der in Lund von T. Hägerstrand entwickelten „Zeitgeographie" (dazu z.B. Carlstein, Parkes & Thrift 1978).

Tätigkeitskontinuum

Individuelle Lebenszeit ist nicht leer. Sie ist vielmehr eine kontinuierliche Folge von Tätigkeiten und somit ein über weite Strecken hin sichtbarer Prozeß. Wie die Lebensbahn ihre für uns interessanten Stellen da hat, wo sie ihre Richtung ändert, so sind die interessanten Stellen des Tätigkeitskontinuums diejenigen, wo eine Tätigkeit endet und eine neue beginnt, die Tätigkeitswechsel also. Es sind dies in beiden Fällen diejenigen Stellen, an denen ein Einfluß des Akteurs zur Geltung kommt und sichtbar wird. Diese beiden Arten von Änderung - Ortswechsel und Tätigkeitswechsel - können wir auf Entscheidungen des Akteurs zurückführen, wenn wir einen großzügigen Begriff von Entscheidung zugrundelegen.

Lebensführung

Entscheidungen dieser Art geschehen nicht isoliert. Sie stehen vielmehr untereinander in vielfältigen Zusammenhängen, inneren wie äußeren. Sie sind Teil eines Prozesses, durch den der Akteur bestimmt, wo er sich befindet und was er tut. Dies geschieht in biographischer Kontinuität als Prozeß der Lebensführung. Lebensführung fassen wir als eine besondere Art des Handelns auf, dessen einzelne Akte, die Entscheidungen über die Disposition von Lebenszeit im Tagesablauf für bestimmte Tätigkeiten, nicht unmittelbar aufeinanderfolgen, aber trotzdem zusammengehören. So zeigt sich, über einen längeren Zeitraum betrachtet, daß die einzelnen Entscheidungen auf eine individuell besondere Art zustandekommen, so daß man von einer individuellen Art und Weise der Lebensführung sprechen kann. Hier wird also Lebensführung als eine in der Zeit erstreckte Folge von einzelnen Akten verstanden. Dies steht im Gegensatz zu Voß (1991), in dessen Konzept von Lebensführung diese Zeiterstreckung fehlt.

Reproduktion und Gestaltung

Von den vielfältigen Bedingungen, die sich in der je besonderen Art und Weise der Lebensführung niederschlagen, sei hier nur eine hervorgehoben. Im Augenblick der Handlungsentstehung steht das Ich als handelnde Instanz inneren und äußeren Verfestigungen gegenüber, dem bestehenden Zustand der Welt und dem, was aus der Person bisher geworden ist. Greift dieses Ich in den Prozeß der Handlungsentstehung nicht ein, das heißt, folgt es den angesichts der Handlungssituation im Innern aufsteigenden Handlungsimpulsen und Handlungsmodellen, wird das resultierende Handeln von dem augenblicklichen Stand der äußeren und inneren Gegebenheiten bestimmt. Im Handeln reproduzieren sich dann - in unterschiedlicher Mischung - sowohl eigene Vergangenheit als auch gesellschaftliche Verhältnisse. Dies ist bis zu einem gewissen Grade unausweichlich. Der Akteur kann aber in sein Handeln auch neue und eigene Momente einbringen, seien sie auch noch so bescheiden. So kann Handeln sowohl reproduktiv sein, als auch neue und selbstgestaltete Inhalte und Formen verwirklichen. Zur Handlungsentstehung haben wir eine besondere Theorie entwickelt, auf die ich hier nicht eingehen kann. (Einige Hinweise dazu finden sich weiter unten im Abschnitt „Zur Art der Ergebnisse: Das individuelle Kind in seinem Möglichkeitsraum".)

Individuelles Handeln und Gesellschaft

Zur Verortung von Gesellschaft

Bislang war nur von Welt und noch nicht von Gesellschaft die Rede. Wo und wie kann nun Gesellschaft dem Individuum gegenüber zur Wirksamkeit kommen?

Was Gesellschaft auch sein möge, sie erscheint in den konkreten Gegebenheiten, Ereignissen und Vorgängen, denen Menschen in ihrer Umwelt begegnen, und kann durch diese zur Wirksamkeit kommen. Das gesellschaftlich Allgemeine steckt in den konkreten Gegebenheiten, es ist nicht neben denselben. Wenn man gesellschaftliche Umwelt in Mikro-, Meso- und Makrosphären unterscheidet, dann taugt das allenfalls zur Klassifikation von Variablen, ontologisch ist es aber unsinnig. Die Gesellschaft ist nichts, was in unterschiedlichen Distanzen von uns existiert, sie steckt in allen Details des Lebens. Partikulares und gesellschaftlich Allgemeines bilden konkrete Einheiten.

Insofern ist Gesellschaft als Erscheinung in der raum-zeitlichen Welt ausgebreitet. Als Prozeß ist sie aber nicht nur raum-zeitlich situiert. Vielmehr sind die konkreten Gegebenheiten der raum-zeitlichen Welt, denen wir begegnen, aus dem gesellschaftlichen Prozeß hervorgegangen. Nur weil diese Gegebenheiten unserer Welt Produkte des gesellschaftlichen Prozesses sind, können wir in ihnen Gesellschaft begegnen. Das ist letztlich die Voraussetzung dafür, daß es gesellschaftliche Einflüsse im individuellen Handeln geben kann.

Gesellschaftlicher Einfluß in der einzelnen Handlung

Einfluß von außen kann es immer nur in konkreten Augenblicken geben. In einem jeden solchen ist der Mensch in bestimmtem Tun begriffen. Es sind also die einzelnen Handlungen, in denen gesellschaftlicher Einfluß stattfinden kann. Dies geschieht auf drei Wegen.

Der erste - auch den beiden anderen zugrundeliegende - Weg besteht im folgenden: Von der Konstellation der im Augenblick der Handlungsentstehung am raum-zeitlichen Ort bestehenden Gegebenheiten hängt es ab, was hier und jetzt zu tun möglich und was nicht möglich ist, und auf welche Weise eine mögliche Handlung ausgeführt werden kann. Der Einfluß kommt durch Selbsttun zustande, das in den Grenzen des Möglichen stattfindet. Das gilt auch für den Einfluß des Gesellschaftlichen, das in diesen Gegebenheiten konkrete Gestalt angenommen hat.

Der zweite Weg: Eine Handlung spiegelt nicht nur etwas von dem, was im Augenblick um den Handelnden herum vorhanden ist. Handeln nimmt auch Einflüsse aus dem Innern der handelnden Person auf. Auch in diesen steckt gesellschaftlicher Einfluß. Er geht auf die im bisherigen Leben aufeinanderfolgenden direkten Augenblickseinflüsse zurück und spiegelt somit, welchen gesellschaftlichen Bedingungen der Handelnde in seiner Biographie bisher ausgesetzt war. Es wird dadurch im Augenblick auch Vergangenheit wirksam, Vergangenheit als Geschichte der handelnden Person.

Neben dem aktuell situativen und dem aus dem eigenen Innern kommenden Einfluß gibt es noch einen dritten. Dieser geht von anderen Akteuren aus, die auf die gegenwärtige Handlung Einfluß nehmen können. Was im Einfluß anderer Akteure gesellschaftlicher Einfluß ist, hat sich in deren Lebenszeit auf die gleiche Weise aufgebaut, wie es gerade für den Handelnden selbst ausgeführt wurde.

Gesellschaftlicher Einfluß in der Personwerdung

Das weiter oben Dargestellte ist zunächst eine Theorie des Prozesses, durch den äußere Bedingungen im biographischen Verlauf wirksam werden und dadurch zur Personwerdung beitragen. Sofern dabei äußere Bedingungen aus gesellschaftlichen Verhältnissen hervorgegangen sind, werden in diesem Prozeß auch gesellschaftliche Verhältnisse wirksam und gehen in die Personwerdung ein.

Aus unserem Ansatz folgen einige Konsequenzen für die Konzeptualisierung von Sozialisation. Der grundlegende Prozeß besteht aus den in der Lebenszeit aufeinanderfolgenden Auseinandersetzungen der handelnden Person mit den konkreten Gegebenheiten ihrer Umwelt. In der Personwerdung schlägt sich die Gesamtheit dieser konkreten Gegebenheiten nieder, wobei jeder gegenwärtige Einfluß von den in der Lebensgeschichte vorausgegangenen Erfahrungen abhängt. Sozialisation läßt sich daher nicht an diesen oder jenen partikularen Sozialisationsbedingungen festmachen, noch kann man unterstellen, daß irgendwelche Bedingungen in verschiedenen Personen gleichartige Spuren hinterlassen würden.

Wie läßt sich Gesellschaftliches im Konkreten identifizieren?

Unser Ansatz beruht auf dem Erfahrungsprinzip: Wenn Menschen - und damit auch die untersuchten Kinder - von irgendeiner Sache Kenntnis nehmen oder von ihr beeinflußt werden sollen, dann muß diese ihnen in wahrnehmbarer Form begegnen. Konkretheit, Wahrnehmbarkeit und Wirkmöglichkeit gehören zusammen. Deshalb setzen wir an bei der Welt als Ganzheit der konkreten, direkt wahrnehmbaren, in Raum und Zeit geordneten Gegebenheiten.

Gesellschaft als solche ist kein direkt wahrnehmbares Objekt. Sie prägt aber konkrete Gegebenheiten auf bestimmte Weise oder ist für deren Entstehung mitverantwortlich. Deshalb fassen wir Außeneinfluß als das Unmittelbare und gesellschaftlichen Einfluß als etwas, das im Außeneinfluß unter bestimmten Bedingungen transportiert werden kann. Aus dieser Sichtweise ergeben sich bestimmte Aufgaben. Wer zu Recht von gesellschaftlichem Einfluß oder Einflüssen sprechen will, muß diesen Anspruch im besonderen Fall eigens begründen und plausibel machen. Er oder sie muß zeigen, wie beobachtbare, das heißt konkrete Gegebenheiten durch allgemeinere gesellschaftliche Verhältnisse und Prozesse geprägt wurden oder aus ihnen entstanden sind. Nun ist Gesellschaft als solche nicht direkt beobachtbar, sondern nur begrifflich faßbar und als Theorie repräsentierbar. Das Zustandekommen oder die Prägung konkreter Gegebenheiten muß daher aus Gesellschaftstheorie abgeleitet werden. Wenn Gesellschaftstheorie dazu benutzt werden soll, die Präsenz und Wirksamkeit allgemeiner gesellschaftlicher Verhältnisse in partikularen konkreten Lebensbedingungen herauszuarbeiten, dann muß sie für diesen Zweck geeignet sein. Sie muß auf Alltagswelt im konkreten Detail beziehbar sein. So stellt dieser Forschungsansatz auch die Aufgabe, Gesellschaftstheorie so zu formulieren, daß sie unmittelbar an die Alltagssphäre heranreicht.

Das geschieht in unserem Forschungsansatz mit Hilfe der Begriffe Raum und Zeit. Denn gesellschaftliche Prozesse müssen, selbst wenn sie nicht direkt räumliche und zeitliche Gegebenheiten verändern, zumindest an bestimmten

Orten zu bestimmten Zeiten in Erscheinung treten. In beiden Fällen setzen oder verändern sie dadurch am bestimmten raum-zeitlichen Ort die Möglichkeiten und Grenzen individuellen Handelns. Gesellschaft und individuelles Handeln sind in Raum und Zeit miteinander verwoben. Wir haben versucht, solche Beziehungen zwischen gesellschaftlichen Verhältnissen und Prozessen und konkreten Lebens- und Handlungsbedingungen von Kindern aufzuzeigen, zum Beispiel zwischen Prozessen gesellschaftlicher Differenzierung, die als Funktionsentmischung städtischer Räume erscheinen, und „Verinselung" kindlicher Lebensräume, aus der Anforderungen an Kinder zu bestimmten Weisen der raum-zeitlichen Alltagsorganisation hervorgehen können (Zeiher 1983; Zeiher/Zeiher 1994, Teil 1).

Das empirische Programm

Auf der Grundlage des hier vorgestellten Denkansatzes haben wir ein konkretes Forschungsprogramm entwickelt und realisiert, das in groben Umrissen skizziert werden soll.

Der empirische Zugriff

Der empirische Zugriff setzt am konkreten Leben von Kindern an. Dies bedeutet intensive Studien an wenigen Kindern. Zehnjährige Kinder haben für uns an sieben Tagen alle ihre Tätigkeiten vom Aufwachen bis zum Einschlafen protokolliert. Am Tag nach einem Protokolltag fand ein Interview mit dem Kind statt. Anhand des Protokolls wurden die für jeden Tätigkeitswechsel relevanten Umstände erfragt, die Einfluß auf die getroffene Entscheidung haben konnten. Die Familienumwelt des Kindes kannten wir von neun Besuchen in der Wohnung sowie durch ein Elterninterview über den bisherigen Lebenslauf des Kindes. Die Stadtviertel der Kinder kannten wir durch tägliche Aufenthalte über mehrere Wochen hin. In allen auf Kinder bezogenen Institutionen eines jeden Viertels haben wir Interviews durchgeführt.

Die drei Analyseebenen

Die Arbeit an diesem empirischen Material vollzieht sich auf drei Ebenen: der Ebene der Entscheidung für den einzelnen Tätigkeitswechsel, der Ebene des einzelnen Kindes und individuenübergreifend.

Auf der ersten Ebene geschieht die Rekonstruktion einer jeden einzelnen Entscheidung. Darauf basiert alles weitere. Denn nur durch diese Rekonstruktion kann der direkte Zusammenhang des kindlichen Handelns mit seiner Umwelt und mit seiner Individualgeschichte erfaßt werden. Es wird jeweils ermittelt, welche Tätigkeiten für das Kind im Entscheidungsaugenblick möglich waren, weil ihre Realisierungsvoraussetzungen im Raum direkt erreichbar waren. Dann wird nach den Gründen gesucht, die dazu führten, daß das Kind von den bestehenden Möglichkeiten gerade die eine realisiert hat. Es ist allein diese Ebene, wo konkrete Wirklichkeit und ihre Wirkzusammenhänge faßbar werden. Denn nur an der konkreten Situation läßt sich ermitteln oder rekonstruieren, was möglich oder nicht möglich ist, und inwiefern die Möglichkeiten von Umweltbedingungen oder von Personbedingungen begrenzt sind. Das faktische Handeln enthält immer beides vermischt. Eine Scheidung der beiden ist nur möglich, wenn die Möglichkeiten unabhängig vom faktischen Handeln, das heißt unmittelbar vor der Entscheidung, ermittelt oder rekonstruiert werden. Das Holistische des Ansatzes kommt dadurch zur Geltung, daß in die Erklärung des Zustandekommens jeder einzelnen Entscheidung alle Informationen eingehen, die uns über die aktuelle Situation, über die Vorgeschichte von Kind und Handlungssituation sowie durch die Analyse aller übrigen Entscheidungen des Kindes zur Verfügung standen. An der Rekonstruktion einer Entscheidung suchen wir zu erkennen, wie das Kind mit dem Handlungsanlaß umging, um zu seiner Entscheidung zu kommen, welche inhaltlichen Präferenzen und Zielsetzungen in die Entscheidung eingingen, und wie der Möglichkeitsraum im Augenblick der Entscheidung beschaffen war.

Auf der zweiten Ebene, der Ebene des einzelnen Kindes, fassen wir zusammen, was in seinen etwa 150 untersuchten Entscheidungen an den sieben Tagen in der Zeit ausgebreitet war. Dies geschieht nicht durch Aneinanderreihung. Vielmehr werden durch einen abstrahierenden Konstruktionsprozeß aus den Erscheinungen, die sich in den einzelnen Entscheidungen wiederholen, drei auf das Kind bezogene „Bilder" aufgebaut. Das erste dieser Bilder ist eine handlungstheoretisch angeleitete Beschreibung der individuellen Umwelt des Kindes, wobei Umwelt als in der Zeit ausgebreiteter Möglichkeitsraum verstanden wird. Sie zeigt, in welche Art Ereignisse das Kind immer wieder involviert wird und wie das geschieht. Es werden also Abläufe erfaßt, denn individuelle Umwelten sind in der Zeit erstreckt. Während sich dieses erste Bild auf das bezieht, was um das Kind herum so geschieht, daß das Kind an diesem Geschehen mitbeteiligt ist, ist das zweite auf im Innern des Kindes Befindliches bezogen: auf sein intentionales System. Dieses besteht aus den Intentionen des Kindes, die wir an seinen wiederkehrenden Präferenzen und Zielsetzungen ablesen. Die einzelnen Intentionen stehen nicht für sich, sondern bilden einen zum Teil hierarchisch strukturierten Zusammenhang. Das dritte Bild schließlich, das aufgrund der Analyse aller Einzelentscheidungen konstruiert wird, bezieht sich auf den Entscheidungsstil des Kindes. Dieser vermittelt zwischen der Umwelt und den Intentionen des Kindes. Es geht hier um die Art und Weise, wie das Kind mit Handlungsanlässen umgeht, wie es Handlungsangebote von außen aufgreift und assimiliert, wie es selbst Initiativen ergreift, wie es eigene Ziele verfolgt, wie es mit Zeit umgeht. Mit anderen Worten: es geht hier um die individuelle alltägliche Lebensführung des betreffenden Kindes. Schließlich setzen wir auf dieser Ebene die drei Bilder miteinander in Beziehung, um aus deren gegenseitigen Verhältnissen sowie den Informationen, die uns über die Individualgeschichte zur Verfügung stehen, das Entstehen der besonderen Art der Lebensführung dieses Kindes zu erklären.

Auf der dritten Analyseebene stellen wir Vergleiche zwischen Kindern an. Einiges über unsere Methode des Vergleichs ist an anderer Stelle ausgeführt (Zeiher/Zeiher 1994, S. 86-88). Durch diese Vergleiche können auf der einen Seite die Eigenheiten der einzelnen Kinder noch deutlicher erarbeitet werden. Andererseits lassen sich Gemeinsamkeiten und Unterschiede zwischen Kindern feststellen, etwa zwischen Kindern aus verschiedenen Stadtvierteln, wie sie in Zeiher/Zeiher (1994) berichtet werden. Wozu diese Vergleiche zwischen Kindern benutzt werden sollen, ergibt sich aus der Art der Ergebnisse, die wir anstreben. Darüber soll im folgenden berichtet werden.

Zur Art der empirischen Forschungsergebnisse

Das individuelle Kind in seinem Möglichkeitsraum

Unsere Ergebnisse werden unter zwei Perspektiven dargestellt. Die erste ist auf das einzelne Kind gerichtet, die zweite auf Kindheit als gesellschaftliche Lebensform. Unter der ersten Perspektive wird es im zweiten Band des Untersuchungsberichts (s. Anmerkung 1) für eine Reihe von Kindern Monographien geben, über deren Inhalt hier nur knappe Andeutungen gemacht werden können.

Für den Untersuchungszeitraum von zwei Wochen stehen uns über das zehnjährige Kind genaue und detaillierte Bilder seiner Umwelt als Möglichkeitsraum für sein Handeln, seines intentionalen Systems und seiner individuellen Art der alltäglichen Lebensführung zur Verfügung. Diese drei sind im Leben nicht unabhängig voneinander. Ihre gegenseitige Abhängigkeit läßt sich bei einer Beschränkung der Betrachtung auf den Untersuchungszeitraum nur daran erkennen, wie gut die drei zusammenpassen, etwa wie gut der Entscheidungsstil des Kindes zur Art der Ereignisabläufe in seiner Umwelt paßt. Wollen wir die Abhängigkeit jedoch verstehen und erklären, müssen wir auf die gemeinsame Entstehung der drei in der Individualgeschichte des Kindes eingehen.

Aus einer Augenblicksperspektive - und eine solche ist in diesem Zusammenhang das Übliche - ergibt sich leicht der illusionäre Eindruck, als wäre die Umwelt unabhängig von dem Menschen, dessen Umwelt sie ist. Berücksichtigt man einen längeren Zeitraum, so zeigt sich deutlich, daß das, was zur individuellen Umwelt wird, von den Intentionen und der Art der Lebensführung des Individuums abhängt, die letzteren aber ihrerseits von der Erfahrung des Individuums, und das heißt von seiner Umwelt (dies ist in Zeiher/Zeiher 1994, S. 56-67 näher ausgeführt). Diese komplexen Zusammenhänge zwischen den Intentionen des Kindes, seiner Umwelt und seiner Art der Lebensführung werden für jedes Kind soweit erkennbar gemacht, wie es unsere Quellen zulassen.

Wichtigstes Hilfsmittel dazu ist eine Theorie, die das Entstehen einer Handlung aus sieben Prinzipien erklärt. Alle sieben sind am Entstehen einer konkreten Handlung beteiligt, jeweils auf eine besondere Weise zusammenwirkend, beziehungsweise vom Akteur ins Spiel gebracht. Das erste Prinzip betrifft die Verhältnisse der entstehenden Handlung zu den gleichzeitigen, das heißt im aktuellen Augenblick bestehenden, äußeren Gegebenheiten, betrifft also den Umgang mit den bestehenden Möglichkeiten und Grenzen der entstehenden Handlung, soweit diese im gegebenen Zustand der Welt begründet sind. Das zweite Prinzip betrifft die Relationen, die zwischen der entstehenden Handlung und vergangenen äußeren Ereignissen hergestellt werden, betrifft also das Anknüpfen einer Handlung an frühere Geschehnisse. Das dritte Prinzip betrifft die Relationen, in die eine Handlung zu zukünftigen äußeren Gegebenheiten oder Ereignissen gebracht wird. Diesen ersten drei Prinzipien sind also Bezüge der Handlung zur äußeren Tatsachenwelt gemeinsam. Im Gegensatz dazu weisen die nächsten drei Prinzipien ein Abhängigkeitsverhältnis der Handlung vom Innern des Menschen auf. Beim vierten Prinzip geht es um Einflüsse des augenblicklichen Standes des Erlebens auf die entstehende Handlung, also etwa um Einflüsse von Stimmungen, Gefühlen, Emotionen. Das fünfte Prinzip beruht auf dem Reproduzieren früher ausgeführter Prozesse. Vergangenes wird gegenwärtig sowohl im Reproduzieren von früher ausgeführten Handlungsabläufen, Routinen und Gewohnheiten als auch in der Reaktivierung von Erfahrungen, Vorstellungszusammenhängen und Weltinterpretationen. Das sechste Prinzip betrifft Erscheinungen, denen ein Begehren gemeinsam ist, wenn etwas, das noch nicht ist, sich realisieren will. Diese drei letztgenannten „inneren" Prinzipien können von selbst, das heißt mehr oder minder automatisch, wirksam werden, wenn sie vom Akteur nicht daran gehindert werden.

Das siebte und letzte Prinzip steht zu allen anderen im Gegensatz. Wir nennen es das Prinzip der Ich-Initiative, die beim Entstehen einer Handlung in den Zusammenhang des schon Bestehenden oder in die Wirksamkeit der von selbst wirkenden Prinzipien eingreift oder auch nicht eingreift, und die in unterschiedlichem Grade und auf unterschiedliche Weise eingreifen kann. Durch dieses Prinzip geschehen Einflüsse, die ohne Initiative unterblieben wären, mithin hätten unterbleiben können.

Diese Theorie ist zum einen die Grundlage für das Erklären des Zustandekommens der einzelnen Handlungsentscheidungen. Sie erlaubt aber auch, eine differenzierte Charakterisierung der speziellen Art der Lebensführung des einzelnen Kindes zu gewinnen. Es zeigt sich, wie das Kind mit Handlungsanlässen umgeht oder sich solche selbst schafft. Es zeigt sich, wie es gegenwärtige, vergangene und zukünftige Gegebenheiten in seinen Entscheidungen berücksichtigt, wie stark reproduktive Elemente in seinem Handeln wirksam sind, was es anstrebt und von sich aus verfolgt, wieweit es sich auf Bestehendes beschränkt oder durch Initiativen über das Bestehende hinausgreift. Die Kinder werden also dadurch charakterisiert, wie in der Art ihrer alltäglichen Lebensführung diese sieben Prinzipien zusammenwirken, welche Gewichtungen und Besonderheiten sie zeigen, und wie sich dieser Zusammenhang in der Individualgeschichte des Kindes entwickelt hat, soweit wir das im einzelnen Fall verfolgen können.

Ein anderer Akzent in den Kindermonographien liegt auf der Charakterisierung der Umwelt des Kindes, seines speziellen, in der Zeit ausgebreiteten Möglichkeitsraums. Dabei besteht die besondere Aufgabe darin zu zeigen, wie in den konkreten Lebensverhältnissen des Kindes allgemeinere gesellschaftliche Verhältnisse auf besondere Weise zur Erscheinung kommen. Denn erst dies schafft dann die Voraussetzungen dafür, die Abhängigkeit der individuellen Art der Lebensführung auch von gesellschaftlichen Bedingungen aufzeigen zu können.

Die gesellschaftliche Lebensform Kindheit

Die zweite Art der Ergebnisse geht nicht aus der Besonderheit des einzelnen Kindes hervor, sondern bezieht sich auf Kindheit als gesellschaftliche Lebensform. „Kindheit" ist hier nicht als eine Phase des individuellen Lebens gemeint, sondern bezeichnet eine durch den Gesamtzusammenhang der Gesellschaft geprägte Lebensform, in die immer neue Individuen eintreten, um sie nach einiger Zeit wieder zu verlassen.

„Gesellschaftliche Lebensform" läßt sich in unserer Begrifflichkeit als ein Möglichkeitsraum fassen, der dem Handeln der darin lebenden Kinder bestimmte Möglichkeiten bietet und andere verwehrt. Möglichkeitsraum, wie hier verstanden, ist an konkrete Gegebenheiten gebunden. Die Gegebenheiten, die den Möglichkeitsraum für eine ganz bestimmte Entscheidung determinieren, sind einmalig und konkret. Wenn wir den Möglichkeitsraum für ein individuelles Kind bestimmen wollen, müssen wir jedoch von der Einmaligkeit abrücken und die charakteristischen, sich wiederholenden Bedingungen unter Vernachlässigung zufällig oder sporadisch auftretender Bedingungen akzentuieren. Dabei haben wir es aber immer noch mit konkreten Bedingungen und Gegebenheiten zu tun. Ein besonderer neuer Schritt besteht dann darin, jeweils das Gesellschaftliche zu identifizieren, das in den konkreten Gegebenheiten zur Erscheinung kommt. Wir kommen dann zu Aussagen darüber, was am Möglichkeitsraum einer einzelnen Entscheidung, am Möglichkeitsraum eines bestimmten Kindes oder am Möglichkeitsraum für Kinder in einer bestimmten Gesellschaft das Gesellschaftliche ist. Unser Ansatz geht also in der Erfassung der Gesellschaftlichkeit von Kindheit ganz von unten, vom konkreten alltäglichen Detail im Leben einzelner Kinder aus, und zwar in der Theorie und in der Forschungspraxis[3].

---

[3] Selbstverständlich sind auch andere Ansätze notwendig, die sich der gesellschaftlichen Bestimmung von Kindheit auf anderen Wegen nähern, etwa indem sie auf Kinder bezogene rechtliche Regelungen untersuchen oder bei ökonomischen, politischen, institutionellen und anderen Verhältnissen ansetzen, durch die Kindheit in die Gesamtgesellschaft eingebunden ist, wie es zum Beispiel in Qvortrup u.a. (1994) getan wird (vgl. dazu Zeiher, im Druck).

Gesellschaftliche Formung erscheint in der einzelnen Entscheidung und im Lebenszusammenhang jedes einzelnen Kindes. Schon an einem Kind wird viel von der gesellschaftlichen Formung von Kindheit erkennbar, bei jedem Kind auf andere Weise, jeweils treten auch andere Probleme besonders hervor. Unsere Ergebnisse zeigen, daß die möglichen Lebensformen selbst bei dicht beieinander wohnenden Kindern große Unterschiede aufweisen können. Im Vergleich zwischen Kindern zeigt sich ein deutliches Bild der gesellschaftlichen Differenzierung von Kindheit auf der Ebene des konkreten Lebens. Darüber hinaus erlaubt die gesamte Anlage unserer Untersuchung, mit der Methode des Vergleichs auch das Zustandekommen der Differenzierung bis zu einem gewissen Grade zu erklären. Mit jedem Kind mehr, das in diese Vergleiche einbezogen wird, kann das Bild umfassender werden, wird also die gesellschaftliche Lebensform Kindheit vollständiger abgebildet. Die Vielfalt möglicher Kindheiten in einer Gesellschaft ist freilich begrenzt. Schon an einer relativ kleinen Zahl konkreter Kinderleben läßt sich recht viel von dem erkennbar machen, wie unsere Gesellschaft Kindheit auf der Ebene des Alltagslebens formt.

So verstandene gesellschaftliche Formung von Kindheit ist Formung von Möglichkeiten, also nicht determinierend. An dieser Formung ihrer Handlungsmöglichkeiten sind die Kinder selbst beteiligt. Es sei hier an das eingangs dargestellte Prinzip „Außeneinfluß durch Selbsttun" erinnert. Dieses bezieht sich auf die einzelne Handlung. Auf das Kind wirkt, was das Kind selbst tut. Im Selbsttun schlagen sich aber nicht nur die objektiven Möglichkeiten nieder, es kann auch vieles eingehen, was vom Kind selbst kommt.

Wenn wir von der einzelnen Handlung auf das Lebenskontinuum übergehen, werden weitere Einflußmöglichkeiten des Kindes sichtbar. Es hängt zum Teil vom Kind ab, mit welchen Situationen es immer wieder konfrontiert wird. Und auch was in der Situation geschieht und wie es geschieht, ist nicht unabhängig vom Kind selbst. Das Kind befindet sich nacheinander immer wieder in bestimmten Lebenszusammenhängen, etwa unter Gleichaltrigen, in der Familie und in der Schule. Wenn sich unter den Gleichaltrigen ein bestimmter Umgangsstil herausgebildet hat und in der Familie auf einen von diesem stark unterschiedenen Umgangsstil trifft, kann das Kind aus dem Erleben dieser Differenz einen Änderungsdruck in die eine oder die andere Richtung zur Geltung bringen. Wir haben verändernde Einwirkungen von Kindern auf die Angebote und Organisationsformen von Freizeiteinrichtungen ihres Stadtviertels festgestellt (Zeiher/Zeiher 1994). Fölling-Albers (1993) berichtet über Veränderungsdruck, den Kinder auf die Schule ausüben, soweit Schule sich den Schülern gegenüber auf eine Weise verhält, die im Widerspruch zu der besonderen individuellen Aufmerksamkeit steht, die Kinder heute vielfach in der Familie erfahren. Was in der äußeren Welt räumlich nebeneinander existierende Bedingungen sind, kommt beim Kind in der Aufeinanderfolge des Lebens in einen zeitlichen Zusammenhang, der Integrationsleistungen des Kindes herausfordert. Wenn auch das einzelne Kind vielleicht nur minimale Änderungen in seinem Lebensbereich durchsetzen kann, viele Kinder zusammengenommen sind ein nicht zu unterschätzender Faktor bei der Gestaltung der Lebensform Kindheit in einer Gesellschaft. Es ist nicht nur die Gesellschaft, die Kindheit formt, es sind auch die Kinder selbst, die Kindheit, und damit auch Gesellschaft, mitformen.

Literatur

CARLSTEIN, Tommy/PARKES, Don/THRIFT, Nigel (eds.): Human Activity and Time Geography. Timing Space and Spacing Time (Vol. 2). London 1978

FÖLLING-ALBERS, Maria: Der Individualisierungsanspruch der Kinder - eine neue pädagogische Orientierung „vom Kinde aus"? Neue Sammlung 33, 1993, 3, S. 465-478

LEWIN, Kurt: Grundzüge der topologischen Psychologie. Bern 1969

LEWIN, Kurt: Der Übergang von der aristotelischen zur galileischen Denkweise in Biologie und Psychologie. In: LEWIN, K.: Wissenschaftstheorie I. Band 1 der Kurt-Lewin-Werkausgabe. Bern und Stuttgart 1981, S. 233-278

LEWIN, Kurt: Feldtheorie und Experiment in der Sozialpsychologie. In: LEWIN, K.: Feldtheorie. Band 4 der Kurt-Lewin-Werkausgabe. Bern und Stuttgart 1982, S. 187-213

NEWELL, Allen/SIMON, Herbert A.: Human Problem Solving. Englewood Cliffs, N.J. 1972

QVORTRUP, Jens u.a.: Childhood Matters. Social Theory, Practice and Politics. Aldershot u.a. 1994

SIMON, Herbert A.: Cognitive Architectures and Rational Analysis: Comment. In: van LEHN, K. (ed.): Architectures for Intelligence. Hillsdale, N.J. 1991, pp. 25-39

VOß, Gerd-Günter: Lebensführung als Arbeit. Über die Autonomie der Person im Alltag der Gesellschaft. Stuttgart 1991

ZEIHER, Hartmut J./ZEIHER, Helga: Organisation von Raum und Zeit im Kinderalltag. In: MARKEFKA, M./NAUCK, B. (Hrsg.): Handbuch der Kindheitsforschung. Neuwied 1993, S. 389-401

ZEIHER, Hartmut J./ZEIHER, Helga: Orte und Zeiten der Kinder. Soziales Leben im Alltag von Großstadtkindern. Weinheim und München 1994

ZEIHER, Helga: Die vielen Räume der Kinder. Zum Wandel räumlicher Lebensbedingungen seit 1945. In: PREUSS-LAUSITZ, U. u.a.: Kriegskinder, Konsumkinder, Krisenkinder. Zur Sozialisationsgeschichte seit dem Zweiten Weltkrieg. Weinheim 1983, S. 176-195

ZEIHER, Helga: Die Entdeckung der Kindheit in der Soziologie. In: CLAUSEN, L. (Hrsg.): Gesellschaften im Umbruch. Verhandlungen des 27. Kongresses der Deutschen Gesellschaft für Soziologie. Frankfurt am Main und New York, im Druck

Hans Rudolf Leu

Selbständige Kinder - Ein schwieriges Thema für die Sozialisationsforschung

Kinder zu Selbständigkeit zu erziehen, ist ein Leitbild, das in den vergangenen Jahrzehnten enorm an Bedeutung gewonnen hat. Während Anfang der 50er Jahre 28 % der Bevölkerung in der Befähigung zu „Selbständigkeit und freiem Willen" ein vorrangiges Erziehungsziel sahen, hatte dieses Leitbild 40 Jahre später für zwei Drittel der Bundesbürger Priorität (vgl. Gensicke 1994). Auch wenn in der aktuellen Diskussion mit der Gewaltproblematik, den Individualisierungsdebatten, der Forderung von „Grenzen" oder der neuen Entdeckung von Veranlagungen zusätzlich andere Schwerpunkte in den Blick kommen, bleibt das Ziel, Kinder zu selbständigen Persönlichkeiten zu erziehen, zentral. Es hat eine Entsprechung in unserer pluralistischen Kultur: Wir legen Wert darauf, daß in Fragen persönlicher Überzeugungen und des Geschmacks keine Vorgaben im Sinne gesellschaftlicher, verbindlicher Normen gemacht werden. Jeder Mensch soll „nach seiner Façon selig werden", d.h. auch selbständig mit diesen Angeboten umgehen.

Daß diese Freisetzung der Individuen aus traditionellen Lebenszusammenhängen und Bindungen auch mit Verlusten verbunden sein kann und den damit gewonnenen Chancen auch neue Risiken gegenüberstehen, ist eine Kehrseite dieser Freiheit, die in zahllosen Diskussionen über Individualisierungsprozesse bereits vielfach dargestellt wurde. Untersuchungen dazu speziell mit Blick auf Kinder sind allerdings wesentlich seltener, finden sich aber z.B. in dem Sammelband von Preuss-Lausitz u.a. (1990). Die Einsicht in diesen ambivalenten Zusammenhang macht eine Diskussion darüber, was denn „Selbständigkeit" bedeuten kann, nicht überflüssig, sondern verdeutlicht eher ihre grundlegende Relevanz. Dementsprechend bedeutet die Zuspitzung dieses Themas auf „selbständige Kinder" nicht viel mehr als das Bemühen, die damit verbundenen Probleme etwas greifbarer und anschaulicher zu machen. Selbständigkeit und die Frage ihrer theoretischen Konzeptualisierung ist für alle Lebensabschnitte eine zentrale sozialisationstheoretische Frage.

Die folgenden Ausführungen sind in drei Abschnitte gegliedert. Zunächst wird anhand von Beispielen veranschaulicht, was Selbständigkeit bedeutet und welche unterschiedlichen Aspekte dabei zu beachten sind. Anschließend versuche ich zu verdeutlichen, was für die Sozialisationstheorie das „Schwierige" an diesem Thema ist, um abschließend ein Modell zu skizzieren, das eine neue Sicht auf einige der zuvor berichteten Schwierigkeiten der Sozialisationstheorie mit dem Begriff Selbständigkeit eröffnen soll.

Was sind „selbständige Kinder"?

Das viermonatige Kind, das sich seinen Schnuller selbst greifen kann, gilt als selbständiger als das gleichaltrige Kind, das mit Schreien die Mutter dazu bringt, ihm den Schnuller zu geben. Die Zehnjährige, die nach der Schule nach Hause geht, sich selbst ein Essen richtet und die Hausaufgaben macht, gilt als selbständiger als der gleichaltrige Junge, der sich mit einer Schokolade vor den Fernseher setzt und mit Essen und Hausaufgaben wartet, bis ein Elternteil nach Hause kommt.

Anhand dieser Beispiele sollen zwei Punkte verdeutlicht werden (vgl. dazu auch Rülcker 1990):

1. Je nach Alter, Geschlecht oder sozialem Kontext werden sehr unterschiedliche Verhaltensweisen und Fähigkeiten als Ausdruck von Selbständigkeit verstanden. Selbständigkeit stellt dabei einen in der Regel positiv bewerteten, normativen Bezugspunkt oder Beurteilungsmaßstab dar, in den soziale Normen einer „angemessenen" Bewältigung mehr oder weniger alltäglicher Aufgaben eingehen.

2. Dieser Maßstab hat einen „Innen-" und einen „Außenaspekt", die zu unterscheiden sind. Mit dem *„Außenaspekt"* tritt in den Blick, was Selbständigkeit aus der Sicht von Dritten, hier der Eltern, bedeutet. Dabei kann man annehmen, daß Eltern die Selbständigkeit ihres Kindes zum einen als *Entlastung* erleben: Sie brauchen den Schnuller nicht selber zu holen bzw. können mit besserem Gefühl am Mittag später oder überhaupt nicht nach Hause kommen, weil sie wissen, daß die Tochter etwas Vernünftiges ißt und ihre Schulpflichten nicht vernachlässigt. Zum anderen ist diese Selbständigkeit für sie vermutlich auch eine *Bestätigung* der eigenen „pädagogischen Potenz": Im Vergleich zu anderen Kindern ist ihres schon weiter (oder mindestens gleich weit) entwickelt. Bezugspunkt ist dabei letztlich ein erwachsener Mensch, der in der Lage ist, sich selbständig zu versorgen und zu behaupten.

Von diesem Außenaspekt zu unterscheiden ist ein *„Innenaspekt"*. Gemeint ist damit das, was Selbständigkeit für das betreffende Kind selbst bedeutet. Bei einem Kleinkind ist die Anwendung einer neu erworbenen Fähigkeit meist mit sehr positiven Gefühlen, mit „Beglückung" (Rülcker) verbunden. Deutlicher als beim Beispiel mit dem Schnuller ist das beim Stehen- oder Gehenlernen zu beobachten. In diesem Fall besteht also eine Übereinstimmung in der positiven Wertschätzung des „Innen-" und „Außenaspekts" dieser Tätigkeit. Hypothetisch könnte man aber auch annehmen, daß das Kind früh lernt, den Schnuller zu greifen, weil es den Kontakt zur erwachsenen Bezugsperson nicht schätzt oder umgekehrt, daß das „unselbständige" Kind deshalb schreit, um sich genau diesen Kontakt zu sichern, in dem Sinne also aus seiner Sicht durchaus auch selbständig ist.

Beim Beispiel aus der Altersgruppe der Zehnjährigen wird das Ganze noch komplizierter, weil unterschiedliche Randbedingungen für die individuelle Erfahrungsqualität und damit auch für das Erlebnis von Selbständigkeit eine wichtige Rolle spielen. So kann man sich z.B. vorstellen, daß die Mutter auf Dienstreise ist, der Vater im Krankenhaus liegt und die Tochter sich bereit erklärt hat, diese Ausnahmesituation „selbständig" zu bewältigen. Es ist ihr wichtig zu zeigen, daß sie das schon kann. Sie wird, wenn es ihr gelingt, dies positiv als eigene Selbständigkeit erfahren. Anders kann das sein, wenn diese Selbständigkeit an jedem normalen Wochentag gefordert ist und die Tochter weiß, daß sie Scherereien mit den Eltern bekommt, wenn sie nicht kocht, die Küche sauber hinterläßt und die Hausaufgaben macht. Die Übereinstimmung von Innen- und Außenaspekt ist in diesem Fall unsicher. Was Dritte positiv als Selbständigkeit wahrnehmen, bedeutet für das Mädchen vielleicht eher die schmerzliche Erfahrung von Alleingelassen-Werden.

Umgekehrt könnte es aus der Sicht des Sohnes Ausdruck von größerer Selbständigkeit sein, wenn er nicht kocht, keine Hausaufgaben macht und nur fernsieht; so etwa, wenn er sich eine Sendung anschaut, die „alle anderen" auch sehen, die „man" bzw. er gesehen haben muß, oder wenn es ihm wichtig ist, den Eltern zu vermitteln, daß er noch nicht bereit ist, seine Mittage allein zu Hause zu verbringen.

In diesem Sinne kann man als „selbständig" nur solche Aktivitäten bezeichnen, die nicht nur Dritten als selbständige Aufgabenbewältigung erscheinen, sondern auch von den Handelnden selbst als eine ihren Interessen oder Wertvorstellungen entsprechende Tätigkeit erfahren werden. Eine dementsprechende Vermittlung des „Innen-" und „Außenaspekts" ist ein wesentliches Merkmal selbständigen Handelns, wenn damit nicht nur formal die Bewältigung einer Aufgabe ohne fremde Hilfe gemeint sein soll.

Meine These ist, daß in diesem *Prozeß der Vermittlung von Innen- und Außenaspekt* das Kernproblem bzw. *der eigentliche Gegenstand von Sozialisationsforschung* liegt.[1] Aus einer sozialisationstheoretischen Perspektive ist entscheidend, daß die damit gekennzeichnete Entsprechung von außen wahrgenommener und subjektiv erlebter Selbständigkeit gelingt. Genau das macht die Verknüpfung von Vergesellschaftung und Individuation aus, die Verbindung einer Orientierung an gesellschaftlichen Anforderungen mit der Entfaltung einer individuellen Persönlichkeit.

---

[1] Vgl. auch Geulen 1980, S. 31: „Eine Position, die den Menschen als bedingten auffaßt, scheint nur um den Preis, ihn als Subjekt fallen zu lassen, eine Subjekttheorie nur um den Preis des Abstrahierens von realen Bedingungen möglich. *Die Überwindung dieses Widerspruchs ist ... auch heute das theoretische Kernproblem einer Sozialisationstheorie*" (Hervorh. H. R. L.).

Was ist für die Sozialisationstheorie das „Schwierige" an diesem Thema?

In diesem zweiten Teil soll gezeigt werden, weshalb Selbständigkeit mit der eben genannten Vermittlung einer Innen- mit einer Außenperspektive für die Sozialisationstheorie ein schwieriges Thema ist.[2] Ich versuche das zu verdeutlichen, indem ich ganz knapp unterschiedliche Modelle vorstelle, die in der Sozialisationsforschung zur Bewältigung dieser Problemstellung typischerweise herangezogen werden bzw. wurden.

Das historisch älteste Modell stellt den Außenaspekt, die gesellschaftlichen Erwartungen in den Mittelpunkt und versteht Sozialisation im wesentlichen als Formung von individuellen Wertvorstellungen und Handlungsorientierungen entsprechend gesellschaftlichen Vorgaben. Das entspricht auch der Definition von „socialize" im Oxford Dictionary of the English Language von 1828: Es steht dort für „to render social, to make fit for living in society" (Clausen 1973[4], S. 21). Eine solche Akzentsetzung, die zum Teil bis heute vertreten wird, besonders in den USA (vgl. den Beitrag von Zinnecker in diesem Band), hatte Parsons in seinem Buch „The Structure of Social Action" bereits 1937 hinter sich gelassen. Wir finden dort eine bemerkenswert scharfe Formulierung des theoretischen Problems, die Wechselwirkung zwischen Individuum und Umwelt zu analysieren, ohne das eine auf das andere zu reduzieren, wo er seinen „voluntaristischen" Ansatz in Abgrenzung zu einer „positivistischen" Handlungstheorie auf der einen Seite und zu einer „idealistischen" auf der anderen Seite entwirft.

„Positivistisch" nennt Parsons eine Handlungstheorie, wenn sie, implizit oder explizit, wissenschaftlich gültige empirische Kenntnisse als einzige theoretisch bedeutsame Grundlage der Orientierung in der Handlungssituation betrachtet und damit ein darüber hinausgehender, alternativer Bezugspunkt („selective standard") für die Wahl zwischen verschiedenen Möglichkeiten fehlt. Unter diesen Bedingungen wird Handeln zu einem Prozeß rationaler Anpassung an Umweltbedingungen. *„Idealistisch"* ist demgegenüber eine Handlungstheorie, in der diese Umweltbedingungen weitgehend fehlen und Handeln als Prozeß von „emanation or self-expression of ideal or normative factors" (a.a.O., S. 82) verstanden wird. Raumzeitliche Phänomene werden unter dieser Perspektive nur als symbolische Ausdrucksformen oder „Bedeutungsverkörperungen" („embodiments of meanings") beachtet. Wissenschaftlich fundierte Sachkenntnisse werden für die subjektive Handlungsorientierung irrelevant. Mit seiner *„voluntaristischen"* Handlungstheorie bemüht sich Parsons um einen Weg zwi-

---

[2] Die Vermittlung dieser Spannung wird in Sozialisationstheorien in der Regel nicht unter dem Begriff „Selbständigkeit" diskutiert. Viel verbreiteter sind Konzepte wie „Identität", „Subjekt" oder auch „Persönlichkeit". Der sozialisationstheoretisch zentrale Punkt, um den es bei diesen Konzepten geht, ist aber immer die erwähnte Vermittlung von Innen- und Außenaspekt, von Individuation und Vergesellschaftung.

schen diesen beiden Extremen. Dabei geht er davon aus, daß wissenschaftlich fundiertes, auf die objektiven Situationsbedingungen bezogenes Wissen für eine effektive Bewältigung von Handlungssituationen zwar wichtig ist, aber nicht ausreicht, wenn Handeln mehr als eine rationale Anpassung an die situativen Bedingungen sein soll. Um diesen Aspekt zu berücksichtigen, bezieht er „normative" Elemente ein. Damit bezeichnet er Aspekte oder Elemente von Handlungssystemen, die von den Handelnden erfahren werden als „an end in itself, regardless to its status as a means to any other end" (a.a.O., S. 75), die also grundlegend dafür sind, daß bestimmte Handlungen als wertvoll, wichtig, sinnstiftend erfahren werden. Sie bilden nach Parsons eine notwendige Voraussetzung selbständiger Aktivität; die Anwendung solcher normativer Standards oder Urteile durch den Handelnden gilt ihm als ein unerläßliches Kennzeichen freier, eigenständiger Tätigkeit (vgl. auch Alexander 1978).

In diesem Modell wird also die *Verbindung von Individuation und Vergesellschaftung über normative Standards oder Werte* hergestellt, die zugleich gesellschaftliche Bedeutung haben, aber auch für den Handelnden selber wichtig sind. Das ist der „Merkposten" aus diesem Ansatz, auf den ich im dritten Teil zurückkommen werde.

Das Problem bzw. die Schwäche dieses Ansatzes, die hier nicht ausführlich dargestellt werden kann, liegt darin, daß bei der theoretischen Aufbereitung der Wechselwirkungsprozesse zwischen Individuum und Umwelt, bei Parsons ausdifferenziert als Interdependenz von Organismus, Persönlichkeits-, sozialem und kulturellem System, die Seite des Individuums nicht angemessen zum Tragen kommt (vgl. dazu Geulen 1989, S. 155 ff.). Die Perspektive des handelnden Subjektes wird eingeengt als Aufbau systemfunktionaler Handlungsorientierungen thematisiert. Ganz im Sinne von Parsons' zentraler Fragestellung, wie ein gesellschaftliches Zusammenleben angesichts der Vielzahl und Unterschiedlichkeit von Individuen möglich sei, schlägt hier eine anpassungslastige Sicht durch. Die wechselseitige Beeinflussung, Wechselwirkung oder „Interpenetration" von Systemen folgt systemtheoretischen Gesetzmäßigkeiten, in denen die Prozesse der Strukturerhaltung, Integration, Zielerreichung und der Anpassung eine zentrale Rolle spielen (vgl. Schulze/Künzler 1991, S. 126 f.). Selbständigkeit oder „individuelle Autonomie" wird in diesem Rahmen zu einer rein formalen Kategorie: Sie wächst in dem Maße, in dem die Differenziertheit des Persönlichkeitssystems zunimmt, die ihrerseits mit der Differenziertheit von sozialem und kulturellem System verknüpft ist.

Im Gegensatz zu dieser auf Integration bezogenen Vorstellung und in Absetzung von Parsons wurden Modelle entwickelt, die die Möglichkeit (oder auch nur Wünschbarkeit) einer solchen „nahtlosen" Vereinbarung von individuellen und gesellschaftlichen Interessen, Orientierungen und Werten bestritten. In der Diskussion dieses Problems im deutschsprachigen Raum spielte die *Frankfurter Schule* eine wichtige Rolle. Ihre Vertreter wiesen immer wieder auf die alles durchdringende Härte des gesellschaftlich Allgemeinen gegenüber dem Besonderen der Individuen hin. Angesichts der von ihnen betonten Übermacht der gesellschaftlichen Verhältnisse erschien die Entwicklung einer eigenständigen Vorstellung von Subjektivität als harmonisierender Versuch einer „Scheinintegration der realen Zerrissenheit" (Adorno, vgl. Ottomeyer 1991, S. 159).[3] Konsequent wird denn auch der für diese subjektive Seite stehende Begriff des Charakters bei Adorno und Horkheimer (wie auch bei Reich) ausschließlich gesellschaftskritisch gefaßt als „ein System von Abwehrmechanismen und Widerständen im psychoanalytischen Sinn, ein System von seelischen Panzern und Vernarbungen. Als innerpsychischer Niederschlag gesellschaftlicher Disziplinierung und Unterdrückung ist er das 'Resultat einer Verdinglichung realer Erfahrung' (Adorno 1967, 97)" (a.a.O., S. 158 f.).

Soweit überhaupt möglich, kann sich Subjektivität unter diesen Bedingungen nur in Absetzung oder Entgegensetzung zu gesellschaftlichen Anforderungen entwickeln. Dementsprechend schreibt Adorno in seinem Text „Erziehung nach Auschwitz": „Was die Psychologie Über-Ich nennt, das Gewissen, wird ... durch äußere, unverbindliche, auswechselbare Autoritäten ersetzt, so wie man es nach dem Zusammenbruch des Dritten Reichs auch in Deutschland recht deutlich hat beobachten können. Gerade die Bereitschaft, mit der Macht es zu halten und äußerlich dem, was stärker ist, als Norm sich zu beugen, ist aber die Sinnesart der Quälgeister, die nicht mehr aufkommen soll. Deswegen ist die Empfehlung heteronomer Bindungen so fatal. Menschen, die sie mehr oder minder freiwillig annehmen, werden in so etwas wie permanenten Befehlsnotstand versetzt. Die einzig wahrhafte Kraft gegen das Prinzip von Auschwitz wäre Autonomie, wenn ich den Kantischen Ausdruck verwenden darf; die Kraft zur Reflexion, zur Selbstbestimmung, zum Nicht-Mitmachen" (Adorno 1967, S. 114 f.). Gerade der Verweis auf Kant macht dabei deutlich, daß diese „Kraft" über eine nur gedanklich reflektierende Distanz zur gesellschaftlichen Umwelt deutlich hinausgeht: Autonomie im Sinne von Kant bedeutet, auch von eigenen Neigungen, Gefühlen oder Zweckmäßigkeitsüberlegungen völlig abzusehen und gründet allein auf der Einsicht in eine allgemeine Vernunft (vgl. Rülcker 1990, S. 25). Von unserer Alltagspraxis und den damit verbundenen Erfahrungen und subjektiven und gesellschaftlichen Bedeutsamkeiten ist dieser Autonomiebegriff damit weit entfernt.

Eine produktive, sozialisationstheoretische Vermittlung von inneren und äußeren Aspekten ist in einem solchen Modell nicht zu entwickeln. Es fand denn auch nicht unmittelbar Eingang in die Sozialisationsforschung. Mittelbar hat es m.E. aber die Betonung der Notwendigkeit einer kritischen Sicht bzw. Distan-

---

[3] Ottomeyer weist m.E. zu Recht darauf hin, daß ein solches Verfahren einer rein negativen Bestimmung von Subjektivität über die Rekonstruktion ihrer gesellschaftlichen Deformation auch grundlegende Probleme aufwirft. „Der Gegenstand, auf den die Negation und Deformation sich richtet, bleibt in ein gewisses raunendes Dunkel und Tabu gehüllt, in welchem sich der bekämpfte 'Kult der Subjektivität' zu wiederholen droht. ..." (Ottomeyer 1991, S. 159).

zierung von gesellschaftlichen Vorgaben stark gefördert, die für die Sozialisationstheorie der 70er Jahre charakteristisch war. Ein Schlüsselbegriff wurde in diesem Kontext das Konzept *„Identität"*. Es wurde aus einer kritischen Revision der Rollentheorie entwickelt, die zeigt, daß eine schlichte Übernahme von Rollenerwartungen angesichts der kritisierten gesellschaftlichen Strukturen, sozialen Ungleichheiten und der Bedrohungen durch unkontrollierte (kapitalistische) Entwicklungen nicht nur nicht wünschenswert, sondern aufgrund der Verschiedenartigkeit und teilweisen Widersprüchlichkeit von Rollenerwartungen auch gar nicht möglich ist. Ein vordringliches Merkmal der Behauptung einer eigenen Identität besteht demzufolge darin, keinerlei äußeren Anforderungen unbedacht Folge zu leisten. Für die Sicherung von „Identität" konstitutive Fähigkeiten sind dementsprechend (nach Krappmann 1971):

– nicht die Rollenkonformität, sondern die *Rollendistanz,* d.h. die „Fähigkeit, sich über die Anforderungen von Rollen zu erheben, um auswählen, negieren, modifizieren und interpretieren zu können" (a.a.O., S. 133);

– nicht Rollenübernahme, sondern *Role-Taking und Empathie.* Damit wird betont, daß Rollenerwartungen nicht einfach zu übernehmen, sondern davor die Umstände der erwarteten Handlung zu prüfen sind, die Folgen für andere abgeschätzt und auch verbotene Handlungen in Erwägung gezogen werden sollen. Das alles, um der rigiden Befolgung eines konventionellen Gewissens vorzubeugen und Raum für ein humanistisches Gewissen zu schaffen, das die Berücksichtigung universeller moralischer Urteile erlaubt (vgl. a.a.O., S. 142);

– eine *„Ambiguitätstoleranz",* die Aushandlungsprozesse in Situationen erlaubt, in denen die eigenen und fremden Ansprüche nicht klar vorgegeben sind. Einerseits ist das Individuum für die Befriedigung seiner Bedürfnisse auf Interaktionen angewiesen, andererseits kann es angesichts divergierender Erwartungen der Interaktionspartner nicht erwarten, dabei „ganz auf seine Rechnung zu kommen". Diese Differenz nicht zu verdrängen, sondern wahrzunehmen und zu artikulieren, ist deshalb eine wichtige Voraussetzung der Wahrung von Identität (vgl. a.a.O., S. 150 f.);

– *„Identitätsdarstellung",* also die Präsentation der eigenen Identität mit Bezug auf zunächst übernommene Erwartungen und in Akzentuierung der eigenen Position und Interessen (vgl. a.a.O., S. 168 ff.).

Man kann diese Grundqualifikationen für die Behauptung von Identität mehr oder weniger als Umsetzung dessen lesen, was Adorno in seinem Essay „Erziehung nach Auschwitz" gefordert hat. Typisch ist eine ausgesprochen kritische, kognitiv-rationale und an universellen moralischen Maßstäben orientierte Bezugnahme auf die Umwelt. Man bewegt sich gewissermaßen in feindlichem Land und muß stets auf der Hut sein, um einerseits nicht falschen Erwartungen zu entsprechen, andererseits, um nicht übervorteilt zu werden.

Die Vielschichtigkeit der Bezüge zwischen Individuum und Umwelt und ihre auch positive Wertigkeit kommen bei diesem auf kognitive und moralische Reflexionen konzentrierten Konzept nur sehr begrenzt zum Tragen. Die Verwirklichung oder Behauptung von Identität ist im wesentlichen eine Bewußtseins- und eine Kommunikationsleistung (vgl. auch Frey/Haußer 1987). Als „Merkposten" aufzuheben ist aber die Forderung, daß die *Eigenständigkeit eines individuellen Standpunktes gegenüber der gesellschaftlichen Umwelt und gesellschaftlichen Anforderungen konzeptionell gesichert werden muß.*

Im Vergleich zu den bisher vorgestellten Modellen viel aktueller ist in der Sozialisationsforschung seit etlichen Jahren das Modell des *„produktiv realitätsverarbeitenden Subjekts".* Proklamiert wird damit „ein Modell der dialektischen Beziehungen zwischen Subjekt und gesellschaftlich vermittelter Realität, eines interdependenten Zusammenhangs von individueller und gesellschaftlicher Veränderung und Entwicklung. Dieses Modell stellt das menschliche Subjekt in einen sozialen und ökologischen Kontext, der subjektiv aufgenommen und verarbeitet wird, der in diesem Sinne also auf das Subjekt einwirkt, aber zugleich immer auch durch das Indivduum beeinflußt, verändert und gestaltet wird" (Hurrelmann 1983, S. 93). Dieses Subjekt steht im Schnittpunkt der großen Analyseeinheiten „Gesellschaft", „repräsentiert durch Sozial- und Wertstruktur und soziale und materielle Lebensbedingungen" und „Organismus/Psyche", in der „die organismusinternen psychischen Prozeßstrukturen, die körperlichen Grundmerkmale und die physiologischen Strukturen und Prozesse eines Menschen zusammengefaßt" sind (Hurrelmann/Ulich 1991, S. 9).

Ins Zentrum der Sozialisationsforschung tritt in dieser Perspektive die Entwicklung von Kompetenzen unterschiedlichster Art, die es dem Individuum erlauben, in „produktiver Weise"[4] diese Wechselwirkung mit der Umwelt zu gestalten (vgl. Hurrelmann 1986, S. 158 ff.). Analog zur Möglichkeit der Realisierung eigener Wertvorstellungen als Voraussetzung von Selbständigkeit bei Parsons ist hier dafür die Befriedigung von individuellen Interessen und Bedürfnissen zentral. „Einen optimalen Verlauf nimmt die Persönlichkeitsentwicklung, wenn in jeder Lebenssituation und in jeder aktuellen Handlungssituation ein Arrangement mit den Bedingungen der äußeren Realität möglich ist, das im Einklang mit den persönlichen Bedürfnissen und Interessen eines Menschen steht" (a.a.O., S. 159). So erscheinen diese Bedürfnisse und Interessen ohne weiteres als Konzept zur Sicherung einer angemessenen Berücksichtigung der Subjektseite. Daß solche Bedürfnisse ihrerseits stark durch gesellschaftliche Bedingungen geformt sind, wird ausgeblendet. Mit Blick auf die vorliegende Fragestellung reduzierter als Parsons' Modell ist dieser Ansatz auch insofern, als die Frage der subjektiven Bedeutsamkeit bestimmter Handlungsweisen, wie Parsons sie mit dem Konzept der normativen Elemente anspricht, ausbleibt. Ziel des Sozialisationsprozesses „ist die 'Optimierung' des Verhältnisses von

---

[4] Hurrelmann (1986, S. 64) weist ausdrücklich darauf hin, daß mit „produktiv" keine Bewertung verbunden sei, sondern lediglich auf das Prozeßgeschehen hingewiesen werde.

Anpassung an situative Bedingungen unter gleichzeitiger Berücksichtigung der persönlichen Bedürfnisse. Selbständig ist, wer sich behauptet und dabei nicht aneckt" (Leu 1990, S. 32). Es bleibt kein Ansatzpunkt, der systematisch die Formulierung auch kritischer Positionen gegenüber gesellschaftlichen Anforderungen ermöglichte. Spannungen zwischen Individuation und Vergesellschaftung erscheinen als Ausdruck mißlungener Sozialisation. Ihre Folgen, auffälliges oder abweichendes Verhalten, sind durch Beratung, Therapie und andere Formen der sozialen Kontrolle zu korrigieren (vgl. auch Nunner-Winkler 1988, S. 582 f.).

Naheliegend ist es, in diesem Rahmen das Ausmaß an Selbständigkeit formal an der Breite von Aktivitätsmöglichkeiten festzumachen, die Kindern oder Jugendlichen zur Verfügung stehen und zwischen denen sie wählen können. Ein Beispiel für eine solche Akzentuierung ist das Buch „Kinderleben" von du Bois-Reymond u.a. (1994), das sich mit „Modernisierung von Kindheit im interkulturellen Vergleich" befaßt. Ausgangspunkt dieser Studie ist u.a. die Vermutung, daß wichtige Modernitätsmerkmale des heutigen Lebens in Industriegesellschaften nicht nur die Erwachsenenwelt, sondern auch die Kinderwelt betreffen:

– Statt in traditionelle Subkulturen hineinzuwachsen, müßen Kinder „ihren Alltag selbst aktiv gestalten, indem sie kulturelle Praxiselemente aus einer (unübersichtlichen) Fülle auswählen und zu einer für sie möglichst zufriedenstellenden Lebensform verbinden...";

– sozial vorgegebene Lebensverlaufsmuster werden bereits im Kinderalter in selbst hergestellte Biographien transformiert, die privat und institutionell besonderer Abstimmung bedürfen;

– erforderlich ist ein selbstreflexiver Diskurs über Lebensziele und biographische Optionen, statt einem Folgen der von der Herkunftsfamilie nahegelegten normativen Pfade (a.a.O., S. 66).

Diese Beschreibung von Kinderleben weist für „moderne Kindheiten" einen gewachsenen Grad an *„Selbständigkeit"* aus. Um das zu belegen, wird das empirische Material, mit dem die „kinderkulturelle Praxis"[5] der Kinder untersucht wurde, vier unterschiedlich modernen Typen von Aktivitätsprofilen und von sozialen Beziehungsprofilen zugeordnet. In den Übersichten 1 und 2 habe ich die zentralen Aspekte der zwei Extremtypen „moderne Kinder" und „traditionales Kinderleben" stichwortartig zusammengefaßt.

Kern des Unterschiedes zwischen moderner und traditionaler Kindheit ist letztlich, daß moderne Kinder mit einem komplexeren Angebot an Aktivitäts- und

---

[5] Kinderkulturelle Praxis wird dabei verstanden als Art und Weise, wie Kinder die von ihnen erfahrenen Lebensprobleme lösen und wie sie soziale Beziehungen wahrnehmen und gestalten (vgl. a.a.O., S. 66 f.).

Beziehungsmöglichkeiten umgehen, d.h. ihre Wahlen und Entscheidungen aus einem breiteren Möglichkeitsspektrum treffen. Systematische Ansatzpunkte für eine kritische Betrachtung dieser modernen Anforderungen und ihrer Erfüllung gibt es nicht, lediglich den Hinweis, daß moderne Kinder belastbar sein müssen und gut in der Schule (vgl. a.a.O., S. 116).

Aber das sind ja durchaus wünschenswerte Eigenschaften. Zwar versuchen die Autoren, eine allzu einseitige Bewertung zu vermeiden. Ihre Fragerichtung, die Aufbereitung der Ergebnisse und die Bezeichnung der oberen Mittelschichtsozialisation als „modern" (bzw. „hochmodern") im Gegensatz zu den „teilmodernen" oder (noch) „traditionalen" Kindheitsformen weisen aber unübersehbar darauf hin, welches die wünschenswerte Lebensform ist: Es geht um Teilhabe an der „Moderne" und um die Überwindung der Beschränkungen traditionaler Milieus.

Auf diese Weise den Umgang mit umfangreichen Ressourcen als Ausdruck von Selbständigkeit zu verstehen, erscheint unbefriedigend[6] und läßt auch Fragen offen, die für die Interpretation der empirischen Ergebnisse wichtig sind. So ist beispielsweise nicht ohne weiteres klar, weshalb eine quartiersorientierte kindliche Spielkultur, für die die Eltern sich nicht weiter interessieren, generell weniger Raum für selbständiges Handeln bietet als die unter elterlicher Beratung ausgewählte Nutzung kinderkultureller Angebote.

Ähnlich unsicher erscheint, ob das Management vieler fester Termine Ausdruck größerer Selbständigkeit ist als eine nur wenig strukturierte Freizeit, oder ob das auf individuelle Wahlen gründende Beziehungsnetz wirklich größere Selbständigkeit fordert als die Auseinandersetzung mit den nachbarschaftlichen Kindergruppen (vgl. auch Herzberg 1992). Ohne die Bedeutung des in dieser Untersuchung erhobenen reichhaltigen und informativen dargestellten Materials zur Beschreibung heutigen Kinderlebens gering zu schätzen, machen diese Beispiele doch deutlich, daß ein Konzept von Selbständigkeit, das sich lediglich formal auf die Differenziertheit von Handlungs- und Beziehungsoptionen und deren Management bezieht, keine überzeugende Interpretation der empirischen Daten erlaubt.

---

[6] Daß an verschiedenen Stellen auf den wichtigen Einfluß der Eltern hingewiesen wird, zum einen in ihrer Rolle als Ratgeber und Karriereberater, zum anderen durch die durch die elterliche Familie gesicherten materiellen Ressourcen (vgl. du Bois-Reymond 1994, z.B. S. 116) und dadurch die „Selbständigkeit" der kinderkulturellen Praxis gerade der „modernen" Kinder erheblich relativiert wird, sei nur am Rande angemerkt.

Übersicht 1: Aktivitätsprofile „moderner" und „traditionaler" Kinder
(nach du Bois-Reymond u.a. 1994)

Aktivitätsprofil moderner Kinder	Aktivitäten im traditionalen Kinderleben
– viele feste Termine	– weniger feste Termine
– Vereinsorientierung; Nutzung kinderkultureller Angebote	– quartiersorientierte kindliche Spielkultur
– breites Aktivitätsspektrum	– weniger breites Aktivitätsspektrum
– „Aktivitätscocktail" mit Interessenschwerpunkt	– hohe Aktivität auf der Ebene informeller, in der Regel ungeplanter Aktivitäten und Interessen
– „Zeitmanagment" als wichtiges Lern- und Erfahrungsfeld; „intensive" Zeitnutzung; unterschiedlicher Rhythmus von Kinderzeit und Elternzeit	– intensive Zeitnutzung ist kein zentraler Wert; kaum Interesse der Eltern für die Freizeitbeschäftigung der Kinder, vorausgesetzt sie erledigen ihre Pflichten für Schule und Haushalt
– wenig Hilfe im Haushalt	– Mithilfe im Haushalt selbstverständlich

Vgl. a.a.O., S. 82 ff. und S. 103 ff.

Übersicht 2: Soziale Beziehungsmuster „moderner" und „traditionaler" Kinder
(nach du Bois-Reymond u.a. 1994)

Soziale Beziehungsprofile moderner Kinder	Soziale Netzwerke im traditionalen Kinderleben
– komplexe soziale Beziehungen mit fein abgestuftem sozialem Netzwerk, erfordert hohe soziale Kompetenz für erfolgreiches Beziehungsmanagement (wichtig für urbane Lebenswelt)	– stärker auf nachbarschaftsnahe Kindergruppen bezogen
– Zweierfreundschaft als Modell moderner Kinderbeziehungen	– stärker familienorientiert; Eltern sind weniger Ratgeber, Verhandlungspartner oder Laufbahnberater als Bezugsperson der Kinder für gemeinsame Aktivitäten
– sorgfältige Auswahl der sozialen Beziehungen; folgt herkunftsbedingten Kriterien; „Beraterfunktion" der Eltern bei der Freundeswahl	

Vgl. a.a.O., S. 95 ff. und S. 110 ff.

Grundstrukturen des Verhältnisses von Vergesellschaftung und Individuation im alltäglichen Handeln

Wie im vorangehenden Abschnitt dargestellt wurde, liegt eine zentrale Schwierigkeit sozialisationstheoretischer Ansätze mit dem Begriff „Selbständigkeit" darin, das individuelle Subjekt als zugleich gesellschaftlich geformt und individuell besonders zu konzeptualisieren, ohne das eine auf das andere zurückzuführen oder wichtige Aspekte zu vernachlässigen. Parsons' handlungstheoretischer Ansatz verdeutlicht die besondere Bedeutung „normativer Elemente", d.h. subjektiver Wertvorstellungen und Handlungsorientierungen. In der Entwicklung seines sozialisationstheoretischen Ansatzes ordnet Parsons diese Elemente letztlich aber gesellschaftlichen Anforderungen unter. Das Identitätskonzept macht auf die besondere Bedeutung einer kritischen Stellungnahme des Individuums zu Erwartungen und Interessen aufmerksam, die seitens der Gesellschaft an es herangetragen werden. Mit seinem im wesentlichen auf Bewußtseinsstrukturen reduzierten Subjektbegriff vermag dieses Konzept aber die Vielschichtigkeit und unterschiedliche Wertigkeit der Beziehungen zwischen Individuum und Umwelt nicht zu fassen. Das Konzept eines „produktiv realitätsverarbeitenden Subjekts" schließlich verspricht zwar eine gleichgewichtige Vermittlung beider Seiten, gibt aufgrund seiner rein formalen Struktur aber keine Ansatzpunkte, um Spannungen im Verhältnis von Individuation und Vergesellschaftung auch systematisch zu beachten und nicht nur als Ausdruck mißlungener Sozialisation zu verstehen.

Im folgenden versuche ich, Grundstrukturen für eine nicht-reduktionistische Sicht des Verhältnisses von Individuation und Vergesellschaftung vorzustellen. Dabei soll kein neues Konzept von Selbständigkeit auf der Ebene einer spezifischen Theorie formuliert werden. Vielmehr geht es darum, „vortheoretisch" die grundlegenden Dimensionen des Sachverhalts „Selbständigkeit in der Spannung zwischen Individuation und Vergesellschaftung" zu explizieren, für deren Analyse in späteren Schritten unterschiedliche Theorien in Betracht zu ziehen und miteinander zu kombinieren sind. Man kann dies als Versuch sehen, der Forderung von Geulen nachzukommen, den in sozialisationstheoretischen Arbeiten immer schon unterstellten Begriff vom sozialisierten Menschen zu explizieren (vgl. Geulen 1989, S. 9). Eine solche Begriffsexplikation soll u.a. einen Rahmen abgeben, um unterschiedliche Theorien systematisch aufeinander zu beziehen, statt sie in eklektizistischer Weise aneinanderzufügen (vgl. a.a.O., S. 137 f.). Ein besonderes Anliegen ist hier ein „ganzheitliches", sowohl Bewußtseinsleistungen als auch die Körperlichkeit beachtendes Verständnis des Subjekts[7]. Entsprechend den vorangegangenen Ausführungen gehören zu diesen Grundstrukturen die inhaltlichen Dimensionen der Alltagspraxis, die es dem

---

[7] Auf die Unterschiede zu Geulens Explikation des „handlungsfähigen Subjekts" als Theorie der subjektiven Bedingungen sozialen Handelns (vgl. Geulen 1989, S. 139) kann in diesem Beitrag nicht weiter eingegangen werden.

einzelnen ermöglichen, bestimmte Ereignisse oder Aktivitäten als befriedigend oder sinnhaft zu erfahren und sich dabei zumindest in Teilen auch an gesellschaftlich vermittelten Erwartungen und Wertvorstellungen zu orientieren. Das wird in den Abschnitten über die subjektive Bedeutsamkeit der Alltagspraxis und über „Anerkennung" als grundlegende Dimension von Sozialisationsprozessen behandelt. In einem dritten Abschnitt wird dann versucht, ausgehend von der „biographischen Situation" Kriterien für eine kritische, Selbständigkeit sichernde Einschätzung von Orientierungen und Wertvorstellungen zu entwickeln.

Die subjektive Bedeutsamkeit der Alltagspraxis

Das Verhältnis zwischen Individuum und Umwelt wird in der Sozialisationstheorie heute zumeist als „Wechselwirkung" verstanden. Thematisiert wird diese Wechselwirkung als Beziehung zwischen typischen räumlich-sozialen Umwelten und typischen individuellen Merkmalen oder Kompetenzen (vgl. z.B. Hurrelmann 1986, S. 102 ff.). Dominant ist die Frage, welche Umweltaspekte welche individuellen Kompetenzen oder Bewußtseinsstrukturen fördern oder ihre Entwicklung hindern, und umgekehrt, inwiefern individuelle Kompetenzen Umweltbedingungen bzw. -strukturen beeinflussen. In diesem Sinne wird die Wechselwirkung als zweiseitig gerichteter Prozeß gesehen, ohne daß zwischen den beiden Wirkungs*richtungen* Unterschiede gemacht werden.

Daß dies eine radikale Abstraktion von der subjektiven Bedeutsamkeit dieser „Wechselwirkung" darstellt, wird deutlich, wenn man sich klarmacht, daß dieser Prozeß letztlich nicht durch eine Interaktion abstrakter Konzepte (z.B. Rigidität von Einstellungen „in Wechselwirkung" mit Restriktivität von Sozialstrukturen) getragen oder realisiert wird, sondern einzig und allein durch die Alltagspraxis konkreter Individuen. Charakteristisch für diese Alltagspraxis ist, daß das Subjekt immer gleichzeitig einerseits sinnlich-rezeptiv Umweltgegebenheiten wahrnimmt und aufnimmt, andererseits aber auch auf die Umwelt einwirkt, „handelt" und dabei gleichzeitig auch immer auf der Ebene von mentalen Prozessen aktiv ist. In diesen drei Aneignungsformen bezieht sich das Individuum in unterschiedlicher Weise und mit unterschiedlicher Bedeutung auf seine Umwelt. Das soll im folgenden kurz erläutert werden, wobei sich auch zeigt, daß es bezüglich der raumzeitlichen Gebundenheit von Gegenstand und Effekt der Aneignungstätigkeit zwischen den drei Aneignungsformen systematische Unterschiede gibt.[8]

Unter dem Blickwinkel einer *„praktisch handelnden Aneignung"* geht es um die Beeinflussung oder Gestaltung der Umwelt, die abhängt sowohl von den

---

[8] Dieser Ausdifferenzierung von drei Aneignungsformen liegt eine kritische Auseinandersetzung mit der Relevanztheorie von Alfred Schütz zugrunde; vgl. Leu 1985, S. 241 ff.

Mitteln und Fertigkeiten, die der einzelne zur Verfügung hat, als auch von der natürlichen Beschaffenheit des Aneignungsgegenstandes und seiner Einbindung in gesellschaftliche Machtverhältnisse und Herrschaftsstrukturen. Der Aneignungsgegenstand ist hier immer an die gegenwärtige Situation gebunden. Gestaltet werden kann nur, was hier und jetzt vorhanden ist. Der Aneignungseffekt hingegen ist in der Regel situationsüberdauernd und kann auch vom handelnden Subjekt „abgelöst" werden. Die subjektive Bedeutung bzw. der Sinn dieser Aneignungsform liegt in der *Beeinflussung* bzw. *Gestaltung* von Umweltgegebenheiten oder Personen nach eigenen Wertvorstellungen oder Präferenzen.

In der Perspektive der *„mentalen Aneignung"* wird das Verstehen und Erinnern von Zusammenhängen thematisch. Da es hier nicht um eine konkrete Einwirkung auf Umweltgegebenheiten geht, können auch Erfahrungen, Vorstellungen oder Probleme aus der Vergangenheit, der Zukunft oder der Phantasie, die sich das Subjekt in symbolisch-mentaler Form „vergegenwärtigt", Aneignungsgegenstand sein. Der Aneignungseffekt ist an das Subjekt bzw. sein Bewußtsein gebunden und ist potentiell situationsüberdauernd. Diese Aneignungsform erlaubt es dem Subjekt, die jeweils aktuelle Situation in einen weiteren, Vergangenheit und Zukunft umfassenden Rahmen zu stellen. Ihre subjektive Bedeutsamkeit oder ihren Sinn kann man grob als *Verstehen* von Zusammenhängen kennzeichnen.

Grundlegend für die *„sinnlich-rezeptive Aneignung"* ist das, was das Subjekt in seiner je gegenwärtigen Situation konkret sinnlich erfahren und aufnehmen kann bzw. muß. Aneignungsgegenstand und Aneignungseffekt sind bei dieser Form an die gegenwärtige Situation gebunden: Ich kann beispielsweise nur hören, was hier und jetzt gesprochen wird, und wenn es verklungen ist, kann ich es nur noch erinnern, d.h. mir mental aneignen. Die subjektive Bedeutung oder der Sinn dieser Aneignungsform liegt in der „erdauerten" Erfahrung von Annehmlichkeiten oder Belastungen, im *Genießen* oder *Erleiden*. Beispiele für diese Aneignungstätigkeit sind das Hören von Musik oder die Wahrnehmung von Geräuschen bzw. von Lärm.

„Was das Verhältnis der drei Aneignungsformen zueinander betrifft, ist hervorzuheben, daß sie vom Subjekt notwendigerweise immer zugleich vollzogen werden. Genauso, wie es keine Möglichkeit gibt, sich im Alltag nicht zu verhalten, jegliche Beeinflussung der Umwelt auszuschließen, gibt es auch keine Möglichkeit, die Umwelt nicht sinnlich konkret zu erfahren, und auch keine Möglichkeit, in wachem Zustand Prozesse der gedanklichen Vorstellung und Verarbeitung auszuschalten. Dabei steht je nach Situation jeweils die eine oder andere Aneignungsform im Vordergrund und haben die anderen beiden Aneignungsformen eine unterstützende Funktion oder werden beiläufig vollzogen - je nachdem, ob es in der jeweiligen Situation charakteristischerweise darum geht, etwas zu bewirken, etwas zu bedenken, zu verstehen oder etwas wahrzunehmen, oder, besser vielleicht, aufzunehmen" (Leu 1989, S. 45).

Übersicht 3: Ausdifferenzierung der Wechselwirkung zwischen Individuum und Umwelt in drei raumzeitlich unterschiedlich strukturierte Aneignungsformen

	praktische Aneignung	mentale Aneignung	sinnlich-rezeptive Aneignung
raumzeitliche Gebundenheit von *Aneignungsgegenstand*	Aneignungsgegenstand an die gegenwärtige Situation gebunden	Aneignungsgegenstand relativ unabhängig von Raum und Zeit	Aneignungsgegenstand an die gegenwärtige Situation gebunden
und *Aneignungseffekt*	Aneignungseffekt potentiell situationsüberdauernd und vom Subjekt ablösbar	Aneignungseffekt mental an das Subjekt gebunden; potentiell situationsüberdauernd	Aneignungseffekt an die Situation, die aktuelle Erfahrung gebunden
subjektive Bedeutsamkeit	Beeinflussung und Gestaltung der stofflichen und sozialen Umwelt	Vorstellung bzw. Verstehen von vergangenen, gegenwärtigen oder zukünftigen Gegebenheiten und Zusammenhängen	Genießen/ Erleiden

Eine Sozialisationstheorie, die die Tatsache anerkennt, daß Sozialisationsprozesse nur durch die Alltagspraxis konkreter Subjekte hindurch realisiert werden, muß diesen Bedeutungsdifferenzen Rechnung tragen. Sie darf den Wechselwirkungsprozeß nicht undifferenziert als Interaktion zwischen theoretischen Konstrukten behandeln. Nur wenn beachtet wird, welche Formen und Inhalte des Handelns, der sinnlichen Rezeption und der verstehenden Deutung von Sachverhalten den Kindern in ihrem Alltag Bedeutung und Sinn vermitteln, kann etwas darüber ausgesagt werden, inwiefern sie in ihrem alltäglichen Handeln eigenen Zielsetzungen und Wertvorstellungen folgen und in diesem Sinne selbständig handeln.

Mit Blick auf die Analyse kindlicher Alltagspraxis ergibt sich daraus das Desiderat, über eine Auflistung abgefragter oder beobachteter Tätigkeiten hinaus jeweils auch deren Bedeutsamkeit für die Kinder zu ermitteln, festzustellen, inwiefern sie mit bestimmten Tätigkeiten in besonderer Weise „Sinn" verbinden, sich mit bestimmten Aneignungsformen und -effekten in besonderer Weise identifizieren und daraus Selbstbewußtsein beziehen. Auch wenn das methodisch nicht einfach zu bewerkstelligen ist, meine ich, daß man erst nach einer solchen vertiefenden Rekonstruktion von verhaltensbezogenen Daten davon sprechen kann, etwas über die Kinder*kultur* auszusagen. Die Frage nach der *subjektkonstitutiven Bedeutung* unterschiedlicher Formen und Inhalte des Gestaltens, Genießens und Verstehens in der Alltagspraxis benennt darüber hinaus zentrale Dimensionen für eine differenzierte Betrachtung der Unterschiede zwischen Mädchen und Jungen, zwischen Angehörigen unterschiedlicher Altersgruppen oder unterschiedlicher sozialer Milieus. Dabei steht die von den Individuen erfahrene Bedeutung ihrer Alltagspraxis im Mittelpunkt, im Unterschied zu einer entwicklungstheoretischen Betrachtung, bei der nur bestimmte, durch die Theorie festgelegte Aspekte dieser Alltagspraxis interessieren und an einem von subjektiven Bedeutungen weitgehend abstrahierenden Maßstab gemessen werden.

„Anerkennung" als grundlegende Dimension von Sozialisationsprozessen

Der Sozialisationseffekt einer bestimmten Alltagspraxis liegt zunächst darin, daß das Individuum in ihrem Vollzug bestimmte Fertigkeiten und Kompetenzen (nicht) erwirbt oder ausbildet. Dieser sozialisatorisch zweifellos wichtige Aspekt reicht aber gerade nicht aus, wenn es darum geht, in einem umfassenderen Sinne die Genese des individuellen Selbst und die mit ihm verknüpften Handlungsorientierungen und Wertvorstellungen zu erfassen. Von zentraler Bedeutung ist hierfür die Anerkennung, die jemand in seiner alltäglichen Existenz durch andere erfährt. Wie G. H. Mead dargestellt hat, ist eine solche „Spiegelung" des eigenen Verhaltens und der eigenen Erscheinung in der Wahrnehmung der anderen grundlegend für die Entwicklung einer eigenen Persönlichkeit und für ein stabiles Selbstbewußtsein. Dabei sind verschiedene Formen von Anerkennung zu unterscheiden, die mit Bezug auf Honneth (1992) hier nur ganz kurz angesprochen werden können.

Die erste von Kindern erfahrene Form der Anerkennung ist die *emotionale Zuwendung* oder *Liebe,* die immer auf ganz konkrete Personen bezogen ist und in der die Subjekte sich wechselseitig in ihrer konkreten Bedürfnisstruktur bestätigen. Ohne die lebenslange Bedeutung dieser Form der Anerkennung in Frage zu stellen, sei darauf hingewiesen, daß wir aus der Kleinkindforschung wissen, daß sie in den ersten Lebensjahren von ganz besonderer Bedeutung ist, wenn es um die Grundlegung eines stabilen *Selbstvertrauens* oder „Urvertrauens" geht. Eine zweite, bei Honneth aus der historischen Entwicklung von *Rechtsverhältnissen* hergeleitete Form der Anerkennung besteht darin, daß jedes Individuum von anderen als prinzipiell gleichberechtigte Person anerkannt wird, die in der Lage ist, autonom aus vernünftiger Einsicht zu handeln (vgl. a.a.O., S. 190). Diese Erfahrung „kognitiver Achtung" durch andere findet ihre Entsprechung in der Persönlichkeit als *Selbstachtung.* Als dritte Form der Anerkennung nennt Honneth schließlich die *„soziale Wertschätzung".* Sie erlaubt es dem Individuum, sich über die Erfahrung affektiver Zuwendung und rechtlicher Anerkennung hinaus auf konkrete eigene Eigenschaften und Fähigkeiten bzw. Tätigkeiten und Leistungen positiv zu beziehen. Diese Wertschätzung erwächst daraus, daß das Individuum sich als fähig erfährt, zur Verwirklichung bestimmter Zielvorgaben, die es mit „Bezugspersonen" teilt, beizutragen. Diese Erfahrung entspricht einer „solidarischen" Beziehungsform, in der die Subjekte wechselseitig an ihren unterschiedlichen Lebenswegen teilnehmen und sich wechselseitig („auf symmetrische Weise") wertschätzen (vgl. a.a.O., S. 208). Ihren Niederschlag in der Persönlichkeit findet diese Wertschätzung als *Selbstschätzung* bzw. *Selbstwertgefühl.*

Diese Formen der Anerkennung bestätigen das Individuum in seiner Besonderheit und bilden zugleich eine unabdingbare Voraussetzung für gesellschaftliches Leben. In diesem Sinne machen sie den Kern des Verhältnisses von Individuation und Vergesellschaftung aus.[9] Ein solches Verwiesensein auf Anerkennung ist nicht zu verwechseln mit opportunistischem Beifall-Heischen. Das belegen auch zahlreiche empirische Untersuchungen, aus denen wir wissen, daß es gerade in diesem Sinne „positive" Umwelterfahrungen (affektive Zuwendung, Achtung und Wertschätzung) sind, die Subjekte am ehesten zu einer kritisch-reflektierten Umgangsweise mit sozialen Rahmenbedingungen und gesellschaftlichen Anforderungen befähigen.

Die biographische Struktur des Sozialisationsprozesses als Ausgangspunkt für eine kritische Reflexion von Handlungsorientierungen und Wertvorstellungen

Bisher wurde die alltagspraktische und sozialisatorische Bedeutung von Tätigkeiten in ihrer Gebundenheit an die aktuelle Gegenwart erörtert. Unter sozialisationstheoretischer Perspektive wichtig ist aber auch die Einbettung dieser Tätigkeiten in die gesamte Biographie des Individuums, weil davon auszugehen ist, daß die Entwicklung bestimmter Handlungs- und Wertorientierungen und die für ihre Realisierung wichtigen Fertigkeiten und Strategien im Verlauf vieler Situationen ausgebildet werden. In Abbildung 1 ist diese biographische Struktur des Sozialisationsprozesses schematisch dargestellt, wobei auch auf Konzepte von Alfred Schütz zurückgegriffen wird (vgl. Leu 1985, S. 231 ff.).

Jede Tätigkeit ist unumgänglich an die „biographische Situation" des Menschen gebunden, die ihrerseits eingebettet und abhängig ist von gesellschaftlichen und individuellen Bedingungen. Nur im Rahmen dieser räumlich, zeitlich und sozial gegliederten, an die aktuelle Gegenwart gebundenen Situation kann jemand tätig sein. Wie dargestellt, liegt die alltagspraktische Bedeutung dieser Tätigkeit

---

[9] Vgl. Honneth (1992, S. 148), der den gemeinsamen gesellschaftstheoretischen Ausgangspunkt von Hegel und Mead in folgender Formulierung zusammenfaßt: „... die Reproduktion des gesellschaftlichen Lebens vollzieht sich unter dem Imperativ einer reziproken Anerkennung, weil die Subjekte zu einem praktischen Selbstverständnis nur gelangen können, wenn sie sich aus der normativen Perspektive ihrer Interaktionspartner als deren soziale Adresssaten zu begreifen lernen."

in den Dimensionen des Gestaltens, Genießens und Verstehens, die sozialisatorisch-subjektkonstitutive Bedeutung in den damit verbundenen Formen der Anerkennung.

Diese biographische Situation hat ihre *Geschichte* in der ganzen Abfolge vorangegangener, vom Individuum bereits durchlebter Situationen, die den „ehemaligen Bereich innerhalb der Reichweite" darstellen. Mit Blick auf Selbständigkeit erscheint diese Vergangenheit aus der Sozialisationsperspektive vor allem interessant als Raum der Entstehung von Selbstbewußtsein aufgrund erfahrener Anerkennung einerseits, andererseits als Raum der Entstehung und Entwicklung bestimmter Wertvorstellungen und Präferenzen, in denen das Individuum die für seine gegenwärtige Tätigkeit entscheidenden Wertvorstellungen entwickelt hat und in denen es sich als *„verwurzelt"* erlebt. Darin liegt auch ein wesentlicher Aspekt der subjektiven Bedeutsamkeit der *Vergangenheit*.

Abbildung 1: Biographische Struktur des Sozialisationsprozesses

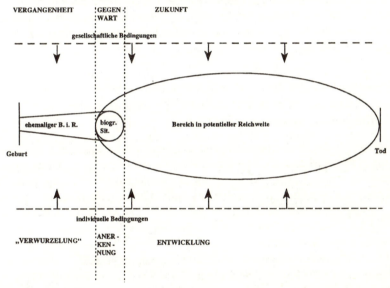

Entscheidend für die Erfahrung von Selbständigkeit mit Blick auf die *Zukunft* ist, daß in ihr das eigene Tun nicht unnötig festgelegt wird, sondern Raum eröffnet für befriedigende, sinnhafte Aktivitäten und die Realisierung wichtiger Wertvorstellungen, ohne dabei die Möglichkeit von deren Modifikation oder Veränderung auszuschließen, falls das Individuum mit den bisher verfolgten Zielen nicht mehr zurechtkommt und damit keinen Sinn mehr verbinden kann. So setzt Selbständigkeit in dieser Dimension die Möglichkeit zur *Entwicklung* voraus. Dabei macht die schematische Darstellung der biographischen Dimension deutlich, daß diese Entwicklung nicht ein linearer Prozeß ist, der kontinuierlich zur Erweiterung von Handlungsräumen und Steigerung von Kompetenzen führt, sondern daß dieser Prozeß im Alter auch mit wachsenden Einschränkungen verbunden ist und mit dem Tod endet (siehe Abbildung 1).

Aus dieser biographischen Struktur lassen sich auch systematische Hinweise darauf gewinnen, was zu beachten ist, um das Verhältnis von Individuation und Vergesellschaftung auch bei „gelungener" Sozialisation nicht harmonistisch im Erwerb übereinstimmender Handlungsorientierungen aufgehen zu lassen, sondern systematisch als Spannungsverhältnis zu sehen. Die eine, die Gemeinsamkeit betonende Seite dieser Spannung kann man in den oben genannten Anerkennungsmodi der Zuneigung, Gleichberechtigung und gemeinsamen Wertorientierungen sehen. Ihnen ist als andere, die Unterschiedlichkeit bezeichnende Seite entgegenzuhalten, daß jeder Mensch sich raumzeitlich und biographisch gesehen notwendigerweise immer in einer einzigartigen Situation befindet, die Teil seines individuellen Lebenslaufs ist. Um den *„Selbständigkeitsgehalt"* von *Wert- und Handlungsorientierungen* aus einer subjektorientierten Perspektive zu bestimmen, ist, so meine These, die Frage entscheidend, *inwiefern in ihnen diese Besonderheit beachtet und die Bedingtheiten und Begrenzungen der eigenen Alltagspraxis „aufgehoben" werden (können)*. Dabei sind vier Dimensionen zu unterscheiden:

– Auf einer *individuellen* Ebene stellt sich die Frage, wie das Individuum mit der Menge von Tätigkeits*möglichkeiten,* mit denen es sich in seinem Alltag konfrontiert sieht, umgeht und daraus seine zwangsläufig begrenztere *Wirklichkeit* konstruiert. Die aktuelle Diskussion zur Theorie der Moralentwicklung (vgl. z.B. Nunner-Winkler 1993) oder die Interessentheorie von Schiefele u.a. (vgl. z.B. Schiefele 1986) zeigen, daß die Konzentration auf ausgewählte Sachverhalte oder Werte und die vertiefte Beschäftigung bzw. Identifikation damit im Sinne einer „Selbstbindung" oder „-verpflichtung" eine grundlegende Voraussetzung für die Entwicklung von selbständiger Urteilsfähigkeit sind.

– Die gewissermaßen *soziale* Dimension solcher Orientierungen liegt in der Wertschätzung durch andere, die erfahren wird, wenn jemand gemeinsame Werte achtet und sich an ihnen orientiert, wie bereits ausgeführt wurde. Ein wichtiger Ansatzpunkt für eine kritische Prüfung ist hier, ob die soziale Anerkennung sichernden Orientierungen Raum lassen für die Tatsache, daß bei aller Gemeinsamkeit letztlich jede und jeder ein besonderes und eigenverantwortliches Subjekt ist, oder ob in ihnen mit Forderungen zu mehr oder weniger bedingungsloser Einordnung genau diese Differenz verwischt wird.

– Eine dritte Dimension betrifft die Reflexion der individuellen und vor allem auch gesellschaftlichen Bedingtheiten bzw. Begrenzungen des „Bereichs in potentieller Reichweite", zu dem jemand sowohl aktuell als auch in seiner Lebenslaufperspektive Zugang hat. Ein Zeichen von Selbständigkeit ist es hier, wenn das Individuum in der Lage ist, diese Begrenzungen und ihre Ursachen zu verstehen und im Sinne eigener Wertvorstellungen erforderlichenfalls zu verändern. Welche Grenzen es für sich und für andere anstrebt, ist eine Frage vor allem politischer Wertvorstellungen. Ein traditionelles Thema in diesem Zusammenhang ist der Abbau gesellschaftlicher Ungleichheiten in der Verteilung von Einfluß und Zugang zu kulturellen und materiellen Gütern. Ein vergleichsweise neues Thema von wachsender Bedeutung in diesem Komplex sind ökologische und ethische Probleme, Fragen danach, inwiefern technisch realisierbare oder erschließbare Möglichkeitsräume eingeschränkt werden sollen, um bestimmte Werte bzw. eine bestimmte Qualität der Umwelt zu sichern.

– Und schließlich gibt es eine *existenzielle* Grenze individueller Handlungsmöglichkeiten, die nicht überschritten werden kann. Unabhängig von Gesellschaft und Kultur ist das die mit dem Tod gesetzte Grenze. Aber auch diesseits des Todes gibt es Lebensräume, Handlungsmöglichkeiten oder Erfahrungen, die einem Individuum entgegen dringenden Wünschen grundsätzlich verschlossen bleiben können. Ein alltägliches Beispiel dafür sind Krankheiten oder Behinderungen, die viele positive Erfahrungsmöglichkeiten ausschließen und massive Beeinträchtigungen an Lebensqualität bedeuten können. Auch die Bewältigung solcher Begrenzungen ist im Zusammenhang mit den vom Subjekt verfolgten Wert- und Handlungsorientierungen zu sehen, in Zusammenhang mit dem, womit es sich identifiziert. Mit Blick auf Selbständigkeit wären hierfür relevante weltanschauliche bzw. religiöse Orientierungen daraufhin zu prüfen, inwiefern sie Bezüge zwischen der lebenszeitlich gebundenen Aneignungstätigkeit des Individuums und überdauernden Wertvorstellungen herzustellen vermögen, ohne die Bedeutsamkeit der individuell besonderen Existenz und des individuellen Erlebens abzuwerten oder zu negieren.

Den im vorgestellten Modell explizierten Grundstrukturen des (Spannungs-)Verhältnisses von Individuation und Vergesellschaftung liegt als normatives Konzept eine Vorstellung von „Selbständigkeit" zugrunde, die einem Individuum zukommt, das in der Lage ist, die Besonderheit und Bedingt- bzw. Begrenztheit seiner biographischen und gesellschaftlichen Situation zu reflektieren und in seinem Handeln zu bearbeiten, das aber auch seine Sinnlichkeit und Phantasie entfaltet und das dies alles in seinen Wertvorstellungen aufzuheben vermag. Entsprechend seinem Charakter als vortheoretische Begriffsexplikation sagt das Modell in dieser Allgemeinheit noch nichts darüber aus, unter welchen Bedingungen und bei welchen Inhalten sich eine solche Form von Selbständigkeit mit größerer oder geringerer Wahrscheinlichkeit ausbildet. Es stellt vielmehr einen Bezugsrahmen dar, der grundlegende *gesellschaftliche und individuelle Dimensionen des Sozialisationsprozesses*[10] in ihrem Zusammenhang

---

[10] Diese doppelte Bezogenheit gilt sowohl für das Konzept Aneignung, dessen unterschiedliche Aspekte von Honneth (1992) in einer historisch-gesellschaftstheoretischen Argumentation entfaltet werden, als auch für die „biographische Situation": Ihre Einbettung in den gesellschaftlichen Kontext ist nur mittels *gesellschaftstheoretischer* Ansätze zu analysieren; die darin vom Subjekt realisierten Fähigkeiten und er-

deutlich macht und so dazu beitragen soll, vorliegende theoretische und empirische Arbeiten kritisch einzuordnen, sozialisationstheoretische Fragestellungen systematisch weiterzuentwickeln und dabei gerade die Vielfalt und Unterschiedlichkeit subjektiver Bedeutungen des Alltagslebens nach Lebensaltern, Geschlechtern und Bevölkerungsgruppen bzw. Subkulturen zu beachten. Über solche unmittelbar auf die Sozialisationstheorie bezogene Aufgaben hinaus ergeben sich aus diesem Modell aber auch Konsequenzen für das Verhältnis der Sozialisationsforschung zu angrenzenden Forschungsbereichen, wie abschließend an zwei Beispielen dargestellt werden soll.

Anmerkungen zum Verhältnis der Sozialisationsforschung zur Kindheits- und Bildungsforschung

Von einigen Vertreterinnen und Vertretern der *Kindheitsforschung* wird der Sozialisationstheorie vorgeworfen, daß sie mit Entwicklungsvorstellungen operiere, die Kindheit und Kindsein nur als Durchgangsstadium zur eigentlich wichtigen Erwachsenenwelt deuten und daß sie deshalb die Bedeutung von Kindheit als Lebensphase von eigenem Gewicht und eigener Bedeutung nicht angemessen wahrnehme. Diese Kritik ist in dem Maße berechtigt, in dem die Sozialisationsforschung ihre Fragestellung allein aus theoretischen Konzepten gewinnt und die Lebenswelt der Kinder aus den Augen verliert. Ob allerdings ein angestrengtes Bemühen, Kinder sozusagen „pur" zu erforschen und jeden Einfluß von Erwachsenen soweit wie möglich zu reduzieren oder nicht zur Kenntnis zu nehmen, der richtige Weg ist, dieser Mißachtung von Kindheit abzuhelfen, scheint mir fraglich. Es widerspricht zumindest auch unserer Alltagserfahrung, in der wir immer wieder feststellen, daß Kinder auf Erwachsene verwiesen und von ihnen abhängig sind, was, wenn auch mit anderen Akzenten und Gewichten, umgekehrt auch für Erwachsene mit Blick auf Kinder gilt.

Das dargestellte Modell bietet Ansatzpunkte für eine fruchtbare Vermittlung dieser beiden gegensätzlichen Positionen. In ihm wird Kindheit als dem Erwachsensein gleichberechtigte Lebensphase anerkannt, und zwar aufgrund folgender zwei Grundzüge: Erstens aufgrund der Tatsache, daß die subjektive Bedeutsamkeit der unterschiedlichen Formen der Umweltaneignung (Gestalten, Verstehen, Genießen) ein zentraler Forschungsgegenstand ist. Wie bei allen anderen Altersgruppen richtet sich damit auch bei Kindern das Interesse darauf, wie sie selbst ihre Tätigkeiten erfahren und welche Bedeutungen und welchen Sinn sie damit verbinden. Damit wird ihre Konstruktion der Lebenswelt im Vollzug der Alltagspraxis genauso ernst genommen wie die der Erwachsenen. Diese Alltagspraxis ist zu jedem Zeitpunkt und in jedem Alter der „gültige" Lebensvollzug. Daß es von der Sache her verfehlt ist, einen mehr oder minder fik-

---

fahrenen Bedeutungen erfordern andererseits die Beiziehung *subjektbezogener* Theorien.

tiven Erwachsenenstatus zum zentralen Bezugspunkt gelungener Individuation zu machen, wird zweitens durch den Einbezug der ganzen Biographie, von der Geburt bis zum Tod, verdeutlicht. Mit dem Erreichen des Erwachsenenalters tritt das Individuum nicht in ein quasi zeitloses Stadium voll entfalteter Kompetenzen ein, sondern geht im weiteren Fortlauf seiner Biographie auf Abbauprozesse zu, an deren Ende der Tod steht. Entgegen linearen Entwicklungstheorien gliedert sich der Lebensverlauf in „auf-" und „absteigende" Phasen, die alle ihre besondere Bedeutung und Berechtigung haben und in denen die Realisierung von Selbständigkeit jeweils auch unterschiedliche Voraussetzungen hat.

Daß Kindsein in diesem Sinne genau wie alle anderen Lebensalter seine Berechtigung aus sich heraus hat und nicht angemessen als Durchgangsstadium zum „eigentlichen Leben" begriffen werden kann, bedeutet allerdings nicht, daß man dem Verständnis dieser Lebensphase besonders nahe kommt, wenn man Entwicklungsprozesse oder die vielfältigen Verknüpfungen des Kindseins mit der Erwachsenenwelt ignoriert oder ausblendet. Vielmehr geht es darum, zur Kenntnis zu nehmen, daß der Tätigkeitsrahmen von Kindern, ihr „Bereich innerhalb der Reichweite", ähnlich wie auch der von alten Leuten, in der Regel eingeschränkter ist als der von durchschnittlichen Erwachsenen, wobei es hier je nach Alter große Unterschiede gibt. Diese Beschränkungen haben zum einen gesellschaftliche, zum anderen aber auch individuelle Gründe, zu deren Verständnis entwicklungstheoretische Konzepte Wichtiges beitragen können.

Über solche Unterschiede in der Reichweite der Alltagspraxis hinaus geht das vorgestellte Modell auch davon aus, daß selbständiges Handeln Voraussetzungen hat, die wesentlich in sozialer Anerkennung und der Identifikation mit bestimmten Wertvorstellungen liegen. Für beide Aspekte ist zum einen zweifellos die altersgruppenspezifische „kinderkulturelle Praxis" wichtig. Es ist aber nicht zu übersehen, daß auch die innerfamilialen Sozialisationsprozesse, die Anerkennung durch Eltern und Geschwister und die von ihnen vermittelten Normen und Werte und auch die Erfahrungen in Schule und Freizeitinstitutionen dafür von großer Bedeutung sind. Statt in Opposition zu einer Vereinnahmung durch Vorgaben aus der Erwachsenenwelt eine von Erwachsenen möglichst unabhängig gedachte Kinderkultur zu postulieren, scheint es deshalb fruchtbarer, die unterschiedlichen Bedeutsamkeiten und Anteile dieser verschiedenen Bezugsgruppen für die Entwicklung von Selbständigkeit zu untersuchen. Das Auseinanderdividieren einer Kindheitsforschung und einer Sozialisationsforschung führt nicht weiter. Vielmehr geht es darum, die kindliche Alltagspraxis ernst zu nehmen und zu erforschen, ohne auf einen sozialisationstheoretischen, aus der Spannung zwischen Individuation und Vergesellschaftung zu gewinnenden Bezugspunkt wie „Selbständigkeit" zu verzichten.

Was das Verhältnis der Sozialisationstheorie zur *Bildungsforschung* angeht, sei zunächst an die Situation in den späten 60er und frühen 70er Jahren erinnert (vgl. dazu Geulen 1978). Damals stand die Sozialisationsforschung in einem kritischen, aber auch fruchtbaren Verhältnis zu Bildungstheorien und zur Erforschung von Bildungsprozessen und -institutionen (vgl. auch den Beitrag von Zinnecker in diesem Band). In der schichtspezifischen Sozialisationsforschung wurde einerseits die Diskriminierung von Arbeiterkindern durch den herkömmlichen Bildungskanon und das Schulsystem kritisiert und andererseits ein an Wissenschaft orientierter Bildungsbegriff postuliert, der die schulisch oder beruflich Auszubildenden befähigen sollte, ihre Interessen in Wirtschaft und Politik zu vertreten und dadurch auch eine Demokratisierung der Gesellschaft voranzutreiben. Dieser Forschungstradition lag ein normativer Subjektbegriff zugrunde, für den wissenschaftliche Bildung und politisches Engagement konstitutiv waren. Von einer Reform der Bildungsprozesse erwartete man sich auch wichtige politische Auswirkungen. Gemessen daran waren die Erfahrungen mit der Bildungsreform ernüchternd. Zwar gelang eine enorme Ausweitung der Beteiligung besonders von weiblichen Jugendlichen an weiterführenden Bildungsprozessen. Eine den genannten Erwartungen auch nur einigermaßen entsprechende, auf einen Abbau gesellschaftlicher Ungleichheit gerichtete Politisierung blieb aber aus.

In der Sozialisationsforschung folgte auf diese deutlich politisch geprägte Phase eine Phase der „Reszientifizierung" (vgl. Geulen 1980, S. 46f.). Man konzentrierte sich auf die Verfeinerung theoretischer Konzepte, vor allem durch den Einbezug unterschiedlicher psychologischer bzw. Entwicklungstheorien, und auf die Minderung methodischer Mängel. Stichworte in diesem Zusammenhang sind die Bemühungen um trennscharfe Mehrebenenanalyse, aber auch etwa die Ansätze zu einer ökologischen Sozialisationstheorie. Die Vorstellung eines wissenschaftlich gebildeten und politisch bewußten Subjekts splittete sich auf in zahllose theoretische Ansätze, unter denen man die individuelle Entwicklung von Kompetenzen oder Fertigkeiten von Individuen untersuchen konnte. Im Vergleich dazu blieb die Frage, was die Subjekte mit diesen Kompetenzen anfangen, was die auf ihrer Grundlage realisierten Tätigkeiten für sie bedeuten und welche Wertvorstellungen sie damit verbinden, weitgehend unwichtig. Diese Gewichtung erschien auch durch die in dieser Zeit beginnende „Individualisierungsdebatte" gerechtfertigt: Ein wichtiger Grundzug dieser Debatte ist ja gerade die These, daß jeder Mensch nach seiner Façon selig werden darf oder muß, Werte also Privatsache sind und deshalb auch keinen für eine allgemeine Sozialisationstheorie wichtigen Gegenstand darstellen. Damit hatte sich die Sozialisationstheorie von Bildungsfragen weitgehend verabschiedet.

Übersehen wurde dabei, so meine These, daß gerade ein selbständiger Umgang mit den enormen Angeboten unserer Konsum- und Erlebnisgesellschaft in besonderer Weise den Aufbau tragfähiger Wertorientierungen erfordert. Das bedeutet auch, daß die Sozialisationsforschung ihren Bezug zu Bildungsfragen neu zu beleben hat, und zwar wieder im Sinne eines kritischen Dialogs. Ihr Part liegt nicht in der Entwicklung von Bildungsinhalten oder eines Wertekanons. Vielmehr hat sie zum einen Strukturen und Dimensionen der Alltagspraxis aufzudecken, aufgrund derer Werte wichtig werden. Dazu soll auch dieser Aufsatz beitragen. Zum anderen hat sie, ausgehend von solchen theoretischen Überlegungen, die in der Alltagspraxis von Kindern und Jugendlichen vorfindbaren, mehr oder weniger expliziten Wertvorstellungen in ihrem gesellschaftlich-historischen Kontext zu rekonstruieren und zu verdeutlichen, was Heranwachsende als sinnstiftend erfahren und was ihnen ihr Leben lebenswert macht. Solche Wertvorstellungen sind Ausdruck von Bildungsprozessen, die durch unterschiedliche Institutionen bzw. Bezugsgruppen vermittelt werden. Besonders wichtig sind dafür neben der Familie und den Bildungseinreichtungen sicher die Peers. Hier liegt die Aufgabe der Sozialisationsforschung darin, diese unterschiedlichen Einflüsse aufzuklären und kritisch zu fragen, inwiefern die durch sie vermittelten Werte und Dispositionen als Beitrag zur Entfaltung von Selbständigkeit verstanden werden können.

Literatur

ADORNO, Theodor W.: Erziehung nach Auschwitz. In: HEYDORN, H.-J. u.a. (Hrsg.): Zum Bildungsbegriff der Gegenwart. Frankfurt am Main, Berlin und München 1967, S. 111-123

ALEXANDER, Jeffrey C.: Formal and Substantive Voluntarism in the Work of Talcott Parsons: A Theoretical and Ideological Reinterpretation. In: American Sociological Review 43, 1978, 2, pp. 177-198

Du BOIS-REYMOND, Manuela/BÜCHNER, Peter/KRÜGER, Heinz-Hermann/ECARIUS, Jutta/FUHS, Burkhard: Kinderleben. Modernisierung von Kindheit im interkulturellen Vergleich. Opladen 1994

CLAUSEN, John A.: A Historical and Comparative View of Socialization Theory and Research. In: ders. (ed.): Socialization and Society. Boston 1973^4 (1968), pp. 18-72

EDELSTEIN, Wolfgang/NUNNER-WINKLER, Gertrud/NOAM, Gil (Hrsg.): Moral und Person. Frankfurt am Main 1993

FREY, Hans-Peter/HAUßER, Karl: Entwicklungslinien sozialwissenschaftlicher Identitätsforschung. In: dies. (Hrsg.): Identität. Entwicklungen psychologischer und soziologischer Forschung. Stuttgart 1987, S. 3-26

GENSICKE, Thomas: Wertewandel und Familie. Auf dem Weg zu „egoistischem" oder „kooperativem" Individualismus? In: Aus Politik und Zeitgeschichte. Beilage zur Wochenzeitung Das Parlament, B29-30/94, 22. 7. 1994, S. 36-47

GEULEN, Dieter: Zur Wissenssoziologie der Sozialisationsforschung und ihrer Rezeption in der Bundesrepublik. In: BOLTE, K. M. (Hrsg.): Verhandlungen des 18. Deutschen Soziologentages vom 28. September bis 1. Oktober 1976 in Bielefeld. Darmstadt und Neuwied 1978, S. 266-298

GEULEN, Dieter: Die historische Entwicklung sozialisationstheoretischer Paradigmen. In: HURRELMANN, K./ULICH, D. (Hrsg.) 1980, S. 15-49

GEULEN, Dieter: Das vergesellschaftete Subjekt. Zur Grundlegung der Sozialisationstheorie. Frankfurt am Main 1989

HERZBERG, Irene: Kinderfreundschaften und Spielkontakte. In: DEUTSCHES JUGENDINSTITUT (Hrsg.): Was tun Kinder am Nachmittag? München 1992, S. 75-126

HONNETH, Axel: Kampf um Anerkennung. Zur moralischen Grammatik sozialer Konflikte. Frankfurt am Main 1992
HURRELMANN, Klaus: Das Modell des produktiv realitätsverarbeitenden Subjekts in der Sozialisationsforschung. In: Zeitschrift für Sozialisationsforschung und Erziehungssoziologie, 3, 1983, S. 91-103
HURRELMANN, Klaus: Einführung in die Sozialisationstheorie. Über den Zusammenhang von Sozialstruktur und Persönlichkeit. Weinheim und Basel 1986
HURRELMANN, Klaus/ULICH, Dieter (Hrsg.): Handbuch der Sozialisationsforschung. Weinheim und Basel 1980
HURRELMANN, Klaus/ULICH, Dieter (Hrsg.): Neues Handbuch der Sozialisationsforschung. Weinheim und Basel 1991
HURRELMANN, Klaus/ULICH, Dieter: Gegenstands- und Methodenfragen der Sozialisationsforschung. In: dies. (Hrsg.) 1991, S. 3-20
KRAPPMANN, Lothar: Soziologische Dimensionen der Identität. Stuttgart 1971
LEU, Hans Rudolf: Subjektivität als Prozeß. Zur Analyse der Wechselwirkung zwischen Individuum und Umwelt in sozialisationstheoretischen, berufs- und industriesoziologischen Ansätzen. München 1985
LEU, Hans Rudolf: Wechselwirkungen. Die Einbettung von Subjektivität in die Alltagspraxis. In: BROCK, D./LEU, H. R./PREIß, C./VETTER, H.-R. (Hrsg.): Subjektivität und gesellschaftlicher Wandel. München 1989, S. 36-58
LEU, Hans Rudolf: Perspektivenwechsel in der Sozialisationsforschung. In: PREUSS-LAUSITZ, U. u.a. 1990, S. 28-35
NUNNER-WINKLER, Gertrud: Rezension des Buches „Einführung in die Sozialisationstheorie" von K. Hurrelmann. In: Kölner Zeitschrift für Soziologie und Sozialpsychologie, 40, 1988, S. 581-584
NUNNER-WINKLER, Gertrud: Die Entwicklung moralischer Motivation. In: EDELSTEIN, W. u.a. (Hrsg.)1993, S. 278-303
OTTOMEYER, Klaus: Gesellschaftstheorien in der Sozialisationsforschung. In: HURRELMANN, K./ULICH, D. (Hrsg.) 1991, S. 153-186
PARSONS, Talcott: The Structure of Social Action. Toronto 1967^5 (1937)
PREUSS-LAUSITZ, Ulf/RÜLCKER, Tobias/ZEIHER, Helga (Hrsg.): Selbständigkeit für Kinder - die große Freiheit? Weinheim und Basel 1990
RÜLCKER, Tobias: Selbständigkeit als pädagogisches Zielkonzept. In: PREUSS-LAUSITZ, U. u.a. (Hrsg.) 1990, S. 20-27
SCHIEFELE, Hans: Interesse - Neue Antworten auf ein altes Problem. In: Zeitschrift für Pädagogik 32, 1986, 2, S. 153-162
SCHULZE, Hans-Joachim/KÜNZLER, Jan: Funktionalistische und systemtheoretische Ansätze in der Sozialisationsforschung. In: HURRELMANN, K./ULICH, D. (Hrsg.) 1991, S. 121-136

Die Autorinnen und Autoren

Michael-Sebastian Honig, Dr. rer. soc., Wissenschaftlicher Mitarbeiter des Deutschen Jugendinstituts, München. Arbeitsschwerpunkte: Familien- und Kindheitsforschung. Veröffentlichungen u.a.: Verhäuslichte Gewalt. Eine Explorativstudie über Gewalthandeln von Familien. Frankfurt am Main 1992 (zweite, erweiterte Auflage).

Jutta Kienbaum, Dr. rer. soc. Nach mehreren Forschungsaufenthalten in Moskau jetzt Hochschulassistentin am Lehrstuhl für Psychologie und an der Forschungsstelle für Pädagogische Psychologie und Entwicklungspsychologie der Universität Augsburg. Arbeitsschwerpunkte: Entwicklungspsychologie und Kulturvergleich. Veröffentlichungen u.a.: Empathisches Mitgefühl und prosoziales Verhalten deutscher und sowjetischer Kindergartenkinder. Regensburg 1993.

Lothar Krappmann, Dr. phil., Wissenschaftlicher Mitarbeiter des Max-Planck-Instituts für Bildungsforschung, Forschungsbereich „Entwicklung und Sozialisation", Berlin, und Honorarprofessor für Soziologie der Erziehung am Fachbereich Erziehung und Unterrichtswissenschaften der Freien Universität Berlin. Hauptarbeitsgebiet ist die soziale und die sozialkognitive Entwicklung der Kinder im Grundschulalter. Über die Untersuchungen in der Grundschule berichten Lothar Krappmann und Hans Oswald in: Alltag der Schulkinder, Weinheim und München 1995.

Andreas Lange, M.A., Dr. rer. soc., Wissenschaftlicher Mitarbeiter im Forschungsschwerpunkt „Gesellschaft und Familie" an der Universität Konstanz. Lehrauftrag an der Pädagogischen Hochschule Weingarten. Veröffentlichungen zur Soziologie der Familie und zur Kindheitsforschung, zuletzt: Medienkinder, verplante Kinder? Die Sichtweise einer zeitdiagnostisch informierten Kindheitsforschung. Familiendynamik 1995, S. 252-274.

Hans Rudolf Leu, Dr. phil., Wissenschaftlicher Mitarbeiter des Deutschen Jugendinstituts. Arbeitsschwerpunkte: Sozialisationstheorie, Medien- und Familienforschung. Veröffentlichungen u.a.: Subjektivität als Prozeß. München 1985, Wie Kinder mit Computern umgehen. München 1993.

Ursula Nissen, Dipl.Soz., Wissenschaftliche Mitarbeiterin des Deutschen Jugendinstituts, Arbeitsschwerpunkte Sozialisations- und Frauenforschung. Veröffentlichungen u.a.: Freizeit und moderne Kindheit. Sind Mädchen die „moderneren" Kinder? Zeitschrift für Pädagogik, 29, Beiheft 1992, S. 281-284; Raum und Zeit in der Nachmittagsgestaltung von Kindern. In: Deutsches Jugendinstitut (Hrsg.), Was tun Kinder am Nachmittag? Ergebnisse einer empirischen Studie zur mittleren Kindheit. München 1993.

Gertrud Nunner-Winkler, Dr. rer. pol., Wissenschaftliche Mitarbeiterin am Max-Planck-Institut für Psychologische Forschung, München, und Privatdozentin für Soziologie an der Ludwig-Maximilians-Universität, München. Ihre Forschungsschwerpunkte sind Probleme der Identitätsbildung, moralische Entwicklung, Wertewandel. Veröffentlichungen u.a.: (zusammen mit Rainer Döbert) Adoleszenzkrise und Identitätsbildung. Frankfurt am Main 1975; (Hrsg. mit Wolfgang Edelstein) Zur Bestimmung der Moral. Frankfurt am Main 1986; (Hrsg.) Weibliche Moral. Frankfurt am Main/New York 1991; (Hrsg. mit Wolfgang Edelstein und Gil Noam) Moral und Person, Frankfurt am Main 1993.

Liselotte Wilk, Univ.Doz., Dr. phil., Dr. rer. soc. oek., Assistenzprofessorin am Institut für Soziologie der Johannes Kepler Universität Linz und Präsidentin des österreichischen Instituts für Familienforschung, Wien. Arbeitsschwerpunkte: Familiensoziologie, Soziologie der Kindheit. Veröffentlichungen u.a.: Kindliche Lebenswelten. Eine sozialwissenschaftliche Annäherung, Opladen 1994 (Hrsg. gemeinsam mit Johann Bacher).

Hartmut J. Zeiher, Dipl.Psych., fil. lic. (Stockholm). Bis zur Pensionierung 1991 Mitarbeiter des Max-Planck-Instituts für Bildungsforschung in Berlin. Arbeitsschwerpunkte: kognitive Prozesse und Handeln im Lebenszusammenhang, empirische Erforschung der alltäglichen Lebensführung von Kindern. Veröffentlichungen u.a. zusammen mit Helga Zeiher: Orte und Zeiten der Kinder. Weinheim und München 1994.

Jürgen Zinnecker, Prof. Dr. phil., Professor für Erziehungswissenschaft und Sozialpädagogik an der Universität-Gesamthochschule Siegen. Arbeiten zu Kindern und Jugendlichen im öffentlichen Raum; Kinder- und Jugendsurveys; sozialwissenschaftliche Feld- und Biographieforschung; Studien zur historischen Sozialisationsforschung und zu Sozialisationsprozessen in Schule und Hochschule. Veröffentlichungen u.a.: Jugend 92. Lebenslagen, Orientierungen und Entwicklungsperspektiven im vereinigten Deutschland. 4 Bde. Opladen 1992 (zus. mit Arthur Fischer u.a.); Stadtgeschichte als Kindheitsgeschichte. Lebensräume von Großstadtkindern in Deutschland und Holland um 1900. Opladen 1989 (zus. mit Imbke Behnken und Manuela du Bois-Reymond).